夏海  著

孟子與政治

中華書局

自　序

　　研讀國學經典，是我的夙願和愛好；目的是為了傳承中華文明，呵護精神家園。

　　2007 年北京大學出版社出版《論語與人生》之時，曾作出規劃，繼續研究《老子》《孟子》，構成品讀國學經典的系列作品。光陰荏苒，一晃就是十年過去了，2016 年生活‧讀書‧新知三聯書店出版了《老子與哲學》，而今完成了《孟子與政治》的研讀寫作。多年的理想變成了現實，往日青燈孤守、黃卷在握的辛勞都轉化為精神的喜悅和勞作的歡欣。

　　精神的喜悅源於國學的博大精深。國學是中華民族的精神家園，是中國人的文化識別符號。無論我們承認與否，任何一個中國人的臉龐都顯現着傳統文化的表情，任何一個中國人的肌體都保存着傳統文化的基因，任何一個中國人的內心深處都積澱着傳統文化的智慧。國學是中國傳統學術和文化的集合體，蘊含着豐富的哲學思想、人文精神、倫理觀念和道德規範，閃爍着照耀千秋的理性、情感和詩意的光芒，是中華民族生生不息、源遠流長的不竭動力和源泉。翱翔在國學的天空，沐浴着中華文明的陽光雨露，這種心靈的感悟和精神的喜悅，是沒有任何東西可以替代的。

　　勞作的歡欣在於研讀國學方法的突破。在研讀寫作國學經典過程中，我逐漸探索形成了自己的研究方法，先是熟讀經典，開展分析解構；後是依據自己的學術結構和思維方式，進行綜合建構。在

建構過程中，堅持以經注經，絕不自由發揮，絕不隨意附會；在考據、義理和辭章的選擇上，堅持義理為主，重在把握和詮釋經典的義理；在論著語言的表達方面，堅持雅俗共賞，既希望專家學者能夠品出感覺，又希望普通讀者能夠讀出味道。任何學習都是方法的學習，任何創新都是方法的創新。由於方法的突破創新，我研讀寫作國學經典，經常是如魚得水，樂在其中。這真是「知之者不如好之者，好之者不如樂之者」（《論語·雍也》）。

　　國學知識浩如煙海，國學書籍汗牛充棟。首先選擇老子、孔子、孟子進行研究品讀，原因在於《老子》《論語》《孟子》是文化經典。所謂經典，按照阿根廷作家博爾赫斯的理解，「是一個民族或幾個民族長期以來決定閱讀的書籍，是世世代代的人出於不同的理由，以先期的熱情和神祕的忠誠閱讀的書」[1]。換言之，《老子》《論語》《孟子》是中華文明最好、最有價值的書籍，是中華民族最誠心、最喜歡閱讀的書籍。原因在於影響中國人與中華文化最大的思想流派是儒家和道家，而儒家的淵源是《論語》《孟子》，道家的元典是《老子》。老子、孔子、孟子的思想塑造了中華民族的集體人格，建構了中國人靈魂的精神故鄉。原因在於孔子是聖人，孟子是亞聖；老子是智者，孔子是仁者；《論語》是中華民族的「聖經」，《老子》是除《聖經》之外，在世界上被譯成外文最多的文化經典。正是這些原因，使我在繁忙的公務之餘，堅持暢遊在傳統文化的海洋，潛心於研讀國學經典，在老子、孔子、孟子構築的思想大廈中徘徊徜徉、流連忘返。天道酬勤，我感到幸運的是收穫了《老子與哲學》《論語與人生》，現在又在收穫《孟子與政治》。今後，我將繼續研讀先秦諸子，力爭不斷有新的研究成果和作品問世，為傳承

1　〔阿根廷〕博爾赫斯著，王永年等譯：《探討別集》，上海譯文出版社 2015 年版，第 273 頁。

弘揚中華優秀文化貢獻綿薄之力。

　　《老子》玄妙深遠，是一部哲學書籍，講的是為天之道；《論語》溫和親切，是一部倫理書籍，講的是為人之道。《孟子》棱角分明，是一部政治書籍，講的是為君之道。「人皆有不忍人之心。先王有不忍人之心，斯有不忍人之政矣。以不忍人之心，行不忍人之政，治天下可運之掌上。」（《孟子·公孫丑上》）按照性善、仁政和人格建構了孟子的思想體系。在性善部分，着重闡述了孟子的盡心知性、存心養性和知天事天的思想；在仁政部分，着重闡述了孟子的保民而王、民貴君輕和以德服人的思想；在人格部分，着重闡述了孟子的大丈夫精神、浩然之氣和育天下英才的思想。

　　馮友蘭指出：「孔子在中國歷史中之地位，如蘇格拉底之在西洋歷史；孟子在中國歷史中之地位，如柏拉圖之在西洋歷史。」[1]孔子是儒家思想的原點，孟子是第二個支點。一般而言，思想流派的形成很大程度取決於第二支點的確立，只有原點與第二個支點連成一線，才可能形成文化傳統。從這個意義上說，儒家文化傳統與其說是以孔子為基礎建構的思想大廈，倒不如說是以孔孟為基礎建構的思想大廈。孟子對於儒家思想的貢獻居功至偉，誠如北宋二程所言：「孟子有功於聖門，不可勝言」（朱熹：《四書章句集注》）。由於儒家思想歷史地佔據了傳統文化的主導地位，孟子對中華文明的貢獻也是居功至偉。學習儒家思想，不能不讀《孟子》；傳承中華文明，不能不讀《孟子》；養成獨立平等尊嚴的人格，不能不讀《孟子》，這就是「富貴不能淫，貧賤不能移，威武不能屈，此之謂大丈夫」（《孟子·滕文公下》）。

作者謹記於戊戌年冬月

1　馮友蘭：《中國哲學史》，商務印書館 2011 年版，第 60 頁。

目　錄

仁政論

人格論

思想家 ◈

政治學家 ◈

教育家 ◈

文學家 ◈

孟子其人

司馬遷的歎息

孟子是中國古代偉大的思想家，他以繼承孔子衣缽為己任，終身致力於維護和發展孔子學說，作出了重要貢獻，從而使儒家思想被稱為「孔孟之道」。《孟子》一書屬語錄體散文集，全面系統地展示了孟子的思想尤其是政治思想，是儒家的經典著作。自宋朝以來，《孟子》是家傳戶誦的文化典籍，對於中華文明和中華民族發展有着不可估量的重要影響。孟子一生渴望為官從政，以阻止春秋戰國時的亂局，救民於水火之中。「士之仕也，猶農夫之耕也。」（《孟子·滕文公下》。以後凡引用《孟子》一書，只注篇名和卷數）從政無望，他又想做帝王師，向齊宣王、梁惠王宣介傳播自己的仁政王道思想，卻被認為「迂遠而闊於事情」，鬱鬱不得志。司馬遷為孟子作傳時因此而歎息不已。

人物事跡

孟子其人，史書沒有爭議；有所爭議的是孟子的生卒年月，一種意見認為：孟子生於公元前 385 年，卒於公元前 304 年；另一種意見認為：孟子生於公元前 372 年，卒於公元前 289 年，享年 83歲。兩種意見分歧並不大，孟子生活於戰國中期，距孔子之後百年左右。

　　孟子一生大致可分為少年求學，中青年先教書講學，後周遊齊、梁諸國，晚年潛心治學授徒著書三個階段。司馬遷將其與荀子放在一起作了〈孟子荀卿列傳〉，全文 1000 餘字，其中直接記載孟子的只有 200 多字，茲錄如下：

> 　　孟子其人孟軻，鄒人也。受業子思之門人。道既通，遊事齊宣王，宣王不能用。適梁，梁惠王不果所言，則見以為迂遠而闊於事情。當是之時，秦用商君，富國強兵；楚、魏用吳起，戰勝弱敵；齊威王、宣王用孫子、田忌之徒，而諸侯東面朝齊。天下方務於合縱連橫，以攻伐為賢，而孟軻乃述唐、虞、三代之德，是以所如者不合。退而與萬章之徒序《詩》《書》，述仲尼之意，作《孟子》七篇。

　　「孟軻，鄒人也。受業子思之門人。」孟子是山東鄒城人。子思是孔子的孫子，戰國初期著名的思想家。孟子師承子思的學生，學習踐行孔子思想。他說：「予未得為孔子徒也，予私淑諸人也。」（〈離婁下〉）

　　孟子學道之後，周遊列國不得志。「迂遠而闊於事情」，是當時諸侯對孟子的評價。在諸侯看來，孟子的政治主張屬書生之見，不符合實際，不能夠操作。孟子碰壁的原因，司馬遷分析是諸侯只喜霸道不喜王道：「秦用商君，富國強兵；楚、魏用吳起，戰勝弱敵；齊威王、宣王用孫子、田忌之徒，而諸侯東面朝齊。天下方務於合縱連橫，以攻伐為賢，而孟軻乃述唐、虞、三代之德，是以所如者不合」。

　　孟子晚年講學著書立說，發揚光大孔子思想。約在 60 歲時，孟子結束了近 20 年的遊說生涯，回到家鄉鄒地，從事講學和著述，主要是整理儒家典籍和創立自己的學說，「與萬章之徒序《詩》《書》，述仲尼之意，作《孟子》七篇」。

　　司馬遷十分同情孟子的遭遇，竟在千餘字的傳記中四次歎息。一歎孟子生不逢時。「余讀《孟子》書，至梁惠王問『何以利吾國』，未嘗不廢書而歎也。曰：嗟乎，利誠亂之始也！」二歎諸侯誤解孟子。梁惠王不用孟子所言，且評價孟子的政治主張是「迂遠而闊於事情」。三歎王道不如霸道。諸侯對言霸道之人禮遇有加，而倡導王道的孔子、孟子則經常受到困擾。鄒忌、鄒衍等策士辯才「遊諸侯見尊禮如此，豈與仲尼菜色陳、蔡，孟軻困於齊、梁同乎哉」！四歎孟子正直不容於世。「持方柄欲內圜鑿，其能入乎？」意思是，像木工拿着一個方形榫的木頭，能插入鑿成圓形卯的木頭裏嗎？

　　《孟子》一書也沒有爭議，成書年代約在公元前 296 年至前 230 年之間；有所爭議的是作者和篇數。關於作者，歷來有三種不同看法：一種認為《孟子》是孟子自己所撰，東漢趙岐認為「此書，孟子之所作也，故總謂之《孟子》」[1]；另一種認為是孟子弟子萬章、公孫丑等人根據他生前的言論編定，韓愈認為「孟軻之書，非軻自著」[2]；還有一種認為是由孟子和他的弟子共同編定，司馬遷持這種觀點。學界比較一致的認識是，《孟子》一書由孟子及其弟子共同編定，主要作者是孟子。關於篇數，有兩個版本，《史記》記載有七篇，而《漢書·藝文志》記載為十一篇，除通行的七篇外，還有〈性善〉〈文說〉〈孝經〉〈為政〉四篇。趙岐作《孟子章句》時把《孟子》十一篇分為〈內書〉七篇和〈外書〉四篇，並認為〈外書〉屬偽作，不予注解。趙岐又將〈內書〉七篇各分為上、下卷，變成十四卷，計 261 章。朱熹作注時，將《孟子·盡心上》的兩章合為一章，計 260 章。流傳至今的《孟子》一書，是以趙岐作注為主，由朱熹改

1　方勇、高正偉：《孟子鑒賞辭典》，上海辭書出版社 2012 年版，第 262 頁。
2　〔唐〕韓愈著，錢仲聯、馬茂元校點：《韓愈全集》，上海古籍出版社 1997 年版，第 162 頁。

定的版本。《孟子》文字流暢、犀利精煉，氣勢磅礴、感情充沛，寬厚宏博、馳騁自如，結構合理、論說透徹，既滔滔不絕又從容不迫，用形象化的語言和故事說明深奧的道理；最大特點是言必稱堯舜二王，論必冠子曰詩云。孟子不愧為孔子的衣缽傳人。

孟子在歷史上的地位是演進的。由於孟子思想是一個複雜的系統結構，對後世的影響就不是單一的，也不是線性發展的，而是通過各種方式逐漸深入到社會政治、經濟、思想、文化各個方面，產生了治國安邦、化民成俗、協調家庭、安定社會、道德修養、人倫日常等各種功能和作用。這使得孟子的歷史地位有一個發展過程，大致以宋朝為界，分為前後兩個階段。

在宋以前，孟子的歷史地位並不高，司馬遷為孟子作傳，篇幅很短，且未單獨列傳；《漢書》只將《孟子》列入子部，作為儒家經書的輔翼。《孟子》的研究也很少，只有東漢末年趙岐作《孟子章句》，這是最早的《孟子》注釋。三國和魏晉南北朝時期少有研究孟子的著述。唐朝是孟子及其思想引起重視的時期，韓愈在〈原道〉中提出「道統」說，認為孟子是堯、舜、禹、湯、文、武、周公和孔子的直接繼承人，是先秦儒家中唯一繼承「道統」的人物，「故求觀聖人之道者，必自孟子始」，由此展開了提升孟子歷史地位的進程。唐代有過提高《孟子》一書地位的要求，卻未能實現。

孟子及其思想的歷史地位是在宋朝確定的。在宋人看來，「孟子有大功四：道性善，一也；明浩然之氣，二也；闢楊、墨，三也；黜五霸而尊三王，四也。是四者，發孔氏之所未談，述六經之所不載，遏邪說於橫流，啟人心於方惑，則余之所謂卓然建明者，此其尤盛者乎」（施德操：《孟子發題》）。宋神宗時期，《孟子》被正式列為經書；朱熹把《孟子》和《論語》〈大學〉〈中庸〉一起合為「四書」。元朝加封孟子為「亞聖公」，地位僅次於孔子。宋元明清將《孟子》列為科舉考試科目，正式奠定了其官府之學和主流意識形態的地位。

　　綜觀孟子的歷史地位，可以說是集思想家、政治學家、文學家和教育家於一身，而孟子真正的歷史地位是儒家代表人物。韓非子指出：「自孔子之死也，有子張之儒，有子思之儒，有顏氏之儒，有孟氏之儒……故孔、墨之後，儒分為八。」（《韓非子・顯學》）對於後世儒家學說產生重大影響的，只有孟、荀兩大學派，比較而言，還是孟子更接近於孔子思想，影響也更大。孟子本人極為尊崇孔子，認為自人類社會出現以來，沒有一個人能夠與孔子相比，「自生民以來，未有盛於孔子也」（〈公孫丑上〉）。孔子是聖人品德的集大成者。「伯夷，聖之清者也；伊尹，聖之任者也；柳下惠，聖之和者也；孔子，聖之時者也。孔子之謂集大成。集大成也者，金聲而玉振之也。」（〈萬章下〉）意思是，伯夷是聖人中清高的人，伊尹是聖人中負責任的人，柳下惠是聖人中隨和的人，孔子是聖人中識時務的人。孔子可說是集大成的人。集大成，就像奏樂時先以擊打鐘鑼開場，再以敲擊玉磬收尾一樣，完完整整。孟子一生都以孔子的傳人自居，「乃所願，則學孔子也」（〈公孫丑上〉），他發展完善了儒家思想，以致後世儒家把孟子與孔子並立，統治者則讓孟子配享文廟。

歷史定位

　　孟子是思想家，繼承和發展了孔子的哲學、政治、道德和教育思想，最大貢獻是繼承和發展了仁的思想。孔子和孟子都談仁義，相對而言，孔子重仁，「志士仁人，無求生以害仁，有殺身以成仁」（《論語・衛靈公》）；孟子重義，「生，亦我所欲也；義，亦我所欲也。二者不可得兼，舍生而取義者也」。如果說孔子思想的核心是仁，孟子思想的核心則是仁義。「仁，人心也；義，人路也。舍其路而弗由，放其心而不知求，哀哉！」（〈告子上〉）意思是，仁是人心的本質，義是人的必由之路。放棄那正道不走，喪失了善良的本

性而不知道去尋找，可悲啊！仁是人的內心修養，義是人的外在行為，孟子把仁的思想發展為仁義並舉的學說，表明他更重視道德實踐，更注重對人外在行為的評價，使仁的思想具有可操作性和可外化的日常言行。後世學者對孟子評價甚高，民國時期蔡元培甚至用現代社會政治理念解讀孔孟思想，「自由者，『富貴不能淫，貧賤不能移，威武不能屈』是也；古者蓋謂之義。平等者，『己所不欲，勿施於人』是也；古者蓋謂之恕。友愛者，『己欲立而立人，己欲達而達人』是也；古者蓋謂之仁」[1]。更重要的是，孟子為仁義學說提供了哲學基礎，這就是性善論。

孟子是儒家學派第一個系統論述人性理論的思想家，把人性善具體化為惻隱、羞惡、恭敬、是非「四心」，「四心」關鍵是仁義，是區分人與禽獸的基本界線。「人之所以異於禽獸者幾希，庶民去之，君子存之。舜明於庶物，察於人倫，由仁義行，非行仁義也。」（〈離婁下〉）意思是，人與禽獸的區別就那麼一點點，一般人捨棄了它，君子保存了它。舜明白萬物的規律，瞭解人事的道理，自然遵循仁義的道路行走，而不是勉強地推行仁義。

孟子是政治學家，從性善論出發，把仁的理念發展為一套比較完整的政治學說，「君子之於物也，愛之而弗仁；於民也，仁之而弗親。親親而仁民，仁民而愛物」（〈盡心上〉）。孟子的政治學說由民本、仁政和王道思想構成，具有系統性和內在的邏輯統一性。

民本是孟子政治思想的神來之筆和最輝煌的部分，「民為貴，社稷次之，君為輕。是故得乎丘民而為天子」（〈盡心下〉）。二千多年前，中國社會正處於分封制向郡縣制急劇變革的時代，生產力非常低下，社會矛盾十分尖銳，孟子就提出了「民貴君輕」的偉大

---

1 《蔡元培選集》，中華書局 1959 年版，第 332 頁。

思想，強調對平民百姓的尊重和人與人之間的平等，不能不使人感到震撼。在孟子看來，天下之得失歸根到底在於民心的得失，「得天下有道：得其民，斯得天下矣。得其民有道：得其心，斯得民矣。得其心有道：所欲與之聚之，所惡勿施爾也」（〈離婁上〉）。

仁政是孟子政治思想的主要內容。孟子把政治思想奠基於性善論之上，要求統治者以「仁愛之心」來施政，「先王有不忍人之心，斯有不忍人之政矣」（〈公孫丑上〉）。在孟子看來，仁政關乎天下得失和國家興亡，如果不施行仁政，就會國家不保，失去天下，「三代之得天下也以仁，其失天下也以不仁，國之所以廢興存亡者亦然。天子不仁，不保四海；諸侯不仁，不保社稷；卿大夫不仁，不保宗廟；士庶人不仁，不保四體」（〈離婁上〉）。如果施行仁政，則是百姓歸來、天下歸服，「今王發政施仁，使天下仕者皆欲立於王之朝，耕者皆欲耕於王之野，商賈皆欲藏於王之市，行旅皆欲出於王之途，天下之欲疾其君者，皆欲赴愬於王。其若是，孰能禦之」（〈梁惠王上〉）。意思是，君王如果施行仁政，使天下做官的都想在君王的朝廷裏做官，耕田的人都想在君王的田地上耕種，做生意的人都想在君王的集市上貿易，出行的人都想從君王的道路上經過，天下痛恨本國統治者的人都想到君王這裏來控訴。如果像這樣，誰能阻擋？

王道是孟子政治思想的理想目標。孟子把王道政治的榜樣鎖定在堯舜禹湯文武周公，認為他們既有仁心又有仁政，才能使天下太平，「離婁之明，公輸子之巧，不以規矩，不能成方圓；師曠之聰，不以六律，不能正五音；堯舜之道，不以仁政，不能平治天下」（〈離婁上〉）。在孟子看來，王道是與霸道相對立的概念，王道是推行仁政，以德服人；霸道是憑藉武力，四處征戰，以力服人。「以力假仁者霸，霸必有大國。以德行仁者王，王不待大。湯以七十里，文王以百里。以力服人者，非心服也，力不贍也。以德服人

者，中心悅而誠服也，如七十子之服孔子也。《詩》云：『自西自東，自南自北，無思不服。』此之謂也。」（〈公孫丑上〉）由此可見，王道與仁政是一塊硬幣的兩面，對統治者而言是王道，對老百姓而言是仁政，實質都是要求對老百姓施行不忍人之政。

孟子是教育家，樂在其中，「父母俱存，兄弟無故，一樂也。仰不愧於天，俯不怍於人，二樂也。得天下英才而教育之，三樂也」（〈盡心上〉）。孟子有着豐富的教育實踐，即使在遊說諸侯、宣傳仁政的過程中，也大量招收學生，往往會「後車數十乘，從者數百人」（〈滕文公下〉），晚年則是和學生一起整理儒家經典，編著《孟子》一書。通過開壇佈道、教書講學，孟子形成了比較完整的教育思想。在孟子看來，教育在國家管理和社會政治經濟生活中具有重要意義，甚至比良好的政治還重要，能夠贏得民心，「善政不如善教之得民也。善政，民畏之；善教，民愛之。善政得民財，善教得民心」（〈盡心上〉）。孟子要求統治者在解決老百姓溫飽以後，就要加強教育，改進社會風氣，「謹庠序之教，申之以孝悌之義，頒白者不負戴於道路矣」（〈梁惠王上〉）。意思是，認認真真地辦學校，反覆用孝悌的道理來教導學生，鬚髮斑白的老人就不會揹着或頂着重物在路上行走了。

在孟子看來，教育具有內外兩方面功能：對外擔負着教化和政治功能，強調教育的目的是「明人倫」。所謂明人倫，就是學習、掌握和遵循傳統社會的倫理道德準則，「教以人倫：父子有親，君臣有義，夫婦有別，長幼有序，朋友有信」（〈滕文公下〉）。孟子還以夏商周三代為例，認為明人倫是自古已然的事情，有利於鞏固政治統治和安定社會秩序，也有利於後世效仿和借鑒，「夏曰校，殷曰序，周曰庠，學則三代共之，皆所以明人倫也。人倫明於上，小民親於下。有王者起，必來取法，是為王者師也」（〈滕文公下〉）；對內則要找回和發揮人的善性，「學問之道無他，求其放心而已矣」

（〈告子上〉）。之所以要「求其放心」，是因為人會受環境影響和利益誘惑，丟失人的本性和良心。孟子以牛山之喻加以說明，認為牛山本是一座樹木茂美的山，由於人們砍伐和放牧牛羊，所以變得光禿禿了，這不是牛山本來的面目，人性也一樣。

在孟子看來，教育方法很重要，明確了教育目的，還要有好的教學方法與之配套，才能取得好的教育效果。孟子倡導的教學方法包括教與學兩個方面。對於教師而言，要以身作則，否則就教不好學生，「身不行道，不行於妻子。使人不以道，不能行於妻子」（〈盡心下〉）。要因材施教，區別不同學生分類進行教學，「君子之所以教者五：有如時雨化之者，有成德者，有達財者，有答問者，有私淑艾者」（〈盡心上〉）。要言近指遠、守約施博，「言近而指遠者，善言也。守約而施博者，善道也。君子之言也，不下帶而道存焉。君子之守，修其身而天下平」（〈盡心下〉）。意思是，言語淺顯而意義深遠的，是善言；所掌握的東西很簡約而成效卻很廣大的，是善道。君子的言談，講的都是眼前的事，道理卻蘊含其中；君子的操守，從修養自身開始，進而使天下太平。對於學生而言，則是要「自求自得」，反對「自暴自棄」；要專心致志，反對三心二意；要循序漸進，反對揠苗助長。孟子的教育思想猶如一座富礦，值得深入挖掘開採，其中的真知灼見，至今仍有學習借鑒的價值。

孟子是文學家，主要在散文創作方面有着輝煌的實踐，其結晶就是《孟子》一書，足以成為後世文章的典範。散文這一概念雖然出現於北宋年間，作為一種文體卻是古已有之。春秋戰國時期是古典散文發展的黃金時期，既有論說散文，又有歷史散文，諸子百家個個都是論說散文大家，孟子是其中的佼佼者，對後世影響也最大。清代文學評論家劉熙載認為：韓愈、蘇軾、王安石等唐宋古文大家與孟子有着深刻的淵源關係，「韓文出於孟子」；「東坡文，亦

孟子，亦買長沙」;「王介甫文取法孟、韓」(《藝概‧文概》)。《孟子》一書多由問答體組成，談話的對象主要是各國君臣、家門弟子和諸派學人。

孟子善於根據不同的對象，採用不同的談話方式，或直言其事，或委婉曲折;或寓深義於譬喻之中，或抒豪情於哲理之外;或如促膝談心循循善誘，或似萬弩齊發鋒銳難當，其文章氣魄宏大，雄辯滔滔，善於取譬設喻運用形象化的語言說理敘事，善於運用修辭手段和表達技巧以加強表現力。在氣魄宏大方面，試看孟子與弟子充虞的一段對話。孟子離開齊國，充虞路上問道:先生似乎不太高興，從前我聽先生說過，君子不埋怨天，也不責怪人。孟子回答:「彼一時，此一時也。五百年必有王者興，其間必有名世者。由周而來，七百有餘歲矣，以其數則過矣，以其時考之則可矣。夫天未欲平治天下也。如欲平治天下，當今之世，舍我其誰也?吾何為不豫哉!」(〈公孫丑下〉)「舍我其誰」，是何等的氣魄，既表明孟子對自己的事業充滿信心，又表明孟子樂觀進取的精神，還表明孟子實現人生理想的堅定意志和頑強毅力。在滔滔雄辯方面，且看孟子怎樣斥責楊朱和墨子:「楊氏為我，是無君也。墨氏兼愛，是無父也。無父無君，是禽獸也」(〈滕文公下〉)。這一斥責有些粗暴尖刻，卻反映了孟子文風的剛勁犀利。

當然，孟子對後世文章的影響，不僅在於他的創作實踐，更在於他的一些有關文學文藝的思想觀念，為後世人物鑒賞、文藝品評和文學批評奠定了重要基礎。其中影響最大的是知人論世說:「以友天下之善士為未足，又尚論古之人。頌其詩，讀其書，不知其人，可乎?是以論其世也，是尚友也」(〈萬章下〉)。意思是，和天下的優秀人物交朋友還不滿足，便又追論古人。吟誦他們的詩歌，研讀他們的著作，而不瞭解他們的為人，可以嗎?所以要研究他們所處的時代，上溯歷史，這才是真正與古人交朋友。孟子在這段話中

提出一個重要的文學批評與鑒賞原則，既要知人又要論世。所謂知人，就是要瞭解作者的生平與思想；所謂論世，就是要瞭解作者所處的時代環境和社會風尚。任何文學作品都是作者與所處時代互動的結果，知人論世揭示了這一規律，深刻影響了後世的文論家和文學批評理論，魯迅就說：「我總以為倘要論文，最好是顧及全篇，並且顧及作者的全人，以及他所處的社會狀態，這才較為確鑿，要不然是很容易近乎說夢的。」[1]

論點辨析

古人對孟子評價甚高，西漢揚雄自比孟子，在《法言・吾子》中說：「古者楊、墨塞路，孟子辭而闢之，廓如也。後之塞路者有矣，竊自比於孟子。」唐宋以後學者大多贊同韓愈的道統論，北宋程頤認為：「周公沒，聖人之道不行；孟軻死，聖人之學不傳。道不行，百世無善治；學不傳，千載無真儒」（程頤：〈明道先生墓表〉）。不僅學者讚揚孟子，統治者也給予高度評價，康熙御製〈孟子讚〉言：「哲人既萎，楊墨昌熾。子輿闢之，曰仁曰義。性善獨闡，知言養氣。道稱堯舜，學屏功利。煌煌七篇，並垂六藝。孔學攸傳，禹功作配。」不僅古人讚揚孟子，今人也給予高度評價，孫中山用孟子「王霸之辯」來解釋國家和民族的起源：「中國人說王道順乎自然，換句話說，自然力便是王道；用王道造成的團體，便是民族。武力就是霸道；用霸道造成的團體，便是國家。」[2]毛澤東青年時代經常引用《孟子》「天將降大任於斯人也」一章勉勵鞭策自己，鍛煉體魄，砥礪品行，增強鬥志。

當然，有讚譽就有批評批判。最早是荀子，他批評孟子不懂孔

---

1 《魯迅全集》（第六卷），人民文學出版社 1991 年版，第 344 頁。
2 《孫中山全集》（第九卷），中華書局 1986 年版，第 186 頁。

子，不知儒學之要領，「略法先王而不知其統，猶然而材劇志大，聞見雜博」（《荀子・非十二子》）。東漢王充著有〈刺孟〉篇，抓住孟子言行不一、前後矛盾、答非所問、無理狡辯的地方，逐一進行揭露和駁斥，認為孟子不是賢人，而是俗儒。最有意思的是明朝朱元璋對待孟子的態度：一方面，輯有《孟子節文》，刪去「殘賊之人謂之一夫，聞誅一夫紂矣，未聞弒君也」等詞句；詔告天下說孟子不少言論「非臣子所宜言」；還下令將孟子逐出文廟。另一方面，由於大臣諫阻，且當時天有異象，又下一道諭旨：「孟子辯異端，闢邪說，發明孔子之道，配享如故。」

現代社會對孟子及其思想存在不同看法，主要集中於思想性質和部分觀點。在思想性質方面，重點辯論孟子是否屬於唯心論者，是進步還是保守；在部分觀點方面，主要是討論勞心與勞力的命題。錢穆在《國史大綱》序言裏寫道：「（學習和研究中國歷史）尤必附隨一種對本國已往歷史之溫情與敬意。」我們應抱着「溫情與敬意」辨析孟子及其思想。

關於是否屬於唯心論者。學術界一般認為，孟子思想的性質屬於主觀唯心主義範疇，「孟子把他的世界觀、人性論、仁政學說緊緊地組織在一起，形成先秦唯心主義哲學的一個重要派別」[1]。具體表現在世界的本質和終極根源上，孟子歸之於天與天命，「莫之為而為者，天也。莫之致而至者，命也」（〈萬章上〉）。在認識論上，孟子是先驗主義者，「人之所不學而能者，其良能也。所不慮而知者，其良知也。孩提之童，無不知愛其親者；及其長也，無不知敬其兄也」。在天人關係上，孟子把心、性、天看成一體，「盡其心者，知其性也。知其性，則知天矣。存其心，養其性，所以事天

1　任繼愈主編：《中國哲學史簡編》（修訂本），人民出版社 1978 年版，第 80 頁。

也。夭壽不貳，修身以俟之，所以立命也」（〈盡心上〉）。按照唯物與唯心的分類，把孟子思想劃歸唯心主義範圍，是沒有疑義的。

　　然而，孟子思想是複雜的，很難作簡單的歸類。從思想傾向分析，孟子強調精神作用和主觀努力，或許可認定為唯心論者，而孟子的政治思想，主張「以不忍人之心，行不忍人之政，治天下可運之掌上」（〈公孫丑上〉），則對於反對統治者暴政，減輕老百姓苦難，有着積極意義。比較合適的分析框架是浪漫主義與現實主義，梁惠王等認為孟子的政治思想「迂遠而闊於事情」，大概是歸之於浪漫主義範疇。總體而言，孟子的仁政、王道學說的理想色彩過濃，應為浪漫主義。孟子的民生思想，要求制民之產，不違農時，則是非常現實的，具有唯物性質。

　　關於進步與保守。過去一般從孟子思想的階級屬性來區分進步與保守。有的認為，孟子是保守的，主張恢復井田制，維護西周分封制，代表沒落的奴隸主貴族，「夫仁政，必自經界始。經界不正，井地不均，穀祿不平，是故暴君污吏必慢其經界。經界既正，分田制祿可坐而定也」（〈滕文公下〉）。有人認為，孟子是進步的，適應社會發展趨勢，強調得民心者得天下，代表新興地主階級，「桀紂之失天下也，失其民也。失其民者，失其心也。得天下有道：得其民，斯得天下矣。得其民者有道：得其心，斯得民矣」（〈離婁上〉）。有人認為，孟子不僅有進步的思想，而且有保守的主張，反映了由氏族奴隸主轉化過來的封建地主的立場，「在孟子的思想體系中充滿着既要保存舊的，又要容納一些新思想的矛盾。他的封建地主階級的思想佔主導地位。」[1] 有人還認為，孟子的仁義論和仁政學說有利於老百姓安居樂業，代表了當時廣大勞動人民羣

---

[1] 任繼愈主編：《中國哲學史簡編》（修訂本），人民出版社 1978 年版，第 68 頁。

眾的利益。

　　實際上，孟子的身份，很難將他歸屬於某一階級，而孟子思想的豐富性，更難簡單地以進步與保守來加以分類。就身份而言，孟子不是奴隸主貴族，不是當時新興統治階級的人物，也不是一個體力勞動者。如果一定要明確孟子的身份，那他就是一個讀書人，屬於士的範圍。孟子和孔子一樣，其最大的歷史作用在於喚醒了士的生命自覺，激發了士的創造力量。他們使士能夠以自己的知識和思想贏得與統治者平起平坐的地位，孟子引用曾子的話說：「晉楚之富，不可及也。彼以其富，我以吾仁；彼以其爵，我以吾義，吾何慊乎哉？」（〈公孫丑下〉）意思是，晉王和楚王的財富，我是比不上的。但他倚仗他的財富，我倚仗我的仁；他倚仗他的爵位，我倚仗我的義，我何必自以為比他少點什麼呢？就思想而言，孟子的民本、仁政和王道思想，不僅有利於統治者，而且有利於被統治者，不僅有利於士的階層，而且有利於人民羣眾，無論在先秦時期，還是對中國傳統社會的影響和作用，都是進步的。

　　關於勞心與勞力。「勞心者治人，勞力者治於人；治於人者食人，治人者食於人，天下之通義也。」（〈滕文公下〉）這是對孟子詬病最多的命題。有人認為，孟子把剝削者與被剝削者之間的階級對立，同社會分工混為一談，以證明剝削制度的合理性；有人認為，孟子把統治者與被統治者的關係歪曲為社會分工關係；有人認為，孟子區分勞心與勞力，為統治者歌功頌德，對於後世產生了很壞的影響，統治者以此用來為自己的殘暴和貪婪行為辯護。要而言之，區分勞心與勞力，不是一個好的命題。如何評價勞心與勞力的命題，關鍵看孟子論證和闡述的角度是社會分工還是維護統治階級的剝削壓迫。分析《孟子》全書，孟子主要是從社會分工的角度區別勞心與勞力的關係。社會分工對於人類社會發展具有重大意義，沒有社會分工，就談不上人類歷史的進步，誠如恩格斯所言：「當人

的勞動的生產率還非常低，除了必需的生活資料，只能提供微少的剩餘的時候，生產力的提高、交換的擴大、國家和法律的發展、藝術和科學的創立，都只有通過更大的分工才有可能。」[1] 傳統社會為了人類進步和發展，騰出少數人專門從事管理和科學文化的創造，卻付出了廣大勞動人民血汗的代價，這不能不令人心痛和遺憾，卻是無法避免的歷史真實。

研讀孟子，不能不思考傳統知識分子的命運。在中國傳統社會，知識分子與政治有着割不斷的聯繫。《左傳》曰：「太上有立德，其次有立功，其次有立言，雖久不廢，此之謂不朽。」立德立功立言，尤其立功，是傳統知識分子夢寐以求的人生目標，孟子也不例外。所謂立功，在傳統社會就是為官從政，直接參與政治實踐，而孟子只做到了立德立言，卻沒有立功，這不能不說是孟子的遺憾。司馬遷在其傳記中多次用「退而」二字加以描述，給予同情，「退而著述，稱吾道窮」。對於傳統知識分子而言，退而立言，相比立功，實在是無奈的選擇，道出了孟子的無窮悲情辛酸，也道盡了讀書人的悲情辛酸。傳統知識分子書讀多了，便立志參與政治、建功立業，度人度世、救國救民。實際上，這是古今中外許多知識分子最大的願望和人生觀的核心，他們並不願意沉寂於筆墨之間而願意參加政治實踐，平治天下。《君主論》作者馬基雅維利認為，他是在沒有效力於國家的機會、沒有條件實現他的理想志向的前提下，才去著書立說的。

然而，社會有分工，官職有限制，為官從政的只能是少數人，大部分知識分子與之無緣，這是人們能夠承認和接受的社會現實。難以理解的是，像孟子這樣的賢哲達人，當時有機會為官從政，或

---

1 《馬克思恩格斯選集》（第二卷），人民出版社 1995 年版，第 221 頁。

因與統治者理念不同，或因統治者昏庸無能，或因統治者剛愎自用，而被剝奪了政治生命，壯志難酬。對於傳統知識分子而言，這是多麼痛苦和悲哀、蒼涼與悲壯。清代學人朱彝尊〈解佩令〉一詞道盡了孟子和傳統知識分子的悲情人生：

> 十年磨劍，五陵結客，把平生、涕淚都飄盡。老去填詞，一半是、空中傳恨。幾曾圍、燕釵蟬鬢？不師秦七，不師黃九，倚新聲、玉田差近。落拓江湖，且分付、歌筵紅粉。料封侯、白頭無分！

讀書人的志業

立德、立功、立言，是傳統社會讀書人的人生志業。立德居於首要位置，與人相伴終生，這是沒有任何異議的。比較立功與立言，讀書人更喜歡立功。在傳統社會，立功意味着為官從政，可以用自己的知識和才能報效社會，建立功勳，光宗耀祖。立言一般是在立功無望的情況下，退之而求其次的選擇，隨之而來的是青燈黃卷，寂寞冷清。孟子是在被諸侯君王們棄置的窘境中走上了立言之路，匯集為《孟子》一書。正是立言，使孟子成為思想家，名揚千古，激勵後人，對於傳統社會和中華民族產生了超邁於立功的深刻影響。立言成就了孟子，思想家比政治家更有歷史的穿透力。

孟子不僅繼承了孔子的思想，而且創造性地發展了孔子的思想，提出了許多新觀點、新理念，形成個性鮮明的精神風貌，補充完善了儒家學說，指點和引領後世儒學的進步發展。如果說孔子思想是儒家文化的原點，那麼，孟子思想則是儒家文化的第二個支點，繼承發展孔子，原點支點連成一線，進而形成了儒家文化傳統，建構了中華民族的文化主動脈。

人性本善

先秦思想家為了推行自己的政治主張，都從理論上探討了人性問題。這些探討的顯著特點，就是以善惡來規定人性的本質，或曰性善，或曰性惡，或曰性有善有惡，或曰性無善無惡。孟子重在心性修養，主張人性本善。人性本善是孟子思想的核心內容，也是孟子思想的形而上根據。人是從自然界進化而來的高級動物，不可避免地具有社會與自然的雙重屬性。孟子似乎把人的社會本質同人的自然本質等同起來，認為人性善是先天具備的本質。人性善的內容是：「惻隱之心，仁也；羞惡之心，義也；恭敬之心，禮也；是非之心，智也。仁義禮智，非由外鑠我也，我固有之也，弗思耳矣。」意思是，同情心屬於仁，羞恥心屬於義，恭敬心屬於禮，是非心屬於智。這仁義禮智，不是由外人給予我的，是我本來就具有的，不過不曾探究它罷了。孟子認為，人性本善不是特殊情況，而是普遍現象，不是有的人具有善心，有的人沒有善心，而是所有人都有善心，正如人的嘴巴、耳朵、眼睛有同樣的嗜好。既然人有同樣的物慾和愛好，「至於心，獨無所同然乎？心之所同然者何也？謂理也，義也。聖人先得我心之所同然耳。故理義之悅我心，猶芻豢之悅我口」（〈告子上〉）。意思是，難道人心就沒有相同的嗎？人心所相同的東西是什麼呢？是理，是義。聖人先於普通人得知我們心中共同的東西。因而理和義使我心愉悅，就像牛羊豬狗肉合我的口味一樣。

孟子雖然認為人的社會本質與自然本質都是先天具備的，卻區分了人的社會本質與自然本質的差異性，強調人的社會本質的重要性，認為這是人之為人的基本規定。「人之有道也，飽食暖衣，逸居而無教，則近於禽獸。」（〈滕文公下〉）意思是，人是有善良天性的，但吃飽了穿暖了，住安逸了卻不加以教育，就和禽獸差不

多。孟子為此把人的本性區分為「大體」與「小體」，「大體」指人的社會性，即仁義禮智，「小體」指人的自然性，即耳目口腹之慾；追求性善的是大人，只知享受物慾的是小人。「體有貴賤，有小大。無以小害大，無以賤害貴。養其小者為小人，養其大者為大人。」大人即君子，是一個序列的概念。孟子進一步指出，大人是那些會用心思考，而不會被耳、目所蒙蔽的人：「耳目之官不思，而蔽於物。物交物，則引之而已矣。心之官則思，思則得之，不思則不得也。此天之所與我者。先立乎其大者，則其小者不能奪也。此為大人而已矣。」（〈告子上〉）意思是，耳朵、眼睛這類器官不會思考，所以被外物所蒙蔽。耳朵、眼睛也不過是物。物與物接觸，便會受到誘惑罷了。心的功能在於思考，思考了就會有所得，不思考就一無所獲。這是上天賜予我們人類的。所以，心是重要器官。先把心這個重要器官的地位樹立起來，那麼，那些次要的器官就不可能奪走人心中的善性。這就成為君子了。

孟子雖然認為人性本善，卻沒有否定後天的作用和修身的重要。在孟子看來，人皆有之的善性，最初只是一種道德的萌芽，即仁義禮智「四端」，必須經過自我修養，擴而充之，才能發展成現實的道德行為。「有是四端而自謂不能者，自賊者也；謂其君不能者，賊其君者也。凡有四端於我者，知皆擴而充之矣，若火之始然，泉之始達。苟能充之，足以保四海；苟不充之，不足以事父母。」（〈公孫丑上〉）意思是，有仁義禮智四種萌芽而自稱不能行善之人，是自暴自棄的人；說他的君王不能行善的人，是殘害君王的人。凡是具備仁義禮智的人，就該懂得把它們都擴充起來，就像火開始燃燒，泉水開始流出。如果能夠擴充它們，就足以安定天下；如果不能擴充它們，就連父母也侍奉不了。在修養擴充善性的過程中，孟子認為：要像舜那樣，有着從善如流、一心向善的強烈願望和積極行為。「舜之居深山之中，與木石居，與鹿豕遊，其所

以異於深山之野人者幾希！及其聞一善言，見一善行，若決江河，沛然莫之能禦也。」（〈盡心上〉）孟子認為：修身養性要遵循規律、堅持不懈，不要揠苗助長。「必有事焉而勿正，心勿忘，勿助長也。無若宋人然。」意思是，修身養性，一定要有所作為而不中止，心裏不要忘記，但也不要有意地幫助它，不要學那個宋人。「宋人」是指「揠苗助長」的故事：「宋人有閔其苗之不長而揠之者，芒芒然歸，謂其人曰：『今日病矣，予助苗長矣！』其子趨而往視之，苗則槁矣。」（〈公孫丑上〉）

發政施仁

孟子一生嚮往為官從政，實現自己的政治抱負，治國平天下，給百姓帶來福祉。

他把士大夫為官從政比作農夫耕田，認為是很自然的事情，「士之仕也，猶農夫之耕也。農夫豈為出疆舍其耒耜哉」；把士大夫不能為官從政，或失去官職，看得很嚴重，「士之失位也，猶諸侯之失國家也」（〈滕文公下〉）。意思是，士人失去官位，就好比諸侯失掉了國家。孟子最重視的是孔子的政治思想，對儒家學說發展貢獻最大的是政治學說；《孟子》一書的基本色調是政治。孟子的政治思想由民本、仁政和王道構成，民本最重要，涉及統治者與民眾的關係，是實現政治理想的基礎。

統治者與民眾的關係，始終是政治理論的基本問題。早在殷商之前，先民們已經有了「民惟邦本，本固邦寧」的思想，先秦思想家們都對民本思想有所論述。而在先秦思想家和早期的儒家代表人物中，沒有哪一位比孟子更重視民眾的社會作用和歷史地位。孟子的貢獻在於深刻而系統地闡述了民本思想，並把它發展成為仁政的理論基礎，運用到施政綱領之中。孟子認為：「諸侯之寶三：土地、人民、政事。寶珠玉者，殃必及身。」（〈盡心下〉）趙岐注云：「諸

侯正其封疆，不侵鄰國，鄰國不犯，寶土地也。使民以時，居不離散，寶人民也。修其德教，布其惠政，寶政事也。」（《孟子注疏》）在孟子看來，土地、人民、政事是國家的三個基本要素，土地為立國之基業，人民為守國之根本，政事為經國之綱要。諸侯只有以此三者為寶，才能實現治國平天下，否則以珍珠美玉為寶，就會招致禍患。

在此基礎上，孟子石破天驚地提出「民貴君輕」的思想：「民為貴，社稷次之，君為輕。是故得乎丘民而為天子」。這段話肯定了民眾在國家中的主體地位。民眾在國家政治中的地位比君王重要得多，因而得到民眾和贏得民心，才能得到天下和成為天子。「民貴君輕」思想一經提出，便使傳統社會受到極大震動，綿綿不絕影響了兩千多年，成為批判君王專制的銳利武器。更為可貴的是，孟子還提出了可以變更君王的主張：「諸侯危社稷，則變置。犧牲既成，粢盛既潔，祭祀以時，然而旱乾水溢，則變置社稷」（〈盡心下〉）。意思是，如果諸侯危害國家，那麼就改立諸侯。祭祀用的牲畜已經很肥壯，祭器中的穀物已經很潔淨，祭祀也按時進行，然而依舊發生旱災水災，那麼就要改立土神、穀神。

統治者如何管理民眾，是政治理論的重要內容。孟子繼承了孔子「為政以德」的思想，創造性提出仁政學說。面對戰亂頻繁、苛捐雜稅、徭役繁重、民不聊生的社會現實，孟子痛心不已，呼籲統治者應該發政施仁，救民眾於水深火熱之中。孟子告誡統治者，如果不施行仁政，就會失去天下：「三代之得天下也以仁，其失天下也以不仁。國之所以廢興存亡者亦然。天子不仁，不保四海；諸侯不仁，不保社稷；卿大夫不仁，不保宗廟；士庶人不仁，不保四體。」（〈離婁上〉）

在孟子看來，仁政是與民生連在一起的，沒有民生，就沒有仁政。仁政是要「制民之產」，使老百姓有衣穿有飯吃，「是故明君制

民之產，必使仰足以事父母，俯足以畜妻子，樂歲終身飽，凶年免於死亡」。進而使老百姓有恆心，能夠安居樂業。

「若民，則無恆產，因無恆心。苟無恆心，放辟邪侈，無不為已。及陷於罪，然後從而刑之，是罔民也。」（〈梁惠王上〉）意思是，至於老百姓，如果沒有固定的產業，就不會有堅定的心志。假如沒有堅定的心志，就會為非作歹，無所不為。等他們犯了罪，然後處罰他們，這叫陷害百姓。仁政是要救濟「窮民」，窮民即社會上孤苦無援者。孟子以周文王為例，認為發政施仁必須先幫助和救濟窮民，「老而無妻曰鰥，老而無夫曰寡，老而無子曰獨，幼而無父曰孤。此四者，天下之窮民而無告者。文王發政施仁，必先斯四者」（〈梁惠王下〉）。仁政是要輕徭薄賦。歷史證明，有政府就會有稅賦。孟子認為徵稅要有個限度：「有布縷之征，粟米之征，力役之征。君子用其一，緩其二。用其二而民有殍，用其三而父子離。」（〈盡心下〉）孟子還以文王為例，強調省刑罰薄稅收。「昔者文王之治岐也，耕者九一，仕者世祿，關市譏而不征，澤梁無禁，罪人不孥。」（〈梁惠王下〉）意思是，從前周文王治理岐地，農夫的稅率是九分之一，做官的世代享有俸祿，關卡和市場只維持秩序而不抽稅，到湖泊池塘裏捕魚而不受禁止，處罰犯罪的人而不連累他的妻兒。仁政是要加強教化。孟子把教化看成是人與禽獸的本質區別，「無教，則近於禽獸」（〈滕文公下〉）。在富民的同時，「謹庠序之教，申之以孝悌之義，頒白者不負戴於道路矣」。在孟子看來，只要富民教民，就能治國安邦、稱王天下，「七十者衣帛食肉，黎民不飢不寒，然而不王者，未之有也」（〈梁惠王上〉）。

統治者如何行使權力，是政治理論的又一重要內容。孟子提出了王道思想，即以理想的政治之道建立理想的人間秩序。從現有文獻可知，王道思想在儒家產生之前就已出現。《尚書》指出：「無偏無陂，遵王之義；無有作好，遵王之道；無有作惡，遵王之路。無

偏無黨，王道蕩蕩；無黨無偏，王道平平；無反無側，王道正直。會其有極，歸其有極。」（《尚書‧周書‧洪範》）意思是，不要不平，不要不正，要遵守王令；不要作私好，要遵守王道；不要作威惡，要遵行正路。不要行偽，不要結黨，王道坦蕩；不要結黨，不要行偽，王道平平；不要違反，不要傾側，王道正直。團結那些守法之臣，歸附那些執法之君。從這段話可知，王道一詞蘊含着社會公平正義思想。

　　在孟子看來，王道是與霸道相對立的一個概念，王、霸之間的根本差別在於是以仁義行使權力，還是以力量行使權力。「以力假仁者霸，霸必有大國；以德行仁者王，王不待大。湯以七十里，文王以百里。以力服人者，非心服也，力不贍也；以德服人者，中心悅而誠服也，如七十子之服孔子也。《詩》云：『自西自東，自南自北，無思不服。』此之謂也。」（〈公孫丑上〉）在孟子看來，王道的榜樣是堯舜禹湯文王武王周公，他們的做法是造福百姓、選賢任能和獎罰分明。「天子適諸侯曰巡狩，諸侯朝於天子曰述職。春省耕而補不足，秋省斂而助不給。入其疆，土地辟，田野治，養老尊賢，俊傑在位，則有慶，慶以地。入其疆，土地荒蕪，遺老失賢，掊克在位，則有讓。一不朝，則貶其爵；再不朝，則削其地；三不朝，則六師移之。是故天子討而不伐，諸侯伐而不討。」（〈告子下〉）在孟子看來，霸道的典型是春秋五霸，即齊桓公、宋襄公、晉文公、秦穆公和楚莊王。「五霸者，摟諸侯以伐諸侯者也。故曰五霸者，三王之罪人也。」（〈告子下〉）孟子反對五霸征戰不已，反對侵略他國危害百姓的不義之戰。「春秋無義戰。彼善於此，則有之矣。征者，上伐下也，敵國不相征也。」（〈盡心下〉）意思是，春秋時期沒有正義的戰爭。彼國君王好於此國君王的情況是有的。征是天子討伐有罪諸侯以正其國家，同等級的諸侯之間不能互相征討。

為了推行王道，孟子主張法先王。所謂法先王，就是取法堯舜，實行仁政，以堯舜的道德觀念和社會政治為最高標準，來規範現實社會的道德觀念，建構理想化的社會制度。「規矩，方圓之至也；聖人，人倫之至也。欲為君，盡君道；欲為臣，盡臣道。二者皆法堯舜而已矣。不以舜之所以事堯事君，不敬其君者也；不以堯之所以治民治民，賊其民者也。孔子曰：『道二，仁與不仁而已矣。』」（〈離婁上〉）

勇猛精進

任何文化的終極目標都是為塑造集體人格，儒家思想具有厚重的倫理道德底蘊，

就不能不重視人格的塑造和修養。孔子提出了聖人和君子人格，認為聖人是人格的完美化身和最高境界，君子是現實的理想人格。孟子繼承了孔子的人格思想，既肯定了聖人又肯定了君子，在肯定君子人格的基礎上添加了大丈夫精神。「居天下之廣居，立天下之正位，行天下之大道。得志，與民由之；不得志，獨行其道。富貴不能淫，貧賤不能移，威武不能屈，此之謂大丈夫。」（〈滕文公下〉）與溫文爾雅的君子人格相比，大丈夫多了些豪邁激蕩、生機勃發的浩然之氣，朱熹譽之為「勇猛精進」。這是孟子對孔子的超越，從而加強了士大夫的獨立人格，提升了讀書人的精神境界，激勵着一代又一代傳統知識分子為國家和民族慷慨前行、義無反顧。

勇猛精進是善養浩然之氣。弟子公孫丑問孟子有什麼優點，孟子回答：「我知言，我善養吾浩然之氣」。所謂浩然之氣，內容是義和道，善養的方法是從內心生發而逐步累積，須臾不可離開和放棄，「其為氣也，至大至剛，以直養而無害，則塞於天地之間。其為氣也，配義與道。無是，餒也。是集義所生者，非義襲而取

之也。行有不慊於心，則餒矣。我故曰：告子未嘗知義，以其外之也」。在孟子看來，浩然之氣不僅要配義和道，而且要知言。「詖辭知其所蔽，淫辭知其所陷，邪辭知其所離，遁辭知其所窮。生於其心，害於其政；發於其政，害於其事。聖人復起，必從吾言矣。」（〈公孫丑上〉）意思是，偏頗的言辭，知道它在哪一方面被遮蔽而不明事理；過分的言辭，知道它耽溺於什麼而不能自拔；邪僻的言辭，知道它違背了什麼道理而乖張不正；搪塞的言辭，知道它在哪裏理屈而終於辭窮。言辭的過失產生於思想認識，危害於政治；把它用於政令措施，就會危害具體工作。如果聖人復生，一定會贊同我的觀點。從這段話可知，浩然之氣既要有勇敢，更要有理性，才能升華為一種人格文化，融匯於血脈裏，成長於心靈間，貫穿於人倫中，實踐於為官入仕之途。

勇猛精進是敢於正視權力。權力的載體是君王和官員，如何對待高官厚祿者，是測定一個人人格高下的重要標誌。孟子對待權力是有傲骨而沒有傲氣，充分體現了大丈夫精神，這就是平等對待位高者，沒有奴顏婢膝。孟子更看不起那些貪圖享受、無所作為、違反古制的官員。孟子還敢於批評君王，他當着梁惠王的面，批評那些不顧老百姓死活的君王是「率獸食人」，認為這樣的人沒有資格做老百姓的父母官。「庖有肥肉，廄有肥馬，民有飢色，野有餓莩，此率獸而食人也。獸相食，且人惡之；為民父母，行政不免於率獸而食人，惡在其為民父母也？」（〈梁惠王上〉）他能正確認識君臣關係，認為兩者是互相平等、互盡義務的關係，而不是盲從愚忠的關係。孟子對齊宣王說：「君之視臣如手足，則臣視君如腹心；君之視臣如犬馬，則臣視君如國人；君之視臣如土芥，則臣視君如寇仇。」（〈離婁下〉）意思是，如果君王看待臣子像手足一樣親切，臣子就會把君王當做心腹一樣愛護；如果君王看待臣子像犬馬一樣輕視，臣子就會把君王當做路人一樣疏遠；如果君王看待臣子像泥

土一樣卑賤，臣子對待君王就會像仇人一樣痛恨。

勇猛精進是充滿戰鬥精神。孔子的君子人格是「文質彬彬」，孟子則注入了敢於鬥爭的大丈夫精神。這種人格在外人看來是「好辯」，孟子卻認為是「欲正人心，息邪說，距詖行，放淫辭，以承三聖者，豈好辯哉？予不得已也」（〈滕文公下〉）。所謂三聖，就是堯舜、文武周公和孔子，他們都具有戰鬥精神。一聖為堯舜，平息洪災，「當堯之時，水逆行，泛濫於中國。蛇龍居之，民無所定」。堯舜「使禹治之」，「然後人得平土而居之」。二聖是文武周公，驅逐暴君，「堯舜既沒，聖人之道衰，暴君代作」；「周公相武王誅紂，伐奄三年討其君」，從而使「天下大悅」。《尚書》讚曰：「丕顯哉，文王謨！丕承哉，武王烈！佑啟我後人，咸以正無缺。」意思是，偉大而顯赫啊，文王的謀略！偉大的繼承者啊，武王的功績！庇佑我們，啟發我們，直到後代，使大家都正確而沒有錯誤。三聖是孔子，亂臣賊子懼。「世道衰微，邪說暴行有作，臣弒其君者有之，子弒其父者有之。孔子懼，作《春秋》。《春秋》，天子之事也。是故孔子曰：『知我者，其惟《春秋》乎！罪我者，其惟《春秋》乎！』」孟子認為，他所處時代的主要問題是孔子思想得不到發揚光大，而楊朱、墨翟的歪理邪說橫行，「天下之言不歸楊，則歸墨」。如果聽任這些理論蠱惑人心，就會阻塞仁義之道，危害極大，「楊墨之道不息，孔子之道不著，是邪說誣民，充塞仁義也。仁義充塞，則率獸食人，人將相食」。孟子對此深為憂慮，發誓要以三聖為榜樣，撥亂反正，與不同於儒家的各種思潮學說展開激烈爭辯，表現出捍衛仁義真理而百折不撓的戰鬥精神。「吾為此懼，閑先聖之道，距楊墨，放淫辭，邪說者不得作。」（〈滕文公下〉）意思是，我為此憂慮，因而要捍衛古代聖人的學說，抵制楊、墨，駁斥荒誕言論，使發佈謬論的人起不來。

庠序之教

孟子同孔子一樣，不愧為我國古代一位著名的教育家。他把教育看成是一件快樂的事情，認為君子有三樂，其中一樂是「得天下英才而教育之」（〈盡心上〉）。比較而言，孟子在更廣闊的範圍看待教育。他認為教育屬於仁政範疇，服務於仁政，是比政治還有效的手段，有利於贏得民心、維護統治。「以善服人者，未有能服人者也。以善養人，然後能服天下。天下不心服而王者，未之有也。」（〈離婁下〉）他認為教育與經濟有着密切關係，先要有恆產，然後才有恆心；先要有經濟基礎，讓老百姓吃飽穿暖，衣食無虞，然後才對老百姓進行教育教化，提高道德素養，培育良好品質。教育的社會目的是明人倫，夏、商、周三代學校名稱不同，都是為了教化百姓，讓仁義道德成為人際關係和社會生活的準則。教育的個人目的是要學古之道，服務於政治，更好地為官從政。當弟子樂正子到齊國王子敖手下做事，樂正子不宣傳推行仁政，只圖追求俸祿，滿足口腹之慾。孟子批評道：「子之從於子敖來，徒餔啜也。我不意子學古之道而以餔啜也。」（〈離婁上〉）意思是，你跟隨子敖來，只是為了飲食，我沒想到你學習古人之道是為了飲食。

孟子有一句名言：「人皆可以為堯舜。」（〈告子下〉）道出了孟子教育的核心內容，就是要把教育對象培養成像堯舜一樣做人做事。在孟子看來，人性本善。「君子所性，仁義禮智根於心，其生色也睟然，見於面，盎於背，施於四體，四體不言而喻。」（〈盡心上〉）人之性善類似於萌芽，潛在於人心之中，是一種可能性，而不是現實性；是應然的人性，而不是現實的人性。萌芽需要澆水呵護，才能開花結果；人之性善，需要教育培養，才能成為現實的人性。

在孟子看來，培育發展人的善性，既要個人自身努力，又要注意環境的作用。按照辯證思維，自身努力是內因，環境作用是外

因，外因通過內因起作用，內因比外因更重要。如果個人自身不努力，天天做違反良心的事情，結果不僅不會促進善的萌芽，而且還會扼殺善的萌芽，就會像斧子對於樹木一樣，天天去砍樹木，怎麼可能繁茂蔥蘢呢？當然，環境的作用也不可忽視，好的環境可以使人的善性健康發育成長，不好的環境卻會阻礙人的善性發展。孟子用了一個例子，說明環境對人的性格影響很大，「富歲，子弟多賴；凶歲，子弟多暴。非天之降才爾殊也，其所以陷溺其心者然也」。

在孟子看來，發展人的善性，關鍵在教育培養：「苟得其養，無物不長；苟失其養，無物不消。孔子曰：『操則存，舍則亡；出入無時，莫知其鄉。』惟心之謂與？」意思是，假如得到好的滋養，沒有東西不能生長；假如喪失了好的滋養，沒有東西不會消亡。孔子說，把握住就會存在，拋棄了就會失去；出來進去沒有確定的時間，沒有人知道它的去向。說的就是人心吧？在教育培養善性的過程中，不僅要有恆心，而且要專心。恆心是堅持不懈，長期努力，不能一曝十寒，以致善性喪失。「雖有天下易生之物也，一日暴之，十日寒之，未有能生者也。吾見亦罕矣，吾退而寒之者至矣，吾如有萌焉何哉？」專心是一心一意，不能三心二意。孟子舉了學圍棋的例子加以說明：「今夫弈之為數，小數也；不專心致志，則不得也。」弈秋是全國的下棋高手，如果讓他教兩個人學棋，「其一人專心致志，惟弈秋之為聽。一人雖聽之，一心以為有鴻鵠將至，思援弓繳而射之，雖與之俱學，弗若之矣。為是其智弗若與？曰：非然也」（〈告子上〉）。意思是，其中一個人一心一意地學，專心聽弈秋的講解。另一個人雖然也聽着，卻一心以為也許會有大雁飛來，想着拿弓箭去射它，雖然和前一個人一起學下棋，但不如那個人學得好。是因為他的聰明程度趕不上人家嗎？當然不是這樣。

在孟子看來，培育發展人的善性，不僅是為了完善個人，塑造良好人格，更重要的是為了擴而充之，有利於家庭、社會和國家。「凡有四端於我者，知皆擴而充之矣，若火之始然，泉之始達。苟能充之，足以保四海；苟不充之，不足以事父母。」（〈公孫丑上〉）

教育既要重視內容，又要重視方法。教學方法合適，則事半功倍，首先與教師有關。在孟子看來，對教師最基本的要求是正身、言傳身教、為人師表，「教者必以正」（〈離婁上〉）。這好像射箭，必須先端正自己的姿勢才能射中，而教育學生以仁義，教師也必先正己，「仁者如射：射者正己而後發」（〈公孫丑上〉）。對教師的另一個要求是必須學懂弄通所教的知識和道理，自己不懂就不能教學生，不能「以其昏昏，使人昭昭」（〈盡心下〉）。還有一個要求是應有確定的教學標準，使學生有明確的學習目標。「羿之教人射，必志於彀。學者亦必志於彀。大匠誨人，必以規矩，學者亦必以規矩。」（〈告子上〉）意思是，羿教人射箭，一定要把弓拉滿；學習的人也一定要努力把弓拉滿。技術高超的木工教導人，一定要遵循規矩，學習的人也一定要遵循規矩。確定教學標準，與因材施教並不矛盾，確定教學標準強調統一性，因材施教注重差異性，兩者密切聯繫，互相配合，共同提高教學水平。無論統一性還是差異性，教師都只能給學生一般的知識和道理，卻不能保證每個學生都達到同樣的水平和能力，正如木工、車匠能夠把運用圓規和曲尺的方法傳授給別人，卻不能使別人像自己一樣靈巧自如，「梓匠輪輿能與人規矩，不能使人巧」（〈盡心下〉）。

教學方法還與學生有關。學生只有掌握正確的方法，才能完成學業，做一個合格的學生。在孟子看來，學生不僅要學知識，而且要學做人，既要掌握正確的學習方法，也要掌握正確的修養方法。在學習方面，主要是獲得知識和道理，要掌握學思結合的方

法。「耳目之官不思，而蔽於物。物交物，則引之而已矣。心之官則思，思則得之，不思則不得也。」（〈告子上〉）在學與思的關係上，孟子似乎更注重思的作用，明顯傾向於主體性作用的發揮。一要掌握盈科而進的方法。盈科而進是以流水為比喻，水儘管往下流動，卻必須把坑坑窪窪填滿後，才能繼續向前流去，以此強調學習的循序漸進。「流水之為物也，不盈科不行；君子之志於道也，不成章不達。」（〈盡心上〉）二要掌握深造自得的方法。學生在學習過程中要發揮主觀能動性，增強深造上進的自覺性，更加透徹地理解和把握所學到的知識，以便在運用時左右逢源，取之不盡。「君子深造之以道，欲其自得之也。自得之，則居之安；居之安，則資之深；資之深，則取之左右逢其原，故君子欲其自得之也。」（〈離婁下〉）在修養方面，重點在塑造良好人格。一要掌握存心養性的方法。存養好仁義禮智本心，不能受外界名利誘惑而丟失，如果丟失本心，要盡快尋找回來。「學問之道無他，求其放心而已矣。」（〈告子上〉）二要掌握持志養氣的方法。持志就是崇尚仁義。齊王子墊問：「何謂尚志？」孟子回答：「仁義而已矣。」（〈盡心上〉）氣則是指浩然之氣。持志養氣是把志與氣結合起來，構建崇高的精神世界。「夫志，氣之帥也；氣，體之充也。夫志至焉，氣次焉，故曰：『持其志，無暴其氣。』」（〈公孫丑上〉）意思是，思想志向是感情意氣的統帥，感情意氣是充滿體內的力量。思想志向到哪裏，感情意氣就跟到哪裏。所以說，要堅定自己的思想志向，也不要濫用感情意氣。三要掌握動心忍性的方法。苦難和困境是造就人才的重要途徑，要在逆境中學會成長，在憂患中修養道德，在艱苦環境中磨煉意志。「天將降大任於是人也，必先苦其心志，勞其筋骨，餓其體膚，空乏其身，行拂亂其所為，所以動心忍性，曾益其所不能。」（〈告子下〉）無論掌握學習方法，還是掌握修養方法，都是為了促進學生成為有理想、有道德、有知識、有勇氣的人，這是教育的真

正目的和全部內容。

　　孟子豐富而深刻的思想，使我不時想到魯迅的名言：「我們從古以來，就有埋頭苦幹的人，有拚命硬幹的人，有為民請命的人，有捨身求法的人……這就是中國的脊樑。」[1] 而中國脊樑背後的精神支撐就是古代士人即傳統知識分子的品格。士作為傳統社會中特有的一個羣體，承擔着文化承續和傳播的使命，是社會主流價值觀的保護者和實踐者，具有強烈的歷史責任感和政治使命感。某種意義上說，孟子是古代士人品格的奠基者和踐行者，孟子思想是古代士人精神的重要源頭，許多士人的氣節標準實際是孟子確立的，這些標準如日月之光，時時激勵、觀照着志士仁人奮力前進。「窮不失義，達不離道」（〈盡心上〉），這種崇義尚道的理念，激勵了漫漫歷史長河中無數的慷慨悲歌之士；「生於憂患而死於安樂」（〈告子下〉），這種憂國憂民的意識，已經成為每一位家國情懷者的血脈認可，鼓勵他們為國家和民族的命運奮鬥不已；「生，亦我所欲也；義，亦我所欲也；二者不可得兼，捨生而取義者也」（〈告子上〉），這種不怕犧牲的精神，幾乎超越了任何賢言慧語，對在逆境中和困難時期拚搏的人們有着特別的激勵作用。從司馬遷的「人固有一死，或重於泰山，或輕於鴻毛」，到文天祥的「人生自古誰無死，留取丹心照汗青」；從諸葛亮的「鞠躬盡瘁，死而後已」，到范仲淹的「先天下之憂而憂，後天下之樂而樂」；從東林書院的「風聲雨聲讀書聲，聲聲入耳；家事國事天下事，事事關心」，到顧炎武的「天下興亡，匹夫有責」，我們都可以感受到中國脊樑的震撼，這就是孟子留給我們的精神遺產：捨生取義，仁者無敵！

---

1 《魯迅全集（編年版）》（第八卷），人民文學出版社 2014 年版，第 252 頁。

不得已的好辯

光陰悠悠，兩千多年過去了，今天我們研讀《孟子》，仍能清晰地看到孟子鮮活的形象躍然紙上，感受到孟子所思所想和所憂所樂，具有鮮明的個性特點和無窮的人格魅力。「公都子曰：『外人皆稱夫子好辯，敢問何也？』孟子曰：『予豈好辯哉？予不得已也。』」（〈滕文公下〉）對於好辯，孟子似乎有點無奈地加以認同。好辯卻是其最大特點和人格魅力：好辯不僅體現在言辭，更體現在內容；不僅體現在形象，更體現在精神。他的好辯通過思想得以展現，孟子以孔子學說的繼承者和捍衛者而聞名，他堅決地與先秦各種非儒家思想流派進行論戰，其理性思辨和批判精神在儒學史上獨樹一幟；他的好辯通過文章得以展現，《孟子》一書極富感染力，充滿戰鬥性，善於論辯，議論風發，文辭華美，有散文特色，在文學史上有重要地位；他的好辯通過人格得以展現，孟子不淫、不移、不屈的大丈夫精神，為士大夫和傳統知識分子樹立了光輝典範。

思想特點

孟子之思想豐富多彩，涵蓋哲學、政治、倫理、教育、文學和人生各個領域。在哲學上，孟子是儒家學派第一個系統提出人性論的思想家；在政治上，孟子把孔子的德治理念發展為民本、仁政和王道三位一體的學說；在倫理上，孟子主張明人倫和仁義並舉，以此來指導自我修身和進行教育實踐；在教育上，孟子樂以「得天下英才而教育之」，教學成就斐然；在文學上，孟子不僅為後世樹立了散文範本，還對作家修養提出了「知言養氣」的要求，對文學批評與鑒賞提出了「以意逆志」和「知人論世」的方法；在人生觀上，孟子要求「居仁由義」，捨生取義，入世為官，造福於民。歸納提

煉孟子之思想，貫穿其中的是形上、理性和批判思維，這是孟子對
儒學思想的貢獻，更是孟子區別於先秦儒家學者的重要特徵。

　　形上思維，也就是形而上學，為哲學的分支學科，是指對存在
之本源、現象之本質的研究思考。形而上學不是西方思想的專利，
中國傳統文化也重視形上思辨，《易經·繫辭》曰：「形而上者謂之
道，形而下者謂之器」。然而，儒家的形而上學與西方的形而上學
有着很大差異，儒家關注的是人的生存問題，而不是萬物的存在問
題，西方關注的重點始終是宇宙萬物的起源和本質問題。從這個意
義上說，儒家屬於道德形而上學，西方無論對自然的研究還是對人
的研究，都屬於存在形而上學。作為形而上學，不僅要研究本體問
題，而且要研究終極根源問題。孔子是「六合之外，存而不論」，
沒有闡述和論證道德的本體與終極根源，孟子則進行了深入研究，
形成了相當完整的道德形上思想。所謂本體，是指事物內在的根本
規定以及現象背後的本質和規律，中國哲學簡稱為體，並與用構成
一對範疇，體是事物的本質內容，用是事物的外在形式。孔子提出
了仁的概念，卻沒有指明仁的形上本質，孟子納仁於心，認為仁的
本質就是人心，就是人性本善，「仁，人心也；義，人路也」（〈告
子上〉）。在孟子看來，作為本體的人心是良心，而不是害人和利欲
之心；是純潔善良的人心，而不能有任何雜質，如果把良心擴展開
來，仁義就會用之不竭。「人能充無欲害人之心，而仁不可勝用也；
人能充無穿窬之心，而義不可勝用也；人能充無受爾汝之實，無所
往而不為義也。」（〈盡心下〉）在孟子看來，既然良心是人的本
質規定，那麼，人人都有良心，良心的內容是仁義禮智。同時，孟
子繼承了殷周以來的天命思想，認為仁的終極原因、性善的形上根
據源於天和命。「盡其心者，知其性也。知其性，則知天矣。存其
心，養其性，所以事天也。夭壽不貳，修身以俟之，所以立命也。」
（〈盡心上〉）

　　理性思維是孟子思想的重要特點。理性是指人們運用概念、判斷和推理進行的思維活動，孟子的全部思想都閃爍着理性光芒。在天人關係方面，孟子雖然認為天是自然界和人世間的主宰，卻沒有否認人的作用和主觀能動性。「舜發於畎畝之中，傅說舉於版築之間，膠鬲舉於魚鹽之中，管夷吾舉於士，孫叔敖舉於海，百里奚舉於市。故天將降大任於是人也，必先苦其心志，勞其筋骨，餓其體膚，空乏其身，行拂亂其所為，所以動心忍性，曾益其所不能。」（〈告子下〉）在孟子看來，舜、傅說、膠鬲、管仲、孫叔敖、百里奚等人，原本都生活在社會基層，從事耕田、築牆、販賣魚鹽、捕魚等工作，後來都成就了一番事業，這與他們本人的努力是分不開的，尤其是能夠經受住艱苦環境的磨煉。在人與環境方面，孟子雖然肯定環境的影響和作用，卻強調起決定作用的是人的因素：一方面，環境有着重要作用。另一方面，人的主觀努力更重要。只要想做堯舜，則可為之；反之，想做桀，亦可為之，賢與不賢全在於人的自身努力。「堯舜之道，孝弟而已矣。子服堯之服，誦堯之言，行堯之行，是堯而已矣。子服桀之服，誦桀之言，行桀之行，是桀而已矣。」（〈告子下〉）在認識論方面，孟子雖然有唯心的成分，卻對感性認識與理性認識的關係有着正確的看法。孟子認為，耳目等感性認識是不可靠的，必須經過心的思考，上升為理性認識，才能把握客觀事物和外在世界。「耳目之官不思，而蔽於物。物交物，則引之而已矣。心之官則思，思則得之，不思則不得也。」（〈告子上〉）現代科學證明，認知屬於大腦的功能，而不是心的功能。儘管如此，孟子把感性認識與理性認識區分開來，認為理性認識重於感性認識，這在認識論上有着積極意義。

　　批判思維是孟子思想的又一特點，也是好辯的主要標誌。批判思維與理性思維密切相關，批判是理性思維題中應有之義，又是理性發展和思想進步的重要條件。孟子的許多觀點都是在批判過程中

加以顯現；闡述自己的觀點與批判別人的觀點緊密結合在一起，是《孟子》一書許多章節的共同特點。

孟子批判的重點是統治者，在〈梁惠王上〉中，梁惠王表白自己是如何盡心地治國，荒年積極救濟百姓，而效果卻不如鄰國，詢問其原因：「寡人之於國也，盡心焉耳矣。河內凶，則移其民於河東，移其粟於河內。河東凶亦然。察鄰國之政，無如寡人之用心者。鄰國之民不加少，寡人之民不加多，何也？」孟子的回答先是批評梁惠王不是好君王，與鄰國國君是「五十步笑百步」的關係：「王好戰，請以戰喻。填然鼓之，兵刃既接，棄甲曳兵而走。或百步而後止，或五十步而後止。以五十步笑百步，則何如？」後是嚴厲地抨擊統治者無能和不負責任，視百姓如草芥，不管百姓死活：「狗彘食人食而不知檢，途有餓莩而不知發；人死，則曰：『非我也，歲也。』是何異於刺人而殺之，曰：『非我也，兵也。』王無罪歲，斯天下之民至焉」。意思是，狗與豬吃着人的糧食，卻不懂得去制止，路上有人餓死，卻不懂得發放倉庫裏的糧食。人死了，便說不是我的罪過，是年成不好。這和刺死了人，卻說不是我殺的，是兵器殺的，有什麼區別？王不要歸罪於年成不好，這樣天下的老百姓就會來到王的國家。同時，孟子堅決批判不符合儒家思想的其他學派，既批判楊朱的為我，又批判墨子的兼愛，還批判子莫不知變通的執中：「楊子取為我，拔一毛而利天下，不為也。墨子兼愛，摩頂放踵利天下，為之。子莫執中。執中為近之。執中無權，猶執一也。所惡執一者，為其賊道也，舉一而廢百也」（〈盡心上〉）。尤其猛烈地批判楊朱與墨子，罵他們是禽獸。

人格特點

人格源於古希臘語，屬心理學範疇。所謂人格，係指一個人的整體精神面貌，是具有一定傾向性和比較穩定的心理特徵總和；人

格特點，是指人所具有的與他人相區別的獨特而穩定的思維方式和行為風格。《孟子》一書塑造的孟子形象是理想、道德、才華和戰鬥精神的集合體，而其支撐則是可貴的人格特點。

孟子的人格特點之一是安貧樂道。安貧樂道，也稱孔顏之樂，是儒家的價值取向，趙岐注釋：「當亂世安陋巷者，不同於世，窮而樂道也。惟樂道，故能好學。夫子疏水曲肱，樂在其中，亦謂樂道也」（《孟子章句》）。孟子極力稱讚孔顏之樂：「顏子當亂世，居於陋巷，一簞食，一瓢飲；人不堪其憂，顏子不改其樂，孔子賢之。」（〈離婁下〉）孟子的理想是為官從政，但為官從政不是追求名利地位和物質享受。孟子表示，如果能夠為官從政，絕不追求奢華侈靡的生活。孟子的志向是以殷商名相伊尹為榜樣，要輔助君王成為堯舜一樣的明君，管理百姓像堯舜時期的百姓一樣，從而實現治國平天下的理想。當弟子萬章問伊尹是不是通過當廚師來向商湯求取職務的，孟子否定了這一說法，認為是商湯多次聘請之後，伊尹才改變態度，願意出山，輔助商湯治理好國家。「湯三使往聘之，既而幡然改曰：『與我處畎畝之中，由是以樂堯舜之道，吾豈若使是君為堯舜之君哉？吾豈若使是民為堯舜之民哉？吾豈若於吾身親見之哉？天之生此民也，使先知覺後知，使先覺覺後覺也。予，天民之先覺者也；予將以斯道覺斯民也。非予覺之而誰也？』」（〈萬章上〉）

孟子的人格特點之二是浩然之氣。浩然之氣是孟子的天才發明，是孟子人格理想中最為光彩奪目的部分；浩然之氣根源於人性本善，是一種崇高的精神力量。所謂浩然之氣，其表現形式是至大至剛，充塞於天地之間；實質內容卻是義和道，與人緊密聯繫在一起，「言能養道氣而行義理，常以充滿五臟。若其無此，則腹腸飢虛，若人之餒餓也」（《孟子注疏》）。浩然之氣表面上看是無形無聲，實際上卻是人自身固有的，因而孟子批評「告子未嘗知義，以

其外之也」。朱熹也是如此解釋。有人問朱熹，如何理解浩然之氣是「集義所生者，非義襲而取之也」，朱熹回答：「此是反覆說，正如所謂『仁義禮智，非由外爍我也，我固有之也』，是積集眾義所生，非是行一事偶然合義，便可掩襲於外而得之。浩然之氣，我所固有者也」（《朱子語類》）。浩然之氣要長期修煉，不斷積蓄，而不可能一步登天、一蹴而就。孟子用宋人的故事告誡人們，培養浩然之氣是自覺自願、自然而然的行為，不能帶有任何功利目的，也不能揠苗助長。然而，孟子仍然擔憂：「天下之不助苗長者寡矣。以為無益而舍之者，不耘苗者也；助之長者，揠苗者也，非徒無益，而又害之」（〈公孫丑上〉）。意思是，天底下不揠苗助長的人少見啊。說到浩然之氣，以為培養無益而放棄的，是不為禾苗除草的人；有意幫助它生長的，是揠苗的人，不僅無益，而且有害。朱熹則反覆強調：「凡事有義，有不義，便於義行之。今日行一義，明日行一義，積累既久，行之事事合義，然後浩然之氣自然而生。」（《朱子語類》）

　　孟子的人格特點之三是大丈夫精神。儒家重視人格的塑造，認為完善的人格是實現其道德理想的生命載體。孔子首先提出了君子人格論：「質勝文則野，文勝質則史。文質彬彬，然後君子。」（《論語・雍也》）孟子在繼承君子人格的基礎上，注入了陽剛之氣，這就是大丈夫精神。大丈夫是孟子人格的重要特徵。

　　在孟子看來，大丈夫具有仁、禮、義的道德品質，即「居天下之廣居，立天下之正位，行天下之大道」。廣居和大道比較好理解，意指仁與義。對於正位，古代禮制規定，男子以正為正，女子以順為正，因而是禮的意思。朱熹解釋：「廣居，仁也；正位，禮也；大道，義也。」（《四書章句集注》）仁、禮、義是儒家最基本的道德規範，也是大丈夫的精神內涵。在孟子看來，大丈夫的人生會有得志與不得志兩種情況，無論哪一種情況，都要堅守道義。得志是

指在朝為官，不得志是指退而隱居，做平民百姓。孟子要求：「得志，與民由之；不得志，獨行其道。」（〈滕文公下〉）意思是，得志的時候，要與老百姓一道前進，為老百姓做事謀福利；不得志的時候，要堅持為人之道，獨善其身。道是古代讀書人做人做事的準則，也是履行社會責任的內在基礎。先秦儒家都重視對道的堅守，孟子強調讀書人的獨立人格，希望讀書人堅守道義，任何時候任何情況下都不能背離道義，「士窮不失義，達不離道。窮不失義，故士得己焉；達不離道，故民不失望焉」（〈盡心上〉）。在孟子看來，大丈夫可能遇到富貴、貧賤和威武等不同處境，這對人生是嚴峻考驗。於一般人而言，處富貴時容易淫蕩其心，處貧賤時容易改變志向，處威武時容易屈服投降，而孟子則高聲吶喊：「富貴不能淫，貧賤不能移，威武不能屈」（〈滕文公下〉）。北宋孫奭對此疏曰：「雖使富貴，亦不足以淫其心；雖貧賤，亦不足以移易其行；雖威武而加之，亦不足屈挫其志。夫是乃得謂之大丈夫也。」（《孟子注疏》）孟子的大丈夫精神及其生命實踐，是中國傳統文化的精華，一直影響着中國人的人格建樹和自我塑造，培育了無數令人敬仰的志士仁人。

文章特點

文如其人。一定意義上說，孟子的思想和人格特點，是通過文章呈現出來的。文章是思想和人格的載體，思想和人格是文章的內容，研究孟子的思想和人格，不能不研究孟子的文章。先秦時期，是我國散文發展成型時期，而諸子散文佔有重要地位。諸子散文有一個演進過程，即由他人記述諸子簡單的言行發展為私人專著，由語錄體發展為正式的論說散文體裁。《孟子》是我國較早出現的一部私家專著，雖然一些章節還保留着簡單的對話和語錄，其中大部分卻是觀點鮮明的文章。這些文章各自獨立，或論點鮮明、論據充

分，或形象生動、耐人尋味。孟子的文章對後世影響甚大，不輸於其他諸子。

翻閱《孟子》，我們會被文章的特點所吸引，會被文章的氣勢所裹挾，會被文章的內容所震撼。《孟子》一書全面系統地體現了孟子好辯的特點，好辯是理解孟子文章特點的鑰匙。據統計，在《孟子》一書中，與孟子有過思想言論交鋒或被孟子批駁的人有六十多位，其中有孟子所遊說的諸侯王，有孟子周遊列國時所遇到的政客和大臣，有與孟子及其弟子進行爭鳴的其他學派的代言人或代表人物。孟子的好辯是由當時的文化氛圍所決定的。先秦時期，諸子百家爭鳴，紛紛對社會政治和學術問題發表自己的觀點；士人一生的主要活動就是遊說諸侯，宣傳推廣自己的政治主張，因而不得不進行辯論，以批評其他學派，闡明自己的觀點，維護自己的立場。好辯、善辯成為風尚，也是先秦諸子的基本功和共同特徵，而孟子的好辯是出名的，所向披靡，無往不勝。

長於論辯是孟子文章最大的特點。孟子與時人論辯的範圍廣。內容多，涉及哲學、政治、經濟、倫理道德等諸多領域。無論哪一種論辯，孟子都是以維護聖道為目的，顯得理直氣壯、咄咄逼人，有一種居高臨下、高屋建瓴的態勢。孟子的論辯以「知言」為前提，知己知彼，經常能抓住對方觀點的破綻和理論的薄弱環節，猛擊一掌，銳不可當。所謂知言，就是「詖辭知其所蔽，淫辭知其所陷，邪辭知其所離，遁辭知其所窮」（〈公孫丑上〉）。孟子的論辯往往是欲擒故縱、欲揚先抑；反覆詰難、引人入殼，靈活巧妙地運用邏輯推理。在《孟子·梁惠王下》第六章中，「孟子謂齊宣王曰：『王之臣有託其妻子於其友而之楚遊者，比其反也，則凍餒其妻子，則如之何？』王曰：『棄之。』曰：『士師不能治士，則如之何？』王曰：『已之。』曰：『四境之內不治，則如之何？』王顧左右而言他」。孟子先設問題，即有人不好好照顧朋友託付的妻兒，使其捱

餓受凍，以及獄官不能管好自己的下級，怎麼辦？從而讓齊宣王順着自己的思路，得出「棄之」和「已之」兩個不言而喻的結論；而後類推下去，問對於不能治理好自己國家的君王怎麼辦，使齊宣王陷入自我否定的結論中無言以對。

在《孟子·滕文公上》第四章中，雖然以說理辯論為主，卻詳細交待辯論的背景，有着較生動的情節。整個論辯過程以歸謬反駁為主要方法，強調農家學說不合適和不能平治天下。該章開始介紹許行一夥人所屬的農家學派，他們由楚到滕，滕文公收留了他們；接着敍述儒家陳良的學生陳相、陳辛由宋到滕，拋棄自己原來所學的東西，跟着許行學習農家學說，「陳良之徒陳相與其弟辛負耒耜而自宋之滕，曰：『聞君行聖人之政，是亦聖人也，願為聖人氓。』陳相見許行而大悅，盡棄其學而學焉」。而後敍述陳相見到孟子，引述許行觀點批評滕文公：「滕君則誠賢君也。雖然，未聞道也。賢者與民並耕而食，饔飧而治。今也滕有倉廩府庫，則是厲民而以自養也，惡得賢？」意思是，滕文公確實是個賢明的君王。儘管如此，他卻不真懂得道理。賢人和老百姓一同耕作，才吃飯。自己做飯，又治理國家。現在滕國有糧倉，有庫房，這是殘害人民來養活自己，怎能稱得上賢明呢？孟子為駁倒對方，詳細詢問許行的生活情況，問許行生產、生活資料的來源，進而闡明自己的觀點，說明社會分工的必要。「然則治天下獨可耕且為與？有大人之事，有小人之事。且一人之身，而百工之所為備，如必自為而後用之，是率天下而路也。故曰，或勞心，或勞力；勞心者治人，勞力者治於人；治於人者食人，治人者食於人，天下之通義也。」最後，斥責陳相兄弟背叛師門而學許行的學說，是棄明投暗，走上了歧路。「今也南蠻鴃舌之人，非先王之道，子倍子之師而學之，亦異於曾子矣。吾聞出於幽谷遷於喬木者，未聞下喬木而入於幽谷者。」意思是，如今南方蠻族裏講鳥語的人，也來非難我們祖先聖王的學說，你竟

背叛你的老師而向他學習，和曾子真不一樣啊。我聽說過飛出幽暗山谷而遷到高大樹木的，沒聽說過飛下高大樹木而進入幽暗山谷裏去的。

善於比喻是孟子文章的重要特點。《孟子》一書約用了 159 個比喻，鄭振鐸認為孟子「喜以比喻宣達自己的意見」[1]。孟子根據談論的不同對象、不同內容而設比喻，看似隨手拈來，實則頗具匠心，所用的比喻一般都能對應所比之事、所說之理，起到或發揮或烘托的效應。有些比喻從邏輯上說未免牽強，卻使論辯富於形象性，增強藝術感染力。

在孟子的比喻中，有的短小精悍，非常貼切，寓意也很深遠。譬如，用水往低處流、野獸往曠野跑的自然現象，比喻老百姓對於仁政的歸服，不僅形象，而且是人性善的必然推論。「民之歸仁也，猶如水之就下、獸之走壙也。」又如，把暴君夏桀和商紂王比喻為水獺和猛禽，水獺傷害魚類，猛禽傷害鳥雀，桀紂則傷害百姓。「故為淵驅魚者，獺也；為叢驅爵者，鸇也；為湯武驅民者，桀與紂也。」（〈離婁上〉）再如，緣木求魚的比喻。「（孟子）曰：『然則王之所大欲可知已，欲辟土地，朝秦楚，蒞中國而撫四夷也。以若所為求若所欲，猶緣木而求魚也。』王曰：『若是其甚與？』曰：『殆有甚焉。緣木求魚，雖不得魚，無後災。以若所為求若所欲，盡心力而為之，後必有災。』」（〈梁惠王上〉）意思是，孟子說，王的大慾望可以曉得了，是想要開拓疆土，使秦國、楚國來上都稱臣，統治中國而安撫外族。可是按照你的做法來尋求慾望的滿足，就像爬到樹上去捕魚一樣。梁惠王問，有這麼嚴重嗎？孟子回答，恐怕還要嚴重呢。爬到樹上去捕魚，儘管得不到，還沒有什麼禍害。而

1　鄭振鐸：《中國文學史》，樸社 1932 年版，第 74 頁。

按照你的做法去尋求慾望的滿足，盡心盡力去做，接着就一定有禍害。有的比喻是完整的故事，情節生動，形象鮮活，具有較強的文學性。其中「揠苗助長」的故事，值得玩味。「宋人有閔其苗之不長而揠之者，芒芒然歸，謂其人曰：『今日病矣！予助苗長矣！』其子趨而往視之，苗則槁矣。」（〈公孫丑上〉）這則故事只有 41 個字，寥寥數筆，就把一個因揠苗助長而累得疲憊不堪、憨態可掬的宋人形象活靈活現地勾畫出來。更重要的是，故事的含義深刻，以寓言的方式比喻不顧事物的發展規律，急於求成、急功近利，反而把事情弄壞搞砸。有的比喻離奇古怪、荒誕不經，卻能強化論點，吸引談話對象的注意。孟子用「挾太山以超北海」這一只有神話中才有的事情為比喻，說明不能與不為的差異，批評齊宣王不作為，不施恩安撫百姓。「（齊宣王）曰：『不為者與不能者之形何以異？』曰：『挾太山以超北海，語人曰：我不能。是誠不能也。為長者折枝，語人曰：我不能。是不為也，非不能也。故王之不王，非挾太山以超北海之類也；王之不王，是折枝之類也。』」（〈梁惠王上〉）

敢於罵人是孟子文章的突出特點。把罵人看作孟子文章的特點，似有不敬意味，實則罵人是一門學問，既是一種道德標準的選擇，又是一種情感的發洩；既可以增強邏輯的力量和氣勢，又可以展示作者的率真性情。梁實秋在〈罵人的藝術〉一文中說：「古今中外沒有一個不罵人的人。」推論開來，古今中外也沒有一個不罵人的文人學者。

孟子愛憎分明，對於自己喜歡的人就大肆鼓吹，用盡了美好詞句。孟子高度評價伯夷、柳下惠，認為他們可以作百代後人的老師。伯夷是殷商後代，不肯繼承王位，周滅殷後，不食周粟以致餓死；柳下惠是春秋時期政治家，有「坐懷不亂」的典故，被尊為傳統道德的模範。「聖人，百世之師也，伯夷、柳下惠是也。故聞伯夷之風者，頑夫廉，懦夫有立志；聞柳下惠之風者，薄夫敦，鄙夫

寬。奮乎百世之上，百世之下聞者莫不興起也。非聖人而能若是乎？而況於親炙之者乎？」（〈盡心下〉）對於自己不喜歡的人，孟子則使用犀利尖刻的言辭和諷刺、嘲笑甚至謾罵的語氣，尤其是對於論敵，孟子則極盡嘲諷挖苦之能事，必欲置之死地而後快，最為典型的是對楊朱和墨子的攻擊，「楊氏為我，是無君也；墨氏兼愛，是無父也。無君無父，是禽獸也」（〈滕文公下〉）。孟子也罵統治者，他罵商紂王是獨夫民賊，罵「五霸」是罪人。五霸名為會諸侯、朝天子，實為挾天子以令諸侯，破壞周王朝的禮儀秩序，「五霸者，三王之罪人也」。當時五霸會同諸侯立了五條盟約，而諸侯皆不遵守，孟子又罵諸侯為罪人，「今之諸侯皆犯此五禁，故曰，今之諸侯，五霸之罪人也」。孟子還罵當時的官員為罪人：「長君之惡其罪小，逢君之惡其罪大。今之大夫皆逢君之惡，故曰，今之大夫，今之諸侯之罪人也。」（〈告子下〉）意思是，助長君主的惡行，是小罪；逢迎君主的惡行，罪過就大了。如今的大夫都逢迎君主的惡行，因此說如今的大夫，是諸侯的罪人。孟子罵一心想稱霸的梁惠王為率獸食人：「庖有肥肉，廄有肥馬，民有飢色，野有餓莩，此率獸而食人也。獸相食，且人惡之；為民父母，行政，不免於率獸而食人，惡在其為民父母也？」孟子罵梁惠王的兒子梁襄王不像個君王的樣子：「孟子見梁襄王，出，語人曰：『望之不似人君，就之而不見所畏焉。』」（〈梁惠王上〉）

　　對於孟子之思想、人格和文章特點，感慨良多，最大的感慨是人不能沒有個性。

　　個性是一個人區別於他人，在不同環境中顯現出來的相對穩定的心理傾向和特徵。個性貫穿人的一生，影響人的一生。明末清初文學家張岱在《陶庵夢憶》中寫道：「人無癖，不可與交，以其無深情也；人無疵，不可與交，以其無真氣也。」具有個性的人，大多是有癖好和瑕疵之人。他們不做作，不圓滑，不欺心，甚至有點

不合羣，卻有着一顆赤子之心，有着一種飄逸氣質，有着玉石般的潤澤。他們如果張揚，就如風中的旗幟，迎着霞光，習習飄揚；如果內斂，恰似冬日的梅花，「疏影橫斜水清淺，暗香浮動月黃昏」。無論張揚還是內斂，都是深情的流露和真氣的顯現。而沒有個性，多半是平庸之人。平庸之人，只能淹沒於茫茫人海，隨波逐流，人云亦云，虛度一生。沒有個性，就有可能成為鄉愿。鄉愿之人，媚俗趨時，言行不一，貌似忠廉，實際沒有一點道德原則。無怪乎，孔子大聲斥責：「鄉愿，德之賊也」（《論語‧陽貨》）。沒有個性，就會缺少朋友。無友之人，只能自怨自艾，他人不喜歡，自我也不滿意，過着無趣的人生。孟子的個性是鮮明的，與一般人相比，孟子的智慧閃耀着理性光芒；與同代的諸子百家相比，孟子好辯，充滿着戰鬥精神；與歷代儒學大家相比，孟子是大丈夫，洋溢着陽剛之氣。理性光芒、戰鬥精神與陽剛之氣相輔相成，不僅把孟子與其他人區別開來，讓他揚名於歷史長河；更重要的是幫助孟子完善了思想，塑造了人格，成就了文章大家。

聖人與亞聖

蘇東坡詩云：「仕道固應慚孔孟，扶顛未可責由求。」詩中將孔孟並稱，確有道理。孟子與孔子一樣，都以天命擔當自居。孔子曰：「天生德於予，桓魋其如予何？」（《論語‧述而》）孟子則說：「如欲平治天下，當今之世，舍我其誰也？」（〈公孫丑下〉）在儒家譜系上，孔子是聖人，孟子是亞聖。聖人概念形成於春秋戰國時期，是傳統社會崇拜的人格。按照《說文解字》和字形分析，「聖者，通也」，上左有耳，表示聞道，通達天地之正理；上右有口，表示宣講道理，教化大眾；下邊有王，表示統帥萬物，遍施德行。

先秦百家爭鳴，每一家弟子都把自家學派的創始人尊為聖人，儒家尊孔子為聖人，道家尊老子為聖人，墨家尊墨子為聖人。然而，歷史上真正稱得上聖人的只有孔子，自北魏太和十六年（492）開始，孔子不斷被歷朝統治者封為文聖、先聖、玄聖、至聖、大成至聖的稱號，而孟子則在元朝至順元年（1330）開始被封為亞聖，從此奠定了孟子在中國文化史和儒家學派中僅次於孔子的地位。

孟子的亞聖地位當之無愧，不僅在於他忠實地繼承了孔子的思想，更在於他創造性地發展了孔子的思想。北宋二程評價：「孟子有功於聖門，不可勝言。仲尼只說一個『仁』字，孟子開口便說『仁義』。仲尼只說一個『志』字，孟子便說許多『養氣』出來。只此二字，其功甚多。」（《四書章句集注》）

孟子本人極為尊崇孔子，認為自人類社會出現以來，沒有一個人能夠與孔子相比，「出於其類，拔乎其萃。自生民以來，未有盛於孔子也」（〈公孫丑上〉）。據不完全統計，在《孟子》一書中，敍述孔子事跡與引用孔子言論有 81 處，一部分是讚揚推崇孔子，另一部分則為孟子自己的思想尋找根據。孟子認為，每隔五百年都應有王者出現，這些王者既是以往文明的繼承者，又是未來文明的開啟者，功莫大焉。首先是堯舜，後面是商湯，其後是文武周公，再後是孔子：「由堯舜至於湯，五百有餘歲，若禹、皋陶，則見而知之；若湯，則聞而知之。由湯至於文王，五百有餘歲，若伊尹、萊朱，則見而知之；若文王，則聞而知之。由文王至於孔子，五百有餘歲，若太公望、散宜生，則見而知之；若孔子，則聞而知之」（〈盡心下〉）。孟子指出，孔子是聖人品德的集大成者：「伯夷，聖之清者也；伊尹，聖之任者也；柳下惠，聖之和者也；孔子，聖之時者也。孔子之謂集大成，集大成也者，金聲而玉振之也」（〈萬章下〉）。

在孟子看來，他應當承擔起繼承孔子思想品德的重任。儘管孟子有時為自己未能成為孔子的親炙弟子而感到遺憾，「予未得為孔

子徒也，予私淑諸人也」（〈離婁下〉），而孟子終身為繼承孔子的思想而奮鬥，終身與反對孔子的思想作鬥爭，終身以孔子的傳人自居，「乃所願，則學孔子也」（〈公孫丑上〉）。恩格斯指出：「歷史方面的意識形態家（歷史在這裏應當是政治、法律、哲學、神學，總之，一切屬於社會而不是單純屬於自然界的領域的簡單概括）在每一科學領域中都有一定的材料，這些材料是從以前的各代人的思維中獨立形成的，並且在這些世代相繼的人們的頭腦中經過了自己的獨立的發展道路。」[1]孟子對孔子思想的傳承是「經過了自己的獨立的發展道路」，既有繼承更有創新和發展。如果沒有創新和發展，孟子就不可能成為儒家的第二號人物，而孟子的創新和發展是全方位、多領域的。孟子與孔子可謂同中有異，異中有同，同一是主要方面，差異屬於次要方面。

個性風格

比較孟子與孔子，有着多個維度，既要重視思想觀念的維度，也不可忽視個性風格的維度。認識孟子與孔子不同的個性風格，有利於更好地理解孟子對孔子思想的繼承和發展。

孟子與孔子的基本觀點和人生立場是相同的，都嚮往唐虞三代之治。孔子說：「周監於二代。郁郁乎文哉！吾從周。」（《論語・八佾》）孟子則把周朝之治具體化：「文王視民如傷，望道而未之見。武王不泄邇，不忘遠。周公思兼三王，以施四事，其有不合者，仰而思之，夜以繼日；幸而得之，坐以待旦。」（〈離婁下〉）意思是，文王對待老百姓就像對待受傷的人，尋求道義就像從未見過一樣。武王不輕侮近臣，也不遺忘遠方的賢人。周公想要兼學夏、商、周三代之王，來實踐禹、湯、文王、武王所行的功業，自

---

1 《馬克思恩格斯選集》（第四卷），人民出版社 2012 年版，第 642-643 頁。

己的言行有與他們不符合的，就仰頭思考，白天想不好，晚上接着想；僥倖想出了結果，就坐着等待天亮去付諸實施。他們都熱衷於政治，為官從政是共同訴求。孔子認為：「學也，祿在其中矣。君子憂道不憂貧。」（《論語・衛靈公》）孟子直白地說：「士之仕也，猶農夫之耕也。」（〈滕文公下〉）他們都周遊列國，推介自己的政治主張，並以失敗而告終，孔子「累累若喪家之狗」；孟子被認為是「迂遠而闊於事情」。他們的晚年都回到家鄉從事教學和著述工作，《史記》記載：孔子序書傳、述禮樂、作春秋、成六藝，「以詩書禮樂教，弟子蓋三千焉，身通六藝者七十有二人」（《史記・孔子世家》）；孟子「退而與萬章之徒序《詩》《書》，述仲尼之意，作《孟子》七篇」（《史記・孟子荀卿列傳》）。

　　孟子與孔子的差別則表現在不同的個性、風格和文體。在個性方面，孔子內斂，溫和謙虛，從不承認自己是聖人和仁者，「若聖與仁，則吾豈敢！抑為之不厭，誨人不倦，則可謂云爾已矣」（《論語・述而》）。孔子喜歡的君子形象是文質彬彬。當有人問孔子的弟子，為什麼孔子每到一個地方都能知道這個地方的政事。弟子回答，老師依靠的是溫和、善良、恭敬、儉樸、謙讓美德：「夫子溫良恭儉讓以得之。夫子之求之也，其諸異乎人之求之與？」（《論語・學而》）在《論語・鄉黨》中詳細記載了孔子在不同場合的言行舉止，其中描寫孔子在朝堂上的容貌，詳細而生動：「入公門，鞠躬如也，如不容。立不中門，行不履閾。過位，色勃如也，足躩如也，其言似不足者。攝齊升堂，鞠躬如也，屏氣似不息者。出，降一等，逞顏色，怡怡如也。沒階，趨進，翼如也。復其位，踧踖如也」。意思是，孔子進公門時，小心謹慎，好像沒有容身之地。站立時，不在門之中間；過門時，不踩門檻。走過魯公的位子時，臉色一下子變得莊重起來，腳步加快，說話好像中氣不足。登堂時提起下襬，小心謹慎，摒住氣好像不呼吸的樣子。從堂裏出來，走下

了一個台階，神情放鬆，怡然舒暢。下完台階，快步向前，好像鳥兒舒展翅膀。回到自己原來的位置，一副踧踖不安的樣子。

孟子的個性則異於孔子，張揚自負，常以聖人自許，「我非堯、舜之道，不敢陳於王前，故齊人莫如我敬王也」（〈公孫丑下〉）。孟子自視甚高，藉伊尹之口，認為自己是先知先覺者：「天之生此民也，使先知覺後知，使先覺覺後覺也。予，天民之先覺者也；予將以斯道覺斯民也。非予覺之而誰也？」（〈萬章上〉）孟子能夠藐視統治者，淋漓盡致地展露笑傲王侯的氣勢。有一次，孟子代表齊國出使滕國，齊王派寵臣王驩同行數日，孟子瞧不起王驩，連話都不和他說，「孟子為卿於齊，出弔於滕，王使蓋大夫王驩為輔行。王驩朝暮見。反齊滕之路，未嘗與之言行事也」（〈公孫丑下〉）。孟子在君王面前始終保持着富貴不能淫、貧賤不能移、威武不能屈的品格。孟子初到齊國，打算去朝見齊宣王，而齊宣王卻說自己病了，孟子感到不受尊重，同樣以生病的理由拒絕朝見。

在風格方面，北宋程頤評價：「孔子言語句句是自然，孟子言語句句是事實」（《二程遺書》）。恰如其分地道出了孟子與孔子風格的差異。孔子親切隨和，行事中道，喜歡悠閒的生活。孔子有一次詢問弟子的志向，子路要強兵，冉有要富民，公西華要使民知禮，孔子都不置可否。當曾晳談到嚮往春天的生活，不泯童心，與天地合一，孔子大加讚歎。「（曾晳）曰：『莫春者，春服既成，冠者五六人，童子六七人，浴乎沂，風乎舞雩，詠而歸。』夫子喟然歎曰：『吾與點也。』」（《論語・先進》）孔子對人對事，看法通透，不走極端。孔子談到逸民時，認為不同的逸民有着不同的隱逸境界，伯夷、叔齊是「不降其志，不辱其身」；柳下惠雖然降低了志向，辱沒了身份，而說話做事符合倫理要求，「言中倫，行中慮」；虞中、夷逸「隱居放言，身中清，廢中權」，即隱居而不談論世事，保持身份合乎修身高潔的要求，放棄身份合乎權變的要求。孔子說

自己與這些逸民都不同，沒有可以這樣做或不可以這樣做的問題，「我則異於是，無可無不可」（《論語·微子》）。孔子待人隨和，適可而止。在如何對待朋友問題上，孔子認為可以忠告勸誡引導，卻不可糾纏和過於較真。「子貢問友。子曰：『忠告而善道之，不可則止，毋自辱焉。』」（《論語·顏淵》）

孟子行事風格迥異於孔子，最大的特點是好辯，既與統治者論辯，又與不同思想流派論辯。孟子自己也承認好辯。在辯論過程中，孟子性情激烈，口無遮攔，甚至到處罵人，罵夏桀商紂是獨夫民賊，罵春秋五霸、今之諸侯及大夫是罪人，最為痛快的是罵楊朱和墨子是禽獸。孟子愛憎分明，率性而為，狂熱地宣傳自己的主張，狂熱地吹捧自己喜歡的人。反之，則是嬉笑怒罵，諷刺挖苦，鋒芒畢露。

對於入仕為官，孔子主張國家政治清明，就出來做官；政治黑暗，就隱居退避，「邦有道，則仕；邦無道，則可卷而懷之」（《論語·衛靈公》）。孟子則不然：「天下有道，以道殉身；天下無道，以身殉道；未聞以道殉乎人者也。」（〈盡心上〉）意思是，天下政治清明，就終身行道；天下統治黑暗，就為道獻身；還沒有聽說過犧牲道來迎合人的。

在文體方面，比較《孟子》與《論語》，可以約略看出孟子對孔子的繼承和發展。《孟子》一書學習借鑒《論語》的做法，都是「擬聖而作」，《論語》主要記載孔子的言行，《孟子》主要記載孟子的言語行事。然而，《論語》文體屬早期語錄體，記錄比較簡單，大多是片言隻語式的思想結晶，談不上闡述、論證和邏輯；《孟子》中的若干篇章，則是從立論、論證到結論，顯示出結構完整、層次清晰、說理透徹、論證周密和具有總體構思的特徵，這是在《論語》語錄體基礎上由章到篇的重大發展。《論語》較詳細記載了孔子的容貌動作以及弟子轉達孔子思想的言行，這雖然增強了《論語》的形

象生動，卻減弱了邏輯力量；《孟子》較少記載孟子的容貌形態，沒有弟子轉達的言行，從而增加了思想內容以及源自孟子思想的可靠性。弟子可以轉述先生的言論和思想，有時也很正確傳神，卻屬於次生態，與原生態相比有着差距，畢竟不如先生直接言說的正確無誤。《論語》較少記載孔子周遊列國之說辭，不容易展示孔子治國安邦的完整思想；《孟子》較詳細記載了孟子的遊歷過程以及與諸侯的談話內容，比較完整地表達了孟子一系列政治、經濟、道德、教育等主張。最後，《論語》只有一萬五千餘言，《孟子》約有三萬五千言，能夠更多地承載孟子的思想和表達孟子的言論。

仁與仁義

孟子對孔子思想品德的繼承和發展，主要不是在個性風格方面，而是在思想內容方面，最大貢獻是繼承和發展仁的思想。在孔子仁的思想中，除仁的概念之外，還包括孝、悌、恭、敬、忠、信、義、剛、毅、勇、寬、惠、敏等概念。這些概念在《孟子》一書中也可以見到，說明孟子是實實在在地繼承了孔子的思想。而孟子對這些概念的使用情況，與孔子卻有着明顯差異。據楊伯峻統計，《論語》中使用次數較多的概念有 7 個，即仁（109）、信（38）、義（24）、敬（21）、孝（19）、忠（18）、勇（16），而《孟子》使用次數較多的概念為 4 個，即仁（157）、義（98）、敬（39）、孝（28），其中仁、義概念的使用次數遠遠高於其他兩個使用較多的概念，還超過了《論語》使用的次數，這從一個側面表明孟子不是簡單地繼承了仁的思想，而是創造性地發展了仁的思想。在《論語》一書中，仁字一般是單獨使用；《孟子》則較多地出現了以「仁」字領頭的複合概念，這就是仁義、仁政、仁人、仁術、仁心、仁言、仁聞、仁聲等，尤其是「仁義」與「仁政」，可以看作是孟子思想的關鍵詞和核心概念，具體詮釋了孟子在基本範疇和政治領域

發展了孔子的思想。

　　仁是孔子思想最基本的範疇，也是《論語》中出現次數最多的概念。孔子以仁為邏輯前提，構築起儒家的思想大廈；仁是孔子思想的標誌，《呂氏春秋·不二》認為：「老聃貴柔，孔子貴仁，墨翟貴兼」。學術界甚至把孔子的思想簡稱為仁學。《說文解字》釋仁字為「親也。從人二」。從字的構成看，仁的概念反映了古代社會對人具有社會屬性的樸素認識。

　　孔子沿襲古代的認識，給仁充實和增加了更多的人文和倫理道德元素，而對仁的回答，在不同場合有着不同內容。有時是禮：「顏淵問仁。子曰：『克己復禮為仁。』」（《論語·顏淵》）有時是恭、敬、忠：「樊遲問仁。子曰：『居處恭，執事敬，與人忠。雖之夷狄，不可棄也。』」（《論語·子路》）有時是恭、寬、敏、信、惠：「子張問仁於孔子。孔子曰：『能行五者於天下為仁矣。』請問之，曰：『恭、寬、信、敏、惠。恭則不侮，寬則得眾，信則人任焉，敏則有功，惠則足以使人。』」（《論語·陽貨》）從孔子的回答可知，仁是總概念，統御着禮、恭、敬、忠、寬、敏、信、惠等概念。儘管孔子對仁的內容有着不同回答，仁的本質是愛人，則是確定無疑的。「樊遲問仁。子曰：『愛人。』」（《論語·顏淵》）孔子自己是躬行仁者愛人的典範：「廄焚。子退朝，曰：『傷人乎？』不問馬。」（《論語·鄉黨》）意思是，孔子家的馬棚失火了。孔子從朝廷回來，只問傷人沒有，不問馬的情況。孔子尊重人的生命，把人當成人，用仁來協調和規範人與人之間的關係，推己及人、樂於助人，強調在成就自己的同時，也要成就別人，具體化為正面要求是「夫仁者，己欲立而立人，己欲達而達人」（《論語·雍也》），否定方面的限制則是「己所不欲，勿施於人」（《論語·顏淵》）。

　　孟子承繼了仁的基本含義：「仁也者，人也。合而言之，道也。」（〈盡心下〉）意思是，仁的本質就是人；仁和人合起來就是道。

戰國時期，諸侯兼併戰爭頻發，百家爭鳴，楊、墨學說充滿天下，孔子學說不彰，仁義被阻塞，孟子挺身而出，堅決捍衛孔子仁學，豐富完善了儒家思想，進一步把孔子仁的思想發展為仁義並舉的學說。在孔子那裏，義從屬於仁，孟子則把義的概念提升到與仁並列的地位。如果說孔子思想的核心是仁，那孟子思想的核心則是仁義。孟子認為：仁是人的內心修養，義是實踐仁的途徑，仁的修養只有通過義的途徑，才能外化為人的日常言行。「仁，人心也；義，人路也。舍其路而弗由，放其心而不知求，哀哉！」（〈告子上〉）仁為人心，表明就人的本性而言，仁是人的心中所固有的，意指人性善的形而上依據；義為人路，說明仁的貫徹落實需要有正確的方法，意指人性善的形而下路徑，從而促進孔子之仁由抽象的理念變成生動的實踐。孟子還從性善論角度詮釋仁與義的重要意義。他認為：人人都有不忍心做的事，把這種心推及到他所忍心做的事上，就是仁。人人都有不願做的事，推及到他想做的事上，就是義。人如果能夠把不想害人的心擴展開，那麼仁就會用之不竭了；人如果能夠把不挖洞、跳牆去偷竊的心擴展開，那麼義就會用之不竭了；人如果能夠把不受人輕蔑的心擴展開，無論到哪裏，行為都能符合義。更重要的是，孟子與孔子一起把仁和義升華到信仰的高度，指出仁和義比生命還寶貴，為了仁義，可以獻出生命。孔子指出：「志士仁人，無求生以害仁，有殺身以成仁。」（《論語·衞靈公》）孟子強調：「生，亦我所欲也；義，亦我所欲也。二者不可得兼，舍生而取義者也。」（〈告子上〉）這真是孔孟合璧、氣若長虹，仁義並舉、昭彰千秋。

孟子對孔子之仁的最大貢獻是提供了哲學基礎，這就是性善論。孔子曾經講過人性問題，「性相近也，習相遠也」（《論語·陽貨》）；「人之生也直。罔之生也幸而免」（《論語·雍也》）。後一句話的意思是，一個人的生存是由於正直，而不正直的人也能生存，

那是他僥倖避免了災禍。然而，人性是善還是惡，卻語焉不詳。有些論述流露出性善傾向，「苟志於仁矣，無惡也」（《論語‧里仁》）。孔子沒有對人性是善是惡作出明確回答，卻反覆強調仁是通過主觀努力可以達到的，「我欲仁，斯仁至矣」（《論語‧述而》）；「為仁由己，而由人乎哉」（《論語‧顏淵》）。孟子接受了孔子仁的思想，認為人人都有實踐仁的內在因素，即「人人皆可為堯舜」，以良心本心論性善，進而提出了人的本質是性善的理論。孟子認為，人性善是天賦的，「人性之善也，猶水之就下也。人無有不善，水無有不下」。孟子把人性善理解為仁義禮智和惻隱、羞惡、恭敬、是非「四心」，主張性善是人本身自有的潛質，而不善是因為沒有把握本有的善質所造成的；認為仁義禮智既是性善的主要內容，又是性善的重要根據；強調仁義禮智根於心，為心所固有，不需要藉助任何外力或條件。在孟子看來，沒有「四心」，就不是人，「由是觀之，無惻隱之心，非人也；無羞惡之心，非人也；無辭讓之心，非人也；無是非之心，非人也」（〈公孫丑上〉）。而「四心」的核心是仁，人與非人的本質差別就在於仁義，「人之所以異於禽獸者幾希；庶民去之，君子存之。舜明於庶物，察於人倫，由仁義行，非行仁義也」（〈離婁下〉）。

志與志氣

志和氣都是中國哲學的重要概念，《說文解字》釋志為「意也，從心」；氣為「雲氣也，象形」。比較而言，志的涵義相對單一，主要指人的思想意志。氣的內涵卻豐富廣闊，有的思想家甚至認為氣是天下萬事萬物的本質和起源；中醫則認為氣是構成人體以及維持生命活動的基本元素。作為倫理道德範疇，志和氣適用於人格塑造和個體修身養性範圍，兩者既有聯繫又有區別。聯繫在於，志和氣經常合為志氣一詞，以表達人的情緒和精神狀態；區別在於，志更

為基礎，含有人的思想和意志雙重內容，氣是志的顯現，指的是人的感情和意氣。無論志還是氣，都是人格的重要組成部分，具有獨立意志，方有獨立人格，否則，只能是屈己從人的奴才人格；堅持高尚氣節，方有高尚人格，否則，只能是屈膝降敵的貳臣人格。孔子尚志，將志作為主體自覺和立身處世的根基，「三軍可奪帥也，匹夫不可奪志也」（《論語‧子罕》）。孟子則崇尚仁義之志，善養浩然之氣，鍛造偉岸人格，「天將降大任於是人也，必先苦其心志，勞其筋骨，餓其體膚，空乏其身，行拂亂其所為，所以動心忍性，曾益其所不能」（〈告子下〉）。

孔子所尚之志是理想和遠大志向。《論語》中志的概念出現了17 次，其中有兩次是孔子與弟子談論各自的志向，與弟子的志向相比，孔子追求社會理想境界和人生終極目標，是一種聖賢格局和天地氣象。一次是孔子與顏淵、子路各言其志，「顏淵、季路侍。子曰：『盍各言爾志？』子路曰：『願車馬衣輕裘，與朋友共敝之而無憾。』顏淵曰：『願無伐善，無施勞。』子路曰：『願聞子之志。』子曰：『老者安之，朋友信之，少者懷之。』」（《論語‧公冶長》）北宋二程評價：「子路、顏淵、孔子之志，皆與物共者也，但有小大之差爾」；孔子之志「則如天地之化工，付與萬物而己不勞焉，此聖人之所為也」。二程進一步指出：「先觀二子之言，後觀聖人之言，分明天地氣象。凡看《論語》，非但欲理會文字，須要識得聖賢氣象。」（《四書章句集注》）另一次是孔子與子路、曾皙、冉有、公西華侍坐，讓他們各言其志，子路逞能坦率，其志向是要「強兵」，冉有審慎謙讓，志在「富民」，公西華年少好學，志在使民「知禮」；三人皆真誠懇切，都是要治國安邦，兼濟百姓。孔子沒有否定子路等人的志向，卻明確贊同曾皙的志向，那就是暮春時節，春裝已經穿好了，我約上五六位成人和六七位小孩，在沂水邊洗洗澡，在舞雩台上吹吹風，一路唱着歌回來。孔子之所以贊同曾皙的志向，是因

為曾皙之志是大志，體現的是與天地合其德的宏大氣象；之所以沒有直接肯定子路、冉有、公西華之志，是因為他們的志向是小志，還侷限於事功範圍。

　　孔子所尚之志不僅是理想，而且是具體舉措和實際行動，這就是志於學。《論語》第一篇第一章第一字就是學，「學而時習之，不亦說乎？」孔子不承認自己是聖人或仁者，甚至認為自己連君子也沒有做到，卻強調自己好學，「十室之邑，必有忠信如丘者焉，不如丘之好學也」（《論語·公冶長》）。好學是一個人成長成功的源泉，也是一個民族發展發達的基石，更是孔子終生不渝的志向，「吾十有五而志於學，三十而立，四十而不惑，五十而知天命，六十而耳順，七十而從心所欲，不逾矩」（《論語·為政》）。不僅要志於學，而且要志於仁。仁是孔子思想的前提，也是孔子立志達到的理想。孔子的弟子多次請教仁的含義，最具代表性的是樊遲三次問仁：第一次孔子回答：「愛人。」愛是仁最核心的內容，充滿了人性光輝。第二次樊遲問仁，孔子認為，有仁德的人正確對待利益關係，能夠在利益上約束自己，「仁者先難而後獲，可謂仁矣」（《論語·雍也》）。第三次樊遲問仁，孔子回答，仁內蘊着嚴肅莊重、敬業負責、忠心誠意等優秀品德，這就是「居處恭，執事敬，與人忠」（《論語·子路》）。概言之，孔子之仁是在愛人的基礎上立人、達人和泛愛眾，「弟子，入則孝，出則悌，謹而信，泛愛眾，而親仁」（《論語·學而》）。不僅要志於仁，而且要志於道，「志於道，據於德，依於仁，遊於藝」（《論語·述而》）。意思是，要立志向道，據守於德，依倚於仁，優遊於六藝。對於孔子而言，道是大道，「大道之行也，天下為公，選賢與能，講信修睦。故人不獨親其親，不獨子其子，使老有所終，壯有所用，幼有所長，矜、寡、孤、獨、廢疾者皆有所養」（《禮記·禮運》）。對於孔子而言，道是人生，「人能弘道，非道弘人」（《論語·衛靈公》）。人

只有不斷地提升自己、完善自己，才能把道發揚光大，而不是以道弘人，譁眾取寵。對於孔子而言，道是使命，「士不可以不弘毅，任重而道遠。仁以為己任，不亦重乎？死而後已，不亦遠乎」（《論語·泰伯》）。

在孟子看來，尚志的內容是要踐行仁義，把不忍心做的事推及到所忍心做的事，把不願意做的事推及到願意做的事，仁義就會取之不盡，用之不竭。尚志的基礎是要加強自身修養，培育大丈夫精神，為平治天下奠定堅實基礎。尚志的目的是平治天下，修身也是為了平治天下。道理很簡單，一個人如果連人都做不好，怎麼可能讓他去治理國家，管理天下大事。焦循認為，孟子平治天下的內容就是施行仁義，「孟子以為聖王之盛，惟有堯舜，堯舜之道，仁義為上」（《孟子正義》）。

孟子對孔子之志的貢獻是把志與氣聯繫起來，形成了完善的志氣觀。孟子之志氣觀，旨在培養提升人的道德和精神境界，含有持志養氣、動心忍性、反求諸己的豐富內容和實踐路徑。孟子認為，志與氣之間不是平行的關係，而是統帥與被統帥的關係，「夫志，氣之帥也；氣，體之充也」，這就是人的思想意志要引導規範感情意氣的發揮，感情意氣的發揮要有利於思想意志的踐行和實現。孟子認為，在志與氣的關係中，志是矛盾的主要方面，具有決定意義，氣是矛盾的次要方面，居於從屬地位，思想意志到哪裏，感情意志就跟着到哪裏。但也不要忽視氣對志的反作用，「志壹則動氣，氣壹則動志也，今夫蹶者趨者，是氣也，而反動其心」（〈公孫丑上〉）。意思是，思想意志專一，就能調動感情意氣跟隨它，感情意氣專一，也會影響思想意志，比方說跌倒、奔跑，這是下意識的氣有所動，也能反過來擾動心志。

孟子對孔子之志更大的貢獻是講出很多養氣的道理。在孟子看來，養氣要養平旦之氣和夜氣。平旦之氣指的是清晨的空氣，夜

氣指的是深夜的空氣。清晨的空氣新鮮、純潔，深夜的空氣寧靜、平和。在孟子看來，平旦之氣和夜氣不是自然的空氣，而是道德之氣，仁義之心可以依靠平旦之氣和夜氣作用得以生存和發展。平旦之氣和夜氣之於仁義之心的作用，相當於雨露之於草木的作用。雨露有利於草木的生長；仁義之心也是如此，清晨用平旦之氣誘發而生長，深夜因夜氣的誘發而生長，所以要養好平旦之氣和夜氣，否則就會喪失仁義之心，混同於禽獸，「其所以放其良心者，亦猶斧斤之於木也，旦旦而伐之，可以為美乎？其日夜之所息，平旦之氣，其好惡與人相近也者幾希，則其旦晝之所為，有梏亡之矣。梏之反覆，則其夜氣不足以存；夜氣不足以存，則其違禽獸不遠矣」（〈告子上〉）。意思是，之所以有人失掉了他的仁義之心，也像斧子對待樹木一樣，天天砍它，怎麼能讓它繁茂呢？他在日裏夜裏萌生的善心，他在清晨觸及的清新之氣，這些在他心中所引發的好惡，跟一般人相近的也有一點點。然而，到了第二天白天做出的事，就把那點與常人相同的善心給泯滅了。反反覆覆地泯滅，那麼他夜裏心中萌生的良善就不能存在下去；夜裏萌生的良善之心不能存留在心，那麼他就和禽獸相差無幾了。同時，養氣要善養浩然之氣。浩然之氣是孟子志氣觀的精華，強大剛健，合乎義與道，必須堅持長期修煉養成，「其為氣也，至大至剛，以直養而無害，則塞於天地之間。其為氣也，配義與道；無是，餒也。是集義所生者，非義襲而取之也。行有不慊於心，則餒矣」（〈公孫丑上〉）。朱熹解釋：「浩然，盛大流行之貌；氣，即所謂體之充者。本自浩然，失養故餒；惟孟子為善養之以復其初也。」（《四書章句集注》）

　　研讀孟子與孔子，就會想到思想、學術、科技、文化的繼承與發展問題。清代學者袁枚認為：「不學古人，法無一可；全似古人，何處著我。」（《續詩品》）較好地詮釋了繼承與發展的關係。「不學古人，法無一可」，強調的是繼承，沒有繼承就沒有發展。

繼承的前提是要認真學習和研究前人的思想、學術、科技、文化成果，真正把握其精髓，分清其精華與缺陷，繼承是繼承精華而不是繼承缺陷。對於缺陷，也不能一概否定，應給予同情之瞭解。前人的認識和看法，只要是對當時歷史和時代精神的客觀把握，無論精華還是缺陷，都要給予肯定和讚揚，避免偏激的虛無主義。「全似古人，何處著我」，強調的是發展。只學古人，只有繼承，是遠遠不夠的，還必須發展。發展，既可以是對前人思想精華的補充和完善，也可以是對前人認識缺陷的糾正和修補，還可以是運用前人的思想成果應對現實社會提出的新課題，推動思想、學術、科技、文化的進步。因此，繼承與發展的正確關係是在繼承中發展，在發展中繼承。惟其如此，才能像孟子那樣，繼承了孔子又發展了孔子，形成儒學發展史上的一座高峰。惟其如此，才能像牛頓那樣站在巨人的肩膀上有所發現、有所發明，進而改變世界科技發展進程。牛頓在繼承伽利略力學和開普勒天文學的基礎上，發現了三大定律和萬有引力定律，別人問他為什麼能取得如此輝煌的成就，他說：「如果說我看得更遠一些，那是因為我站在巨人的肩膀上」[1]。牛頓一語破的，任何思想、學術、科技、文化的繼承都是對巨人的繼承；任何思想、學術、科技、文化的發展都是站在巨人肩膀上的發展。

醇者與小疵

　　韓愈在〈讀荀〉一文中比較客觀地評價了荀子，他認為荀子源於孔子，「考其辭，時若不粹，要其歸，與孔子異者鮮矣」；孟子與

1　參見陸達：〈出版科技書刊構築人類智慧的制高點〉，《光譜實驗室》1994 年第 1 期。

荀子是大同小異，孟子為純正的儒家，荀子是有缺點的儒家，「孟氏，醇乎其醇者也。荀與楊，大醇而小疵」。然而，孟子與荀子卻是個說不盡的話題，倆人皆尊奉孔子，同為大儒，卻在二千多年的傳統社會中，一個被褒讚，一個被貶抑，時也，命矣。

孔子思想博大精深，弟子眾多，必然產生歧見和分化，至戰國中後期形成不同派別，「自孔子之死也，有子張之儒，有子思之儒，有顏氏之儒，有孟氏之儒，有漆雕氏之儒，有仲良氏之儒，有孫氏之儒，有樂正氏之儒……故孔、墨之後，儒分為八」（《韓非子·顯學》）。對於後世儒學有重大影響的，則是孟子與荀子，兩人都對孔子無比尊崇，力促儒家在社會思想中居於主導地位，為發展儒家思想貢獻畢生精力。孟子承上啟下，以孔子傳人自居，對各種非儒學說進行批判，大力發展和弘揚儒家思想；荀子則在戰國帷幕降落之際，積極傳授儒家經典，在綜合融通百家中豐富儒家思想。孟子與荀子年齡相差三四十歲，孟子大於荀子，荀子卻批判了孟子，說孟子「略法先王而不知其統，猶然而材劇志大，聞見雜博。案往舊造說，謂之五行，甚僻違而無類，幽隱而無說，閉約而無解。案飾其辭而祇敬之，曰：此真先君子之言也」（《荀子·非十二子》）。意思是，略略效法古代聖明的帝王而不知道他們的要領，自以為才氣橫溢，志向遠大，見聞豐富廣博。根據往古舊說來創建新說，把它稱為五行，非常乖僻背理而不合禮法，幽深隱微而難以講說，晦澀纏結而無從解釋，卻粉飾他們的言論而鄭重其事地說，此乃先師孔子的言論。作為同門，荀子對孟子的批判是一件尷尬的事情，後人試圖加以調和彌補，「懷疑荀子不曾看到後來流行的《孟子》一書，而只是在稷下時，從以陰陽家為主的稷下先生們的口中，聽到有關孟子的學說」[1]。這只是一種猜測，卻難以掩飾孟子

1　徐復觀：《中國人性論史》（先秦篇），台北：商務印書館 1984 年版，第 237 頁。

與荀子思想之差異。荀子對孟子的批判實質是兩人思想差異的正常反映。

荀子其人

司馬遷確實偉大，早在漢初就已認識到孟子與荀子在儒學中的地位和作用，將兩人合併作〈孟子荀卿列傳〉，所記載的內容包括了戰國時期陰陽、道、法、名、墨各家代表人物；直接記載孟子與荀子事跡都是一個段落，字數相差無幾，卻有着明顯差異。一方面，司馬遷記載孟子是帶着感情的，在千餘字的傳記中多次同情孟子，為孟子歎息，而記載荀子則比較冷靜，多為客觀敍述；另一方面，孟子名字多次出現在傳記中，可說是貫穿全文，而荀子的名字僅出現在直接記載的段落之中，這似乎預示着孟子與荀子在思想史和儒家流派中不同的歷史命運。

史書對荀子的記載比較簡略。根據《史記》，我們只能粗略知道荀子後半生的經歷和主要思想成就。荀子是戰國後期趙國人，其後半生經歷為五十歲時到齊國講學，曾三次任齊國稷下學宮主持；因遭到陷害離開齊國到楚國，被春申君收留，任命為蘭陵縣令；春申君死後被免職，終老於蘭陵。其最大的教育成果是培養了韓非子和李斯兩位著名的法家代表人物。在儒家正統譜系中，荀子的面目由此而變得模糊，在歷史上經常受到詬病。其主要思想成就為《荀子》一書。當時政治黑暗，儒生淺陋，文人無道，「荀卿嫉濁世之政，亡國亂君相屬，不遂大道而營於巫祝，信禨祥，鄙儒小拘，如莊周等又猾稽亂俗」。意思是，荀子痛恨亂世的政治，亡國昏庸的君王不斷出現，他們不通曉常理正道而被占卜祭祀的人所迷惑，信奉求神賜福去災；庸俗鄙陋的儒生拘泥於瑣碎禮節，莊周等文人又狡猾多辯，敗壞風俗。

《荀子》現存 32 篇，為西漢劉向整理校定。除少數篇章外，大

部分為荀子自己所著，約 22 篇；〈儒效〉〈議兵〉等 5 篇，似是弟子所記錄的荀子言行；〈大略〉〈宥坐〉等 5 篇，似是雜錄傳記及所引用的資料。《荀子》仿《論語》體例，始於〈勸學〉，終於〈堯問〉，邏輯嚴密，分析透闢，語言精煉，善於比喻，多用排比，富於思想性和理論性，具有感染力和說服力。

其中，〈天論〉集中闡述天人相分的自然觀，認為天的變化是自然規律，不以人的意志為轉移；人可以利用自然規律，而不能違背自然規律，「天行有常，不為堯存，不為桀亡。應之以治則吉，應之以亂則凶。強本而節用，則天不能貧；養備而動時，則天不能病；修道而不貳，則天不能禍」。〈解蔽〉闡述了虛壹而靜的認識論，「人何以知道？曰心。心何以知道？曰虛壹而靜」；強調認識事物要虛心、專心、靜心，以達到大清明境界，「虛壹而靜，謂之大清明。萬物莫形而不見，莫見而不論，莫論而失位。坐於室而見四海，處於今而論久遠，疏觀萬物而知其情，參稽治亂而通其度，經緯天地而材官萬物、制割大理，而宇宙理矣」。〈性惡〉闡述了化性起偽的人性惡思想，「故枸木必將待檃栝、烝矯然後直；鈍金必將待礱厲然後利；今人之性惡，必將待師法然後正，得禮義然後治」。意思是，所以彎曲的木頭，一定要通過工具的矯正加熱，然後才能挺直；不鋒利的金屬器具一定要通過打磨才能鋒利。人惡的本性，一定要依靠師法的教化，然後才能糾正；懂得禮義，天下才能平治。〈勸學〉等篇闡述了環境影響和後天培養的教育理念，「生而同聲，長而異俗，教使之然也」；「蓬生麻中，不扶而直；白沙在涅，與之俱黑。蘭槐之根是為芷，其漸之滫，君子不近，庶人不服。其質非不美也，所漸者然也。故君子居必擇鄉，遊必就士，所以防邪辟而近中正也」。〈君道〉等篇闡述了隆禮重法的社會政治主張，「隆禮重法則國有常」。在〈勸學〉中，荀子認為：禮與法是相通的，禮本身就是法，「禮者，法之大分，類之綱紀也」。在〈禮論〉中，

荀子指出，禮的出發點是防止人慾之惡的膨脹，「人生而有欲，欲而不得，則不能無求；求而無度量分界，則不能不爭。爭則亂，亂則窮。先王惡其亂也，故制禮義以分之，以養人之欲，給人之求，使欲必不窮於物，物必不屈於欲，兩者相持而長，是禮之所起也」。在〈正論〉中，荀子強調，重法主要是重刑罰，「刑稱罪，則治；不稱罪，則亂。故治則刑重，亂則刑輕」。意思是，刑罰與罪行相當，才能治理好社會，否則，社會就會混亂。所以，社會治理得好，刑罰就重；社會混亂，刑罰才輕。荀子重視刑罰，雖然出於人性惡的價值判斷，卻蘊含着嚴刑峻法的法家思想之端倪，容易偏離孔子的德治路線，造就出韓非子、李斯等法家人物。

由於荀子思想之複雜，導致了孟子與荀子在儒學史上的地位迴異，孟子被視為儒家正宗和嫡傳，被尊封為「亞聖」，荀子則被視為儒家的另類和雜學，長期受到壓抑。秦至漢初，儒家思想不被重視，秦用法家，盡焚百家之書；漢初用黃老，儒家之冠被劉邦用以盛尿。自漢武帝「罷黜百家，表彰六經」之後，儒家思想正式登上中國政治舞台，取得至高無上的官學地位，成為主導傳統社會的意識形態。然而，在整個漢朝，孟子與荀子的地位都不高，孟子略好於荀子，在漢文帝時《孟子》和《論語》一樣，設置博士，東漢趙岐又為《孟子》注釋；而朝廷從沒有為《荀子》設置博士，當時也沒有人為《荀子》注疏。唐代楊倞甚為疑惑，「獨《荀子》未有注解，亦復編簡爛脫，傳寫謬誤，雖好事者時亦覽之，至於文義不通，屢掩卷焉」（《荀子注·序目》）。隋唐時期，孟子與荀子的地位都有所提高，《隋書·經籍志》首次將《孟子》列入經部，《荀子》一書也有楊倞作注，但荀子地位仍不及孟子。韓愈一方面肯定了孟子與荀子在儒家的地位，「昔者孟軻好辯，孔道以明。轍環天下，卒老於行。荀卿守正，大論是弘，逃讒於楚，廢死蘭陵。是二儒者，吐辭為經，舉足為法，絕類離倫，優入聖域」（《進學解》）。

另一方面又把孟子標舉為儒家道統的繼承者，「堯以是傳之舜，舜以是傳之禹，禹以是傳之湯，湯以是傳之文、武、周公，文、武、周公傳之孔子，孔子傳之孟軻，軻之死，不得其傳焉」（〈原道〉）。宋元明清，孟子與荀子的地位發生了天壤之別，孟子被捧上了天，正式被朝廷冊封為「亞聖」，配享文廟；荀子則被打入冷宮，備受攻訐與詆毀，甚至連儒學的地位亦不能保。北宋二程認為：「荀卿才高學陋，以禮為偽，以性為惡，不見聖賢，雖曰尊子弓，然而時相去甚遠。聖人之道，至卿不傳。」（《二程遺書》）近代譚嗣同在《仁學》中把荀學與秦政聯繫在一起，認為兩者是禍害中國的政治和文化根源，「二千年來之政，秦政也，皆大盜也；二千年來之學，荀學也，皆鄉愿也。惟大盜利用鄉愿，惟鄉愿工媚於大盜，二者交相資，而罔不託之於孔」。

孟子與荀子分別構成了孔子之後儒學的兩座高峰，卻一榮一辱，反差極大，令人唏噓不已。荀子在儒家和中國思想史的地位，還是《四庫全書提要》的評價比較中肯：「平心而論，卿之學派出孔門，在諸子之中最為近正，是其所長；主持太甚，詞義或至於過當，是其所短。韓愈大醇小疵之說，要為定論。餘皆好惡之詞也」。

孟荀之差異

孟子與荀子同屬儒家，這是毫無疑問的。在儒門之內，孟子與荀子的思想存在着重大差異，也是不容忽視的，我們不能因為肯定荀子為儒家而否定孟子與荀子之思想差異。蘇東坡認為：「荀卿者，喜為異說而不讓，敢為高論而不顧者也。其言愚人之所驚，小人之所喜也。子思、孟軻，世之所謂賢人君子也。荀卿獨曰：『亂天下者，子思、孟軻也。』天下之人，如此其眾也；仁人義士，如此其多也。荀卿獨曰：『人性惡。桀、紂，性也。堯、舜，偽也。』由是觀之，意其為人必也剛愎不遜，而自許太過。彼李斯者，又特甚者

耳。」（〈荀卿論〉）蘇東坡的評說既指明了孟荀之差異，又可以窺
測到荀子不能容於後世正統儒家的原因，這就是荀子批評孟子，不
期然地把自己置於孟子的對立面；荀子主張人性惡，於人的思想和
感情難以接受；荀子重法重刑，極易發展為冷酷無情的法家思想；
荀子培養出韓非子、李斯兩位法家代表人物，直接或間接地造就了
包括秦漢在內的傳統社會的苛政和暴政。

　　總體而言，傳統社會尤其是宋之後對孟荀之評價是揚孟貶荀，
情感多於理性，貼標籤多於講道理，得出結論多於說理過程。近現
代的評價則相對冷靜、客觀和公允，梁啟雄十分簡潔地闡述了孟子
與荀子的差異：「孟子言性善，荀子言性惡；孟子重義輕利，荀子
重義不輕利；孟子專法先王，荀子兼法後王；孟子專尚王道，荀子
兼尚霸道。」[1] 牟宗三從中西方哲學文化比較入手，闡述了孟子與荀
子思想之差異。他認為，中國文化是一個「仁的文化系統」，西方
文化是一個「智的系統」，孟子與荀子思想從根本上說都屬於仁的
文化系統，相對而言，荀子接近於西方智的系統，孟子則是正宗地
道的仁的文化系統，且與孔子共同奠基和建構了這一文化系統。同
時，牟宗三又從「內聖外王」的角度比較了孟子與荀子的思想，認
為孟子與荀子分別是孔子的兩翼，各自建立了一套內聖外王之學，
孟子重在內聖一面，以內聖之學稱聖；荀子重在外王一面，以外王
之學見長。[2]

　　在內聖方面，孟子與荀子思想最大的差異是人性論，他們都
從心理層面對人性進行觀察，卻得出了截然相反的結論，孟子道
性善，荀子言性惡。孟子是先驗論者，重視邏輯命題的形上根據，
他把人的社會屬性和與生俱來的自然屬性混同起來，認為人性是善

1　梁啟雄：《荀子簡釋·自敘》，中華書局 1983 年版，第 9 頁。
2　參見王興國：〈孔子之兩翼〉，載《哲學研究》2018 年第 1 期。

的。孟子還舉例說明人皆有不忍人之心和惻隱之心，進而證明人性是善的，「今人乍見孺子將入於井，皆有怵惕惻隱之心；非所以內交於孺子之父母也，非所以要譽於鄉黨朋友也，非惡其聲而然也」（〈公孫丑上〉）。荀子是經驗論者，注重經驗分析，而不是先驗綜合，他把人性在初始的、自然的、生理的一些表現歸納提升為人性的全部內容，認為人性是惡的，「人之性惡，其善者偽也」。荀子進一步論證說：「凡人之欲為善者，為性惡也。夫薄願厚，惡願美，狹願廣，貧願富，賤願貴，苟無之中者，必求於外。故富而不願財，貴而不願勢，苟有之中者，必不及於外。用此觀之，人之欲為善者，為性惡也。」（《荀子·性惡》）意思是，一般而言人想為善，都是因為人性本惡的緣故。淺薄的希望變得豐厚，醜陋的希望變得美麗，狹隘的希望變得寬大，貧窮的希望變得富裕，卑賤的希望變得高貴，如果本身沒有它，就必定要向外尋求。所以，富足的不羨慕錢財，高貴的不羨慕權勢，如果本身有了它，當然不必再向外尋求了。因此，人之所以想要為善，正是因為人性本惡的緣故。荀子雖然也區分了君子與小人，卻認為他們的本性是完全相同的，「凡人有所一同：飢而欲食，寒而欲暖，勞而欲息，好利而惡害，是人之所生而有也，是無待而然者也，是禹、桀之所同也」（《荀子·榮辱》）。

　　孟子與荀子對於人性本質的認識不同，形成了不同的修養路徑。孟子強調存心養性，寄希望於個人的修養和努力，把人的善性顯現出來，擴充開來，「存其心，養其性，所以事天也」（〈盡心上〉），「君子所以異於人者，以其存心也。君子以仁存心，以禮存心」（〈離婁下〉）。在孟子看來，保持和發揮人的善性，關鍵在個體，從天子、諸侯、卿大夫到士、庶人，都要以自己的行動守善性、行仁義，知廉恥、明是非，「君子所性，仁義禮智根於心，其生色也睟然，見於面，盎於背，施於四體，四體不言而喻」（〈盡心

上〉）。孟子認為，修身養性的具體方法是反求諸己、內省不疚，「愛人不親，反其仁；治人不治，反其智；禮人不答，反其敬。行有不得者皆反求諸己，其身正而天下歸之」（〈離婁上〉）。荀子則主張化性起偽，通過政治手段和教化措施，改造人性惡的本質，「性也者，吾所不能為也。然而可化也」（《荀子·儒效》）。在荀子看來，由於人之性惡，必須進行化性起偽，否則社會就會動亂，天下就會不安定，「今人之性，生而有好利焉，順是，故爭奪生而辭讓亡焉；生而有疾惡焉，順是，故殘賊生而忠信亡焉；生而有耳目之欲，有好聲色焉，順是，故淫亂生而禮義文理亡焉。然則從人之性，順人之情，必出於爭奪，合於犯分亂理而歸於暴。故必將有師法之化，禮義之道，然後出於辭讓，合於文理，而歸於治」。荀子認為，化性起偽的主要途徑是依靠明君聖王，而不能單純地依靠個人的自願自覺，「古者聖人以人之性惡，以為偏險而不正，悖亂而不治，故為之立君上之埶以臨之，明禮義以化之，起法正以治之，重刑罰以禁之，使天下皆出於治，合於善也」（《荀子·性惡》）。

在外王方面，孟子與荀子思想的差異不在於對待王道的態度，而在於對待霸道的態度，孟子崇尚王道，荀子主張王道、霸道並用。按照儒家的一般看法，王道與霸道是性質完全不同的兩種統治方式，王道的力量來自德治，靠道德教化和教育來貫徹；霸道的力量則來自武力，以強制手段來推行。孟子理想主義色彩濃厚，主張實行王道，讚揚王道中的仁義思想，推崇王道令人心悅誠服的效果。孟子認為，統治者只需順應人之本性，充分發揮人之善性，就可以實現王道樂土，老百姓怡然自得，生活快樂而無怨言，「王者之民皞皞如也。殺之而不怨，利之而不庸，民日遷善而不知為之者」（〈盡心上〉）。意思是，聖王的功德浩蕩，百姓怡然自得。他們即使被殺，也不會怨恨誰；得到恩惠，也不會酬謝誰。百姓一天天向善，卻不知是誰使他們這樣的。

　　荀子則正視戰國時期的混亂局面，提出了王道、霸道和權謀治國三種方式，告誡君王要謹慎選擇：「故用國者，義立而王，信立而霸，權謀立而亡。三者，明主之所謹擇也，仁人之所務白也」。在王道、霸道和權謀三種治國方式中，荀子推崇王道，堅守仁義，認為施行王道，國家才會安定，天下才能平定，「挈國以呼禮義，而無以害之，行一不義，殺一無罪，而得天下，仁者不為也。擽然扶持心國，且若是其固也。之所與為之者，之人則舉義士也；之所以為布陳於國家刑法者，則舉義法也；主之所以極然帥羣臣而首鄉之者，則舉義志也。如是，則下仰上以義矣，是綦定也；綦定而國定，國定而天下定」。荀子在肯定王道的同時，沒有否定霸道，而是將霸道看作是君王可以作出的一種戰略選擇。霸道政治不需要統治者具有完美的道德，只需要在統治過程中確立公信而已，對內制定的政策法度必須做到言而有信，不失信於民；對外簽署的盟約，無論結果如何都要遵循守信，不失信於盟國，「如是，則兵勁城固，敵國畏之；國一綦明，與國信之；雖在僻陋之國，威動天下，五伯是也」。意思是，如果實行霸道，就能兵力強大、城池穩固，敵對的國家就會害怕；全國上下一致不失信用，盟國就會信賴，即使地處偏遠，它的威名也能震動天下。春秋五霸就是這樣。荀子堅決反對權謀治國，認為權謀治國是只講利益，不講信義，不講信用，必然導致國將不國和君王身敗名裂，「身死國亡，為天下大戮，後世言惡」（《荀子·王霸》）。

　　孟子與荀子不同的政治思想，不僅是因為他們對人性的基本看法不同，而且因為他們對統治者與老百姓的關係有着不同看法。孟子從人性善推導出政治上的仁政和王道學說。荀子則從人性惡出發，演化為政治上的王霸並用和隆禮重法思想，「故人之命在天，國之命在禮。人君者，隆禮尊賢而王，重法愛民而霸，好利多詐而危，權謀傾覆幽險而亡」（《荀子·強國》）。關於統治者與老百姓

的關係，是古今中外政治都關注的話題，孟子鮮明地提出了民貴君輕的思想，把老百姓置於統治者之上。荀子也有民本傾向，強調富民、養民和愛民，「故修禮者王，為政者強，取民者安，聚斂者亡。故王者富民，霸者富士，僅存之國富大夫，亡國富筐篋、實府庫」。而其政治思想主旨卻是君本論，尊君統、重君權。在荀子看來，人的最大特點在於能以義進行羣與分，「力不若牛，走不若馬，而牛馬為用，何也？曰：人能羣，彼不能羣也。人何以能羣？曰：分。分何以能行？曰：義」（《荀子·王制》）。君王則是人能羣與分的中樞，「人之生不能無羣，羣而無分則爭，爭則亂，亂則窮矣。故無分者，人之大害也；有分者，天下之本利也；而人君者，所以管分之樞要也」（《荀子·富國》）。意思是，人的生存，離不開社會羣體，而社會羣體沒有等級名分，就會發生爭鬥，有爭鬥就會混亂，有混亂就會貧困。所以沒有等級名分，是人類的大災難；有等級名分，是天下的根本利益。而君王，就是掌握這種羣與分的中樞和關鍵。荀子認為，無君之尊，無政之制，則民眾必自為而無方，天下亦難以治理。

孟荀之同一

黑格爾在論述思維與存在的關係時，天才地表達了這樣一個思想，即同一是有差異的同一，差異是有同一的差異。孟子與荀子之思想皆源於孔子，兩人都主張弘揚光大儒家思想，怎麼可能會差異大於同一呢？清代學者錢大昕認為，宋儒批評最多的是《荀子·性惡》一文，即使孟子與荀子對人性善惡的看法不同，倆人的目的還是一致的，都是教人向善，「孟言性善，欲人之盡性而樂於善；荀言性惡，欲人之化性而勉於善。立言雖殊，其教人以善則一也。蓋自仲尼既歿，儒家以孟、荀為最醇，太史公敍列諸子，獨以孟、荀標目，韓退之於荀氏雖有『大醇小疵』之譏，然其云『吐辭為經』

『優入聖域』，則與孟氏並稱，無異詞也。宋儒所訾議者，惟〈性惡〉一篇」（〈荀子箋釋跋〉）。

尊崇孔子，是孟、荀最大的同一。孟子與荀子都讚美欽佩孔子，《孟子》一書中孔子出現了 81 次，引用孔子言論 28 則，認為孔子是有人類以來最偉大的人物，孔子是聖人集大成者。《荀子》引用孔子言論 33 則，讚頌孔子是聖人、大儒和仁智者，說孔子「總方略，齊言行，壹統類，而羣天下之英傑，而告之以大古，教之以至順，奧窔之間，簟席之上，斂然聖王之文章具焉，佛然平世之俗起焉」（《荀子・非十二子》）。意思是，孔子總括治國的方針策略，端正自己的言論行動，統一治國的綱紀法度，從而會聚天下的英雄豪傑，把根本的原則告訴他們，拿正確的道理教導他們。在室堂之內、竹席之上，那聖明帝王的禮義制度集中地具備於此，那太平時代的風俗蓬勃地興起於此。

孟子與荀子都批判各種非儒家學說，以維護儒家思想和樹立孔子地位。戰國中後期，百家爭鳴更加激烈，大有否定和毀滅儒家之勢，孟子挺身而出，對當時各種不利於儒家思想的學說和言行都進行了批判，陳澧在《東塾讀書記》中說：「孟子『距楊墨』，楊朱，老子弟子，距楊朱，即距道家矣；『善戰者服上刑，連諸侯者次之，辟草萊任土地者次之』，則兵家、縱橫家、農家皆距之矣；『省刑罰』，可以距法家；『生之謂性也，猶白之為白歟』，可以距名家；『天時不如地利』，可以距陰陽家；『夫道一而已矣』，可以距雜家；『齊東野人之語，非君子之言』，可以距小說家」。荀子也不甘落後，對莊子、楊朱、墨翟、宋銒和田駢、慎到、申不害、惠施、鄧析等各家學術思想都進行了批判，認為這些人的思想都有失偏頗，不夠全面，「故由用謂之道，盡利矣；由俗謂之道，盡嗛矣；由法謂之道，盡數矣；由埶謂之道，盡便矣。由辭謂之道，盡論矣。由天謂之道，盡因矣。此數具者，皆道之一隅也。夫道者，體常而盡變，

一隅不足以舉之」(《荀子·解蔽》)。意思是,所以從實用的角度來談道,就全談功利了;從慾望的角度來談道,就全談滿足了;從法治的角度來談道,就全談法律條文了;從權勢的角度來談道,就全談權勢的便利了;從名辯的角度來談道,就全談不切實際的理論了;從自然的角度來談道,就全談因循依順了。這幾種說法,都是道的一個方面。道本體經久不變而又能窮盡所有的變化,一個角度是不能夠概括它的。

更重要的是,孟子與荀子都繼承了孔子思想,並發展了儒家學說。學界一般認為,在先秦儒家思想演變過程中,如果沒有孟子與荀子的努力,儒家就有可能像墨家那樣漸漸毀滅於戰國末年;在儒家思想發展史上,如果沒有孟子與荀子的努力,儒家不可能在中國社會中取得那麼崇高的地位。孟子與荀子都在繼承孔子仁的思想基礎上發了儒家學說。孟子把仁的思想發展為仁與義並舉的學說,認為仁是人的本性,義是人對自己的約束與控制,仁只有通過義,才能由道德理念變成人生實踐,「仁,人之安宅也;義,人之正路也。曠安宅而弗居,舍正路而不由,哀哉」(〈離婁上〉)。荀子則把仁的思想發展為仁與禮並重的主張,強調以禮分之,以禮治國。「親親、故故、庸庸、勞勞,仁之殺也;貴貴、尊尊、賢賢、老老、長長,義之倫也。行之得其節,禮之序也。仁,愛也,故親;義,理也,故行;禮,節也,故成。」(《荀子·大略》)在荀子看來,「國之命在禮」;禮的本質是別異,「禮者,貴賤有等,長幼有差,貧富輕重皆有稱者也」(《荀子·富國》)。禮要滲透到社會政治的各個領域,「宜於時通,利以處窮,禮信是也。凡用血氣、志意、知慮,由禮則治通,不由禮則勃亂提僈;食飲、衣服、居處、動靜,由禮則和節,不由禮則觸陷生疾;容貌、態度、進退、趨行,由禮則雅,不由禮則夷固、僻違、庸眾而野。故人無禮則不生,事無禮則不成,國無禮則不寧」(《荀子·修身》)。

　　即便在有差異的領域，孟、荀也存在着廣泛的同一。人性論是孟子與荀子差異最大的領域，卻有着許多同一的內容。在源頭上，孟子與荀子的人性思想均出自孔子。孔子說「性相近也，習相遠也」（《論語·陽貨》），卻沒有說性相近於善還是惡。孟子與荀子雖然提出了各自的性善與性惡理論，形成了儒家人性論的不同派別，而孟子與荀子都沒有否認後天學習和環境的影響，孟子認為：「學問之道無他，求其放心而已矣」（〈告子上〉）。荀子則有〈勸學篇〉，更是重視學習，「積土成山，風雨興焉；積水成淵，蛟龍生焉；積善成德，而神明自得，聖心備焉」。在目標上，無論性善還是性惡，孟子和荀子都是鼓勵人們做一個像堯舜禹那樣的聖人。孟子認為「人皆可為堯舜」；荀子則說：「堯禹者，非生而具者也。夫起於變故，成乎修為，待盡而後備者也。」（《荀子·榮辱》）在路徑上，孟子與荀子都強調教化和倫理道德修養，否則就是禽獸不如的東西。孟子指出：「飽食、暖衣，逸居而無教，則近於禽獸。」（〈滕文公下〉）荀子認為：「人也，憂忘其身，內忘其親，上忘其君，則是人也，而曾狗彘之不若也。」（《荀子·榮辱》）

　　王霸論是孟子與荀子在政治領域的重要差異，卻有許多相似的看法。孟子與荀子都贊同湯武革命，孟子在回答齊宣王「湯放桀，武王伐紂」問題時，明確指出：「賊仁者謂之『賊』，賊義者謂之『殘』，殘賊之人謂之『一夫』。聞誅一夫紂矣，未聞弒君也」（〈梁惠王下〉）。荀子批評「桀紂有天下，湯武篡而奪之」時說：「故桀紂無天下，湯武不弒君，由此效之也。湯武者，民之父母也；桀紂者，民之怨賊也」（《荀子·正論》）。孟子與荀子都批評春秋五霸，孟子說：「五霸者，三王之罪人也」（〈告子下〉）。荀子雖然不否認霸道的合理性，卻對春秋五霸尤其是齊桓公提出嚴厲批評：「齊桓，五伯之盛者也，前事則殺兄而爭國；內行則姑姊妹之不嫁者七人，閨門之內，般樂奢汰，以齊之分奉之而不足；外事則詐邾襲莒，併

國三十五。其事行也若是其險污淫汏也。彼固曷足稱乎大君子之門
哉！」（《荀子・仲尼》）孟子與荀子都主張選賢任能和聖賢之治，
使社會安定和人民安居樂業。孟子認為：「仁則榮，不仁則辱。今惡
辱而居不仁，是猶惡濕而居下也。如惡之，莫如貴德而尊士，賢者
在位，能者在職。」（〈公孫丑上〉）荀子則說：「故上好禮義，尚
賢使能，無貪利之心，則下亦將綦辭讓，致忠信，而謹於臣子矣。」
（《荀子・君道》）意思是，所以君王如果推崇禮義，尊重賢德之
人，使用有才能的人，沒有貪圖財利的想法，那麼下屬就會極其謙
讓，極其忠誠老實，而謹慎地做一個臣子。

　　無怪乎，梁啟超認為：孟子與荀子是全同小異，「荀子與孟子，
同為儒家大師，其政治論之歸宿點全同，而出發點小異。孟子信性
善，故注重精神上之擴充。荀子信性惡，故注重物質上之調劑」[1]。

　　研讀孟子與孔子，想到了思想學術的縱向繼承與發展問題，而
研讀孟子與荀子，則會想到思想學術橫向的爭論與發展問題。荀子
對孟子思想的批評爭論，實際效果無疑是繁榮和發展了儒學。歷史
證明，爭論是活躍學術氛圍、催生人類智慧、促進思想發展的重要
動力；爭論是新思想、新觀念、新理論的發源地和生長點，推動着
人們對未知世界的探尋和對真理的追求。可以說，沒有思想學術的
爭論，就沒有思想學術的繁榮和發展；沒有先秦時期的百家爭鳴，
就沒有中國古代思想學術的「黃金時代」。而思想學術爭論是一門
大學問，首先要有寬鬆的社會氛圍。寬鬆意味着自由，人人都有思
想自由和言論自由，自由地參加思想學術討論；意味着開放，對任
何理論和思想學術都可以進行討論，對任何權威和聖賢哲人都可以
提出疑問，即如亞里士多德所言：「吾愛吾師，吾更愛真理」；意

1　梁啟超：《先秦政治思想史》，天津古籍出版社 2004 年版，第 112 頁。

味着平等，即參與思想學術爭論的任何一方的地位都是平等的，既沒有權威學霸，也沒有年長年少，更沒有官大官小。只有自由、開放、平等的氛圍，才能促進思想學術的爭論與發展。要尊重不同意見和看法。有爭論就有不同意見和看法，沒有不同意見和看法，就沒有爭論。不同意見和看法中，有的可能是正確的，有的可能是正確與錯誤並存，有的可能是完全錯誤的。對於正確的，要虛心聽取和接受；對於部分正確部分錯誤的，要區別對待，接受正確並拋棄錯誤；對於完全錯誤的，可以進行批判批評，但一定要保護和捍衛發表不同意見和看法的權利。美國聯邦法院大法官霍姆斯認為：「思想自由原則所保護的並非我們贊同的人，而是那些受我們厭惡的思想。」[1]這是爭論各方的雅量所在，也是一個社會進步文明的重要標誌。要堅持講道理、擺事實，言之有理、持之有故。一方面要全面準確地理解對方的觀點和論據，不能斷章取義，也不能以偏概全；另一方面要以充分的證據和雄辯的事實來論證自己的觀點，做到以理服人，以數據和事實說服對方，不能用氣勢壓人，也不能用大話空話唬人。現代社會要允許爭論、寬容爭論，學會爭論、包容爭論，在爭論中促進思想進步和學術發展，在爭論中創新觀念和完善理論。

1　張千帆：《西方憲政體系》，上冊〈美國憲法〉，中國政法大學出版社 2004 年第 2 版，第 32 頁。

知天命 ◆

心論 ◆

孝道 ◆

義利 ◆

性善論

知天事天

　　天命是中國古代哲學的重要範疇，也是孟子思想的重要基礎。天命思想誕生於夏商時期，緣於遠古時代人們對自然界的敬畏和面對苦難時的惶恐無奈心理。《說文解字》釋天為「顛也。至高無上，從一大。」段玉裁注疏：「顛者，人之頂也。以為凡高之稱。始者，女之初也。以為凡起之稱。然則天也可為凡顛之稱。臣於君，子於父，妻於夫，民於食，皆曰天是也。至高無上，從一大。至高無上，是其大無有二也，故從一大。」這說明與天聯繫在一起的，都是至高至大而無法超越的人和事物。在古代社會，天命可單獨稱天或帝或命，換言之，天命與天、帝、命是一個序列的概念，《論語·顏淵》指出：「死生有命，富貴在天。君子敬而無失，與人恭而有禮，四海之內皆兄弟也」。現代學人認為：「殷商人心目中的最高主宰者是『帝』，西周人心目中的最高主宰者為『天』。」[1]天命還與天道概念有聯繫，兩者都萌芽於夏朝，成熟定型於春秋戰國時期。天命與天道有時混合同一，天道就是天命，「先王之令有之，曰：天道賞善而罰淫，故凡我造國，無從非彝，無即慆淫，各守爾典，以承天休」（《國語·周語》）。有時差別明顯，天命具有鮮明的信

----

[1]　馮達文、郭齊勇：《新編中國哲學史》（上冊），人民出版社 2004 年版，第 28 頁。

仰性質，與人世間關係密切，類似於宗教概念；天道則有突出的知識特徵，與自然界關係密切，類似於科學概念。就思想史而言，天道是在逐步侵蝕和消解天命，理性精神在不斷擴展和張揚。儒家沒有否認天命，卻呈現出鮮明的理性精神，孔子是「敬鬼神而遠之」（《論語·雍也》）。孟子承認天命，「莫之為而為者，天也；莫之致而至者，命也」，卻重視人的因素，認為王位禪讓不僅是天意，而且也是民心，即「天與之，人與之」（〈萬章上〉）。

孟子一生關注治亂問題，其思想主體是政治。孟子所有的思維都圍繞政治展開，無論是形而上思辨，還是形而下思考，都是服從服務於其政治理念的需要。

天命屬於形上思維範疇，在孟子那裏，有時指自然現象和客觀存在，而更多的卻是政治內容。天命要為王位禪讓交替提供依據，為個體能否為官從政作出終極說明，為能否平治天下尋求最後答案。孟子對滕文公說：「苟為善，後世子孫必有王者矣。君子創業垂統，為可繼也。若夫成功，則天也。」（〈梁惠王下〉）意思是，如果實行仁政，後代子孫中一定有成為天下之王的。君子創立基業，奠定傳統，正是為了可以被繼承下去。至於成功與否，還要看天命。在孟子那裏，屬於形上思維範圍的概念有性善和良心。孟子認為：人性本善，強調心之官則思，高於耳目口腹等感官慾望，主要是為其仁政學說披上理論外衣，「人皆有不忍人之心。先王有不忍人之心，斯有不忍人之政矣。以不忍人之心，行不忍人之政，治天下可運之掌上」（〈公孫丑上〉）。在孟了那裏，孝悌和義利觀念也具有思辨性質。孟子認為，孝悌是人的天性，「孩提之童無不知愛其親者；及其長也，無不知敬其兄也。親親，仁也；敬長，義也」（〈盡心上〉）。孝悌的目的是治國平天下，「道在邇而求諸遠，事在易而求諸難——人人親其親、長其長，而天下平」（〈離婁上〉）。孟子把義看作是人生的最高信仰，可以捨生取義，卻不否認利的存

在和作用,「是故明君制民之產,必使仰足以事父母,俯足以畜妻子,樂歲終身飽,凶年免於死亡」。孟子承認利的存在,還是為了政治統治和社會安定,「若民,則無恆產,因無恆心。苟無恆心,放辟邪侈,無不為已」(〈梁惠王上〉)。因此,在孟子的形上思維中,天命是政治的最終依據,性善和良心是政治思想的邏輯預設,孝悌是政治實踐的根本,義利是政治實踐的具體指導,從而構成了孟子政治思想及其實踐的理論基礎和思想前提。

先秦天命觀

先秦時期,天命思想無處不在、無時不有,深刻影響着人們社會生活的各個領域和整個過程。天命的本質是神祕主義,認為宇宙間有個至高無上的神;主要內容是相信神經常關心並干預自然界和人類社會的各種事務,相信神具有必要的智慧,知道通過什麼樣的方式來顯示其願望和意志,相信神具有實現其意圖的權能和超自然的力量。歷史資料表明,虞夏時期可能有了天命的萌芽,《尚書·皋陶謨》有言:「天命有德,五服五章哉!天討有罪,五刑五用哉!政事懋哉懋哉!」意思是,上天任命有德的人,要用天子、諸侯、卿、大夫、士五等禮服表彰這五者啊;上天懲罰有罪的人,要用墨、劓、荆、宮、大辟五種刑罰處治五者啊。政務要努力啊!努力啊!在古代社會,天命的作用無遠弗屆,可以決定人世間的各種事務,大到王權的產生與轉移,小到人之貴賤生死。天命和政治密切相關,統治者為了證明其合理合法性,都藉助天命思想,天命實際成了統治者的護身符。天命思想認為,王權源自於天,《詩經·商頌》:「天命玄鳥,降而生商,宅殷土茫茫。古帝命武湯,正域彼四方。方命厥後,奄有九有。」意思是,天命玄鳥降人間,簡狄生契商祖先,住在殷地廣又寬。當時天帝命成湯,征伐天下安四邊。昭告部落各首領,商佔遍九州土地。天命思想指出,社會人間的秩序

和價值也源自於天，《詩經·大雅》：「天生烝民，有物有則。民之秉彝，好是懿德。」意思是，上天降生人類，既有形體又有法則。人之本性與生俱來，追求善美是其道德。天命思想強調，每個人的富貴貧賤、生老病死還是源自於天，《周易·乾·象傳》：「乾道變化，各正性命。」唐代孔穎達注疏：「性者，天生之質，若剛柔遲速之別；命者，人所稟受，若貴賤夭壽之屬也。」（《五經正義》）

　　天命思想的核心是人與神的關係。自虞夏天命思想產生以來，先秦之前大約經歷了三個發展階段：在商朝之前，神的權威大於人的作用，宗教信仰重於理性思辨，人世間的一切事情都受天命制約和決定；在西周時期，神的權威與人的作用同在，宗教信仰與理性思辨並重，人世間的諸種事務，既希望得到神靈的庇護，又相信人的主觀努力；在春秋戰國時期，人的作用大於神的權威，理性思辨重於宗教信仰，解決人世間問題主要依靠人自身的努力。總之，先秦天命思想是抽象與具體的統一：所謂抽象，是指天命無形無蹤，難以描述，具體則是天命可以通過種種恩賜與懲戒而感受到神的存在；無限與有限的統一：無限是指天命思想中具有類似終極存在和永恆性質的觀念，有限則是這些觀念不是絕對的，而是會變化的；客體與主體的統一：客體是指天命的權威及其對人世間的影響，主體則不否認人的行為意義，而是客體的神與主體的人互相映襯的關係。

　　先秦天命思想的發展演變，是一個宗教信仰和神的權威逐步被削弱的過程，也是理性思辨和人的作用被不斷升華的過程，既有宗教色彩，又有人文內容，其趨勢是逐步消解天命的神祕性，更多地賦予天命的道德性；既是有神的，又是無神的，其格局是有神與無神並存，無神影響大於有神作用；既強調天命的主宰性和不可抗拒，又不否定人的努力和主觀能動性，其發展是哲學的天命取代了宗教的天命。中國歷史上沒有出現宗教狂熱，也沒有發生宗教戰爭，實在是

應該感謝以老子、孔子為代表的先秦思想家們的智慧和英明。

上古時期之所以產生天命思想，是因為當時生產力低下，科學文化極不發達，人們無法解釋自然界和人世間發生的許多事情，而天命則是對自然和社會各種現象所能作出的最後、最圓滿、最有權威的解釋。現存虞夏時期的資料很少，其天命思想固然可以通過《詩經》等典籍有所瞭解，卻非常有限；而《尚書》的真偽一直有爭論，則更加有限。商朝的歷史資料相對較多，尤其是 20 世紀甲骨文的出土，既提供了可靠的第一手資料，又印證了文獻的相關內容。商朝的天命思想是明晰的，帶着濃厚的原始社會巫術傳統，絕對信仰神的力量和權威，核心概念是「帝」。殷墟甲骨卜辭有「甲辰，帝令其雨」「帝令其風」，意思是，甲辰那天，上帝命令下雨，上帝命令颳風。還有「帝其降堇（饉）」「帝降食受又（佑）」，意思是，上帝要降下饑饉，上帝要賜給我們吃的。[1]商人認為，上帝是自己的祖先，「有娀方將，帝立子生商。」對於上帝要無條件地服從，上帝也會無條件地保護殷商族羣，「帝命不違，至于湯齊。湯降不遲，聖敬日躋。昭假遲遲，上帝是祇，帝命式于九圍」（《詩經·商頌》）。意思是，正因為我殷商不違天命，發展到湯這一代大為興盛。我祖湯王的誕生正應天時，他的聖明莊敬一天天提升。商湯光昭於上天久而不息，從來都是唯上帝是從，上帝授商湯管理九州的使命。天命的絕對性既成就商朝又危害商朝，當商朝土崩瓦解之際，商紂王還不以為然，認為上帝會保佑自己不被西周所滅，「及祖伊以周西伯昌之修德，滅黎國，懼禍至，以告紂。紂曰：『我生不有命在天乎？是何能為！』」（《史記·宋微子世家》）

西周天命思想的核心概念是「天」，與殷商相比，周人的天命

1　任繼愈：《中國哲學史簡論》，人民出版社 1973 年版，第 38 頁。

思想發生了革命性變化，減少了宗教神祕性，增加了人文道德因素，保持了宗教信仰與人文理性的相對平衡。面對周朝取代商朝的事實，周人提出了「天命靡常」的觀念，強調天命不是永恆的，而是變動不居的，由此解釋天為什麼會棄商助周。棄商是因為商紂王沉溺於享樂，暴虐百姓；助周是由於周文王愛護百姓，德高功大，「惟乃丕顯考文王，克明德慎罰。不敢侮鰥寡，庸庸，祗祗，威威，顯民。用肇造我區夏，越我一二邦，以修我西土。惟時怙冒，聞于上帝，帝休。天乃大命文王，殪戎殷」（《尚書‧康誥》）。意思是，你的偉大光明的父親文王，能夠崇尚德教，慎用刑罰；不敢欺侮無依無靠的人，任用當用的人，尊敬當敬的人，威懾當威懾的人，這些都顯示於人民。開始造就了我們夏，和幾個友邦共同治理西方。文王的功績被上帝知道了，上帝很高興，就降大命於文王，滅亡大國殷。面對建立周朝的事實，提出了「惟德是輔」的觀念，說明天命變化的緣由在於道德品質，無論天是獎賞還是懲罰，無論是給予天命還是撤銷天命，都要視道德狀況而定，道德好的人，天命保佑，道德壞的人，天命懲罰。「丕惟曰：爾克永觀省，作稽中德，爾尚克羞饋祀，爾乃自介用逸。茲乃允惟王正事之臣，茲亦惟天若元德，永不忘在王家。」（《尚書‧酒誥》）意思是，我想，你們能夠長久地觀察自己，使自己的言行符合中正的美德，你們還能夠參加國君舉行的祭祀。你們如果自己限制行樂飲酒，這樣就能長期成為王家的治事官員。這些是上帝所讚賞的大德，將永遠不會被王家忘記。面對周朝是多個族羣聯合而成的事實，提出了「敬天保民」的觀念，指出周朝的天是所有族羣的保護神，而不僅僅是周族羣的保護神。統治者必須得到民心，尊重民意，傾聽民聲，《尚書‧泰誓》說：「天矜于民，民之所欲，天必從之」，「天視自我民視，天聽自我民聽。」

　　春秋戰國時期是先秦天命思想的成熟定型階段，由諸子百家爭

鳴完成。在春秋戰國的天命思想中，人佔據了主導地位，神處於輔助位置，這從卜筮的減少可以得到明證，春秋時卜筮已大為減少，人們一般不再求筮問卜，「卜以決疑，不疑何卜？」（《左傳・桓公十一年》）到了戰國時期，文獻資料中有關卜筮的記載更是鮮見。諸子百家有的懷疑天命，有的否定天命；即使肯定天命，也大大消解了神祕性和宗教色彩。老子是道家的始祖，否定天命的終極性，明確以道的觀念取代天和帝的概念：「有物混成，先天地生。寂兮寥兮，獨立而不改，周行而不殆，可以為天下母。吾不知其名，強字之曰道」（《老子・第二十五章》）。韓非子是法家代表人物，繼承了老子「道法自然」的思想，改造了老子道的範疇，提出了理的範疇，更多地否定了天命：「道者，萬物之所以然也，萬理之所稽也。理者，成物之文也；道者，萬物之所以成也」。在韓非子看來，道理是形而上的根據和萬事萬物的根源，「天得之以高，地得之以藏，維斗得之以成其威，日月得之以恆其光，五常得之以常其位，列星得之以端其行，四時得之以御其變氣，軒轅得之以擅四方，赤松得之與天地統，聖人得之以成文章」（《韓非子・解老》）。荀子認為天、地、人各有自己的運行法則，互不干預和影響，「天不為人之惡寒也輟冬；地不為人之惡遼遠也輟廣；君子不為小人之匈匈也輟行。天有常道矣，地有常數矣，君子有常體矣。君子道其常，而小人計其功」。荀子批判了天命決定人事的觀點，強調社會治亂和人事吉凶，完全取決於人的言行和統治者的治理措施，與自然現象的變異沒有必然聯繫，「治亂，天邪？曰：日月星辰瑞曆，是禹桀之所同也，禹以治，桀以亂；治亂非天也」（《荀子・天論》）。

孔子之天命思想

任何偉大的思想家，都是在繼承前人思想成果的基礎上創造性地提出了自己的思想，隨後或長或短的時間內得到社會和歷史認

同，影響社會和歷史的發展。作為儒家創始人，孔子在繼承前人尤其是周文化的基礎上創立了儒家學派。「殷因於夏禮，所損益，可知也；周因於殷禮，所損益，可知也。其或繼周者，雖百世，可知也。」（《論語・為政》）意思是，殷商沿襲夏朝的禮儀制度，所去除的和增加的內容，都可以知道；周朝沿襲殷商的禮儀制度，所去除和增加的內容，也可以知道。假如有繼周朝而立的，即使以後一百個朝代，也是可以知道的。孔子繼承了西周的天命思想，提出了自己的天命觀。據楊伯峻統計，《論語》中言「天」19 次、「命」21 次、「天命」3 次和「天道」1 次，共計 44 次。其中，有的是指自然，有的是指人文，有的是指命運，內容不盡相同，卻表明孔子認同和接受了天命思想。

天命是孔子思想的有機組成部分，孔子的天命集神祕化、理性化和道德修養的內涵於一身，充滿着矛盾和張力。在孔子的天命中，雖然保留了擬人化的超自然力量，主要是為儒家的君子人格與道德境界提供外在權威和精神支柱，強調人之所以為人、人之所以成為君子，乃是天命的託付和惠臨，進而贏得生命的意義。與仁、義、禮等範疇相比，孔子對天命着墨較少，這說明孔子重社會人事輕天命鬼神，奠定了中華文明的基本格局，是對中華民族的偉大貢獻。牟宗三認為：「孔子在《論語》裏，暫時撇開天命天道說性這一老傳統，而是別開生面，從主觀方面開闢了仁、智、聖的生命領域；孔子未使他的思想成為邪教式的宗教，完全由於他對主體性仁、智、聖的重視。這是瞭解中國思想特質的最大竅門。」[1]

孔子以矛盾的心態對待天命。春秋末期，無論科學技術發展

1　牟宗三：《中國哲學的特質》，上海古籍出版社 1997 年版，第 11 頁。

水平，還是思想文化資源積澱，沒有人能夠完全否認天命。否認天命，既可能為世人所不容，又難以解釋紛繁複雜的自然社會現象。孔子承認天命，似乎又帶着疑問的目光，具體表現在形上與形下關係方面，孔子一般不關心形而上問題，只關心形而下問題，不關心終極存在問題，只關心倫理道德問題，不關心自然界的問題，只關心人世間的問題，不關心看不見的問題，只關心看得見的問題。「季路問事鬼神。子曰：『未能事人，焉能事鬼？』曰：『敢問死。』曰：『未知生，焉知死？』」（《論語・先進》）活着的人是看得見的，死後的鬼神是看不見的，孔子只關心活着的人，不關心死後的鬼神。莊子評論說：「六合之外，聖人存而不論；六合之內，聖人論而不議。」（《莊子・齊物論》）六合是指左東右西，前南後北，上天下地。意思是，六合之外，另有存在，聖人持保留態度，不予理論；六合之內，眾生存在，聖人持誘導態度，不予批評。

在天是否有意志的問題上，一方面，孔子把天看成是主宰萬事萬物的人格神，會討厭人、懲罰人。「子見南子，子路不說。夫子矢之曰：『予所否者，天厭之！天厭之！』」（《論語・雍也》）南子是衞靈公的夫人，當時名聲很不好，既左右着衞國的政權，又淫亂不堪。孔子見南子，子路以為孔子要輔佐南子，很不高興，孔子為了表明自己清白，對天發誓，實際是承認天有意志。另一方面，孔子認為春夏秋冬四季運行，花開花落萬物生長，都是自然而然的事情，天並沒有主宰。「天何言哉！四時行焉，百物生焉，天何言哉？」（《論語・陽貨》）

在對待鬼神的態度上，孔子沒有否定鬼神的存在，延續了上古時期的祖先崇拜，表達了對成為鬼神的先人的溫情和敬意。同時，孔子從沒有把鬼神看作是人生和社會生活的主宰，更不是什麼造物神和救世主，言天命而「不語怪力亂神」（《論語・述而》）。魯迅對此給予高度評價：「孔丘先生確是偉大的，生在巫鬼勢力如此旺

盛時代，偏不肯隨俗談鬼神。」[1]孔子重視祭祀，強調的卻是祭祀主體而不是對象。祭祀主體必須以適當的禮儀，帶着虔誠的心靈崇敬已成為鬼神的祖先，而不必十分在意鬼神對人世間的作用和影響，「祭如在，祭神如神在」（《論語·八佾》）。孔子尊敬鬼神，卻要求保持適當距離，不要讓鬼神干預人世間的事情，不要為鬼神牽涉過多的精力，這是智慧和智者的象徵，「務民之義，敬鬼神而遠之，可謂知矣」（《論語·雍也》）。

　　孔子以理性的精神對待天命。孔子的天命思想雖有自然之天的含義，主要內容卻是倫理道德和人文觀照。孔子之天命具有主宰性和不可抗拒性。在主宰人的命運方面，《論語·雍也》記載，弟子伯牛生重病，孔子去看望他，從窗子裏握着他的手說：「亡之，命矣夫！斯人也而有斯疾也！」此時的孔子已由敬畏天命轉移到感慨個體生命短暫。在主宰社會歷史命運方面，當子路被人誹謗，影響到朝廷的信任，有人願意幫助子路，懲罰誹謗者，孔子回答：「道之將行也與，命也；道之將廢也與，命也」（《論語·憲問》）。天命具有人格神意義，能對人的行為形成約束，「王孫賈問曰：『與其媚於奧，寧媚於灶，何謂也？』子曰：『不然，獲罪於天，無所禱也。』」（《論語·八佾》）在這段話中，孔子把天看作是有意志的神，可通過祈禱和祭祀來媚天保佑，如果得罪了天，那祈禱和祭祀都沒有作用了。認為天命還能對人進行教化：「大哉，堯之為君也！巍巍乎，唯天為大，唯堯則之。蕩蕩乎，民無能名焉。巍巍乎其有成功也，煥乎其有文章！」（《論語·泰伯》）意思是，堯這樣的君了真偉大啊！高大啊！只有天那麼高大，只有堯能效法天。廣大啊！老百姓無法用語言稱讚他。他的功績真是崇高啊！他的禮樂法度真是光輝

---

1 《魯迅全集》（第一卷），人民文學出版社 1958 年版，第 296 頁。

燦爛啊！孔子在這段話中不但讚頌了堯，而且讚頌了天，更是讚頌了堯和天的道德教化。天命具有生命價值，賦予人生以意義，是道德的源泉和依據。

在孔子看來，天命是自己人生追求的終極根據和原始動力，也是自己人生事業正當性和合理性的權威所在。當身處匡人圍攻的險境時，孔子認為，周文化或流傳或喪失取決於天命，任何人都不能違背和顛覆天命，「子畏於匡，曰：『文王既沒，文不在茲乎？天之將喪斯文也，後死者不得與於斯文也；天之未喪斯文也，匡人其如予何？』」（《論語‧子罕》）天命是主宰性與人文性的統一，使得孔子不僅承認天命，而且積極地與天命對話，認真聆聽天命的聲音，主動調適自己的心態和行為，努力做到不辜負天命，以完成人生的使命。孔子要求畏天命，把畏天命作為區分君子與小人的評判標準：「君子有三畏：畏天命，畏大人，畏聖人之言。小人不知天命而不畏也，狎大人，侮聖人之言」（《論語‧季氏》）。畏天命不是目的，孔子要求知天命。知天命不是輕而易舉的事情，而是人生經驗的結晶和思想的升華，「吾十有五而志於學，三十而立，四十而不惑，五十而知天命，六十而耳順，七十而從心所欲，不逾矩」（《論語‧為政》）。知天命也不是目的，孔子要求踐行天命。在孔子那裏，畏天命是基礎，知天命是前提，踐行天命是目的。對於孔子而言，踐行天命就是成為君子，「不知命，無以為君子也」（《論語‧堯曰》），進而「修己以敬」「修己以安人」「修己以安百姓」。

孟子之天命思想

統觀《孟子》全書，言天者凡 83 字，見於 28 章。有時孟子不言天而言上帝，或直接言上帝：「雖有惡人，齋戒沐浴，則可以祀上帝」（〈離婁下〉）。或引用經典間接言上帝，在〈離婁上〉引《詩經》：「商之孫子，其麗不億。上帝既命，侯于周服。」意思是，殷

商的子孫，數目不下十萬，上帝既已降命，於是臣服於周。在〈梁惠王下〉引《尚書》：「天降下民，作之君，作之師，惟曰其助上帝寵之。」天和上帝同一，至高無上，是人們想象中的造物主，是萬事萬物的主宰者。有時孟子不言天與帝而言命，命是天命，「禍福無不自己求之者。《詩》云：『永言配命，自求多福。』《太甲》曰：『天作孽，猶可違；自作孽，不可活。』此之謂也」（〈公孫丑上〉）。命也是命運，「孔子進以禮，退以義，得之不得曰『有命』。而主癰疽與侍人瘠環，是無義無命也」（〈萬章上〉）。意思是，孔子依禮而進，依義而退，能否得到官位，只能說是由命運決定。而受衛靈公的寵臣癰疽和宦官瘠環的接待，都是無視道義、無視命運的。無論天命還是命運，都是冥冥之中一種不可抗拒的力量主宰着人世間的事情，正如朱熹所論：「以理言之謂之天，自人言之謂之命，其實則一而已」（《四書章句集注》）。對於孟子而言，天、命、天命、上帝是同一序列的概念，都是指上天的命令以及上天主宰之下人的命運。

　　孟子之天命具有複雜性，混合着主觀與客觀的因素，夾雜着唯物與唯心的內容，既是自然之天，又是政治之天，還是倫理之天。在自然之天中，孟子是唯物的，明確天是自然現象和客觀存在，有時指日月星辰，認為日月星辰是自己在運行並非由天命主宰，「日月有明，容光必照焉。流水之為物也，不盈科不行；君子之志於道也，不成章不達」（〈盡心上〉）。有時指四季風雨，農作物遇旱則枯，遇雨則生機勃發，「七八月之間旱，則苗槁矣。天油然作雲，沛然下雨，則苗浡然興之矣」（〈梁惠王上〉）。有時指自然之物產生的根源，「天之生物也，使之一本」（〈滕文公下〉）。所謂自然之物，就個別事物而言，它是有形的具體的自然萬物；就一般事物而言，它作用於人的感官，是獨立於人之外而能為人所認識的客觀外在之物。有時指天地運行的客觀規律，「天之高也，星辰之遠也，

苟求其故，千歲之日至，可坐而致也」（〈離婁下〉）。意思是，天極高，星辰極遠，如果研究它們已有的跡象，千年以後的冬至，都可以坐着推算出來。

在政治之天中，孟子陷入了唯心主義的泥淖，認為社會治亂、國家興亡和人事代謝都由天命主宰。他有時強調君權神授，把君位的傳承和改朝換代歸結為神意的天命。「萬章曰：『堯以天下與舜，有諸？』孟子曰：『否。天子不能以天下與人。』『然則舜有天下也，孰與之？』曰：『天與之。』」（〈萬章上〉）他有時認為自己能不能為官從政取決於命運。弟子樂正子為魯侯所重用，孟子滿以為能夠在魯國從政，推行其政治主張。樂正子確實推薦了孟子，而魯侯由於聽信佞人臧倉的讒言，取消了接見和重用孟子的決定。孟子歎息說：「行或使之；止或尼之。行止，非人所能也。吾之不遇魯侯，天也。臧氏之子焉能使予不遇哉？」（〈梁惠王下〉）意思是，人要做事，是有人促使他做；不做事，是有人阻止他做。不過做或不做，並不是人力所能主宰。我與魯侯不能遇合，是天命。姓臧的傢伙怎能使我不遇？他有時把政治的興衰存亡及其運行規律看成是天意。「五百年必有王者興，其間必有名世者。由周而來，七百有餘歲矣。以其數，則過矣；以其時考之，則可矣。夫天未欲平治天下也，如欲平治天下，當今之世，舍我其誰也？」（〈公孫丑下〉）「舍我其誰」充滿豪邁之氣，強調了人的作用和主觀能動性，而前提卻是天是否同意平治天下，「舍我其誰」的豪氣就默默地消融於冥冥的神意之中。

在倫理之天中，孟子從政治觀中的客觀唯心主義轉入主觀唯心主義，將天命視為人性產生的依據，「所以謂人皆有不忍人之心者，今人乍見孺子將入於井，皆有怵惕惻隱之心，非所以內交於孺子之父母也，非所以要譽於鄉黨朋友也，非惡其聲而然也」（〈公孫丑上〉）。孟子還把仁義禮智等道德規範從渺不可涉的天命世界搬了

下來，直接植入人的心中，「惻隱之心，仁也；羞惡之心，義也；恭敬之心，禮也；是非之心，智也。仁義禮智，非由外鑠我也，我固有之也，弗思耳矣」（〈告子上〉）。

孟子之天命既繼承了西周以來宗教神祕性的內容，又繼承了孔子人文道德性的思想。孟子是相信天命的，卻不是西周以來天命思想的簡單重複，而是孔子天命思想的進一步發展完善。在孟子那裏，天命的宗教性與人文性實現了統一。天命仍然具有西周天命的宗教性，其本質卻是孔子天命的道德性。「天下有道，小德役大德，小賢役大賢；天下無道，小役大，弱役強。斯二者，天也。順天者存，逆天者亡。」（〈離婁上〉）

在孟子那裏，天命的主宰性與人的主觀能動性發生了結合。天命仍然是人的命運主宰，而對人的賞罰已不在天而是人的內心道德力量。最為經典的表述是：「天將降大任於是人也，必先苦其心志，勞其筋骨，餓其體膚，空乏其身，行拂亂其所為，所以動心忍性，曾益其所不能。」（〈告子下〉）這是一段常常為後人引用的名言，激勵着無數志士仁人艱苦勵志，發奮圖強，爭取做一個承受大任的偉人。然而，做偉人是有前提的，即「天降大任」，有了前提，人的主觀能動性才能生效；沒有前提，無論怎樣發揮主觀能動性，經受任何磨難和挫折還是無濟於事。在這段話中，天命的主宰性大於人的主觀能動性。另一方面，人的主觀能動性也可以大於天的主宰性。孟子以天爵與人爵來區分仁義道德與功名利祿，「有天爵者，有人爵者。仁義忠信，樂善不倦，此天爵也；公卿大夫，此人爵也」。孟子認為，一個人是得到天爵還是人爵，完全取決於主觀努力。如果向善，追求仁義道德，那麼該有的名利自然會有，反之，不僅得不到名利，即使得到了名利，也會喪失，「古之人修其天爵，而人爵從之。今之人修其天爵，以要人爵；既得人爵，而棄其天爵，則惑之甚者也，終亦必亡而已矣」（〈告子上〉）。

　　在孟子那裏，天命的天意與民意出現了互補。天命仍然是王位更替的主宰力量，而王位的更替卻不能不考慮民心向背。孟子認為，王位更替不僅要得到天的認同，而且要得到民眾的認同，「昔者，堯薦舜於天而天受之；暴之於民而民受之；故曰：天不言，以行與事示之而已矣。」萬章問如何使天受之和民受之，孟子回答：「使之主祭而百神享之，是天受之；使之主事而事治，百姓安之，是民受之也。天與之，人與之，故曰：天子不能以天下與人」（〈萬章上〉）。意思是，堯讓舜主持祭祀而百神享用，這是天接受了他；讓舜主持政事而政事有條不紊，老百姓滿意，這是老百姓接受了他。天下是天給舜的，是老百姓給舜的，所以說天子不能把天下給人。

　　在孟子那裏，天命的正命與非命進行了對衝。天命仍然決定着人生，人生是正命還是非命都要看是否知命，是否盡人事。知命而盡人事的，就得到正命，否則就是非正命。「莫非命也，順受其正；是故知命者不立乎岩牆之下。盡其道而死者，正命也；桎梏死者，非正命也。」（〈盡心上〉）

　　孟子之天命論述了天人合一的思想，這是在繼承前人基礎上重要的創新發展。先秦天命觀不僅涉及神人關係，而且涉及天人關係。對於神人關係，儒家一般是敬而遠之，既不肯定也不否定；對於天人關係，儒家則給予了重視和闡述。孟子首創天人合一，強調人與倫理之天合一；荀子則要求「明於天人之分」，進而主張人定勝天，「大天而思之，孰與物畜而制之；從天而頌之，孰與制天命而用之；望時而待之，孰與應時而使之」（《荀子·天論》）。

　　儒家天人合一的源頭仍然要追溯到孔子。當宋國大夫桓魋要殺孔子，孔子說：「天生德於予，桓魋其如予何？」（《論語·述而》）意思是，道德文章皆是天給予我的，我受命於天，任何艱難困苦都奈何不了我。孟子無非是精心澆灌培育了孔子天人合一的思想萌

芽，使之開花結果，知天事天，蔚為大觀。在孟子那裏，天人合一具有本體論意義，服務於性善論，為性善論提供形而上依據，「盡其心者，知其性也。知其性，則知天矣。存其心，養其性，所以事天也」（〈盡心上〉）。盡心就是知性，知性就是知天；存心就是養性，養性就是事天，從而把心、性、天聯繫在一起。在心、性、天的關係中，盡心、知性是路徑，知天是目的；存心、養性是過程，事天是彼岸。孟子之心是仁義禮智，而性則是上天賦予，「天命之謂性」，倫理之天並不脫離人而獨立存在，所以竭盡了人的本心就知曉了人的本性，知曉了人的本性就知曉了天命，最終達到天人合一的境界。

天人合一具有認識論意義，強調理性認識的重要性。怎樣溝通天與人的聯繫，孟子突出了誠的概念，把誠作為天與人之間聯繫的紐帶和橋樑，「誠身有道，不明乎善，不誠其身矣。是故誠者，天之道也；思誠者，人之道也。至誠而不動者，未之有也；不誠，未有能動者也」（〈離婁上〉）。誠的本質是善，認識誠的途徑是思，只要行善和思考，就能促進天道與人道的合一。孟子區分了感性認識與理性認識，感性認識是耳目之官，理性認識是心之官，強調只有心和理性認識，才能認識天命，「耳目之官不思，而蔽於物。物交物，則引之而已矣。心之官則思，思則得之，不思則不得也。此天之所與我者」（〈告子上〉）。

天人合一具有修身論意義，強調內省功夫的重要性。孟子從仁義禮智的角度論述天人合一，而仁義禮智是要躬身踐行的，否則就是毫無價值的道德行為準則。踐行仁義禮智最主要的方法是內省和反求諸己，「萬物皆備於我矣。反身而誠，樂莫大焉。強恕而行，求仁莫近焉」（〈盡心上〉）。孟子進一步把這種道德之樂與天聯繫起來，認為「仰不愧於天，俯不怍於人」是君子的一種快樂。

天命是一個容易令人遐想的話題，首先聯想到了科學、哲學與

宗教。科學、哲學與宗教是人類精神文明最古老的三大組成部分。在古代，三者是混沌一體的，科學包容於哲學之中，哲學曾在很長一個時期附着於宗教。英國哲學家羅素在《西方哲學史》中解釋了三者關係：「一切確切的知識——我是這樣主張的——都屬於科學；一切涉及超乎確切知識之外的教條屬於神學。但是介於神學與科學之間還有一片受到雙方攻擊的無人之域就是哲學。」羅素還認為，哲學和宗教都是對神祕問題和靈魂問題的追問，差別在於哲學是靈魂提問，頭腦回答；宗教是靈魂提問，天命回答。天命最容易令人聯想到的是宗教，天命觀念從誕生之日起就充滿了宗教信息；天命的基因就是宗教，無論後人如何演變和釋義，都擺脫不了宗教的纏繞。迄今為止，宗教還相伴着人類，世界上任何一個民族都有宗教或近似於宗教的信仰。人類之所以需要宗教，是因為世事無常，人生充滿了不確定性，經常發生事與願違的情況，令人無可奈何，「我求索我得不到的，我得到了我不求索的。」[1]人生的不確定性就是神祕性。對於這種不確定性和神祕性，科學無法解釋，哲學語焉不詳，人們只能到宗教那裏尋找答案和寄託靈魂了。同時，人是心靈與肉體的統一體，肉體的有限性與心靈的無限性形成了巨大的矛盾，人們對肉體必將消失所引發的心靈上的焦慮，是人類必須解決的重大精神問題。而宗教建構了天堂，可以撫慰那些在憂愁和痛苦重壓下的心靈，滿足人們超越今生的渴望。無論人生多麼艱難和不可確定，不管離人生的終點還有多遠，只要一想到天堂在等着自己，終極目標在激勵自己，人們就會感到極大的安慰，就會使自己的心靈歸於安寧平靜。

---

1 〔印度〕泰戈爾著，冰心譯：《園丁集》，人民文學出版社 1961 年版，第 17 頁。

知性養性

在古希臘德爾菲神廟門楣上鑴刻着一個神諭：「人啊！認識你自己。」所謂認識你自己，就是認識人的本性和本質，回答我是誰、我從哪裏來、我到哪裏去，以及人性是善還是惡等千古之謎。古今中外思想家都重視人性的研究，因為人性論是人生哲學的基礎，也是社會治理和政治運行的邏輯前提。不同的人性觀點，會導致不同的人生哲學，更會推演出不同的社會政治管理模型。縱觀人類歷史，基於人性善的假設，會強調個體的覺悟自覺和自我約束，建構德治型社會模式；基於人性惡的假設，則主張對個體行為的外在規範和強制，建構法治型社會模式。孟子的性善論無疑是人性論中一朵絢麗的花朵和一顆成熟的果實，不僅為儒家思想提供了理論基礎，而且深刻影響了中國傳統社會的運行和政治統治。北宋二程認為：「孟子有大功於世，以其言性善也。」（《二程遺書》）

先秦人性論

孟子之性善源於先秦諸子關於人性的研究和討論。春秋戰國時期，周王朝統治日益衰微，使得人們懷疑天命、關注人事，先秦諸子都程度不同地開展對人性的研究，紛紛對人的本質、人性的生成與演化等一系列問題，提出各自不同的觀點，展開激烈的論辯。先秦諸子運用善與惡的分析框架來認識人性的本質，圍繞善與惡來作人性的文章，或曰性善，或曰性惡，或曰性無善無不善，或曰性有善有惡。先秦諸子「各著書言治亂之事，以干世主」（《史記·孟子荀卿列傳》），研究人性主要是為其政治目的服務，即為其政治主張和道德學說尋求來自人性的理論依據，使其思想學說更有說服力，以便君王認同接受和推而廣之，進而作為普適標準來衡量社會

運行、政治統治和人的活動的是非善惡。先秦諸子關注社會政治，不是純粹的學術研究，由此形成了中華文化重人事輕自然的傳統，烙上了鮮明的德性特徵。

孔子具有性善傾向的人性論。「性相近也，習相遠也」（《論語・陽貨》），是孔子對於人性的基本判斷。雖然只有八個字，內涵卻十分豐富，一方面肯定了人作為一個類的社會存在，有着相近的本性，另一方面指出了人性的差異在於後天不同的社會環境和自身努力。一般認為，孔子最早提出了人性問題，卻沒有進行深入探討，也沒有明確人性是善還是惡。孔子確實沒有說過人性的善與惡，卻不能否認其強烈的性善傾向。仁是孔子思想的核心，仁的本質是愛人。仁者愛人從親情開始，孝順父母、恭敬兄長，是仁的根本；愛人則是一個動態的擴充過程，由親而疏、由近及遠、推己及人，把源自血緣的愛親之情擴而充之、外而化之，將他人視為與自己一樣有着共同的生理需求和心理情感的族類，當作親人來對待，設身處地為他人着想，體諒、同情、善待他人，從而達到「四海之內皆兄弟」的境界。這實質就是善，充滿着人道主義的光輝。孔子認為，仁者愛人是一個主體自我選擇的過程，「為仁由己，而由人乎哉？」（《論語・顏淵》）仁是善，善在主體自身，表明孔子之仁蘊涵着人性善的內容，為孟子之性善奠定了理論基礎。

老子的嬰兒人性論。老子強調道法自然，認為嬰兒的原始素樸狀態才是人的本性，「專氣致柔，能如嬰兒乎？」（《老子・第十章》）在老子看來，嬰兒是人的生命中最自然本真的階段，就像一塊沒有雕琢的璞玉，渾厚淳樸、平和寧靜。生命不可能停留在嬰兒階段，而是沿着從生到死的軌跡前行，由自然人轉變為社會人。在人的社會化過程中，「五色令人目盲，五音令人耳聾，五味令人口爽，馳騁畋獵令人心發狂，難得之貨令人行妨」（《老子・第十二章》）。王弼注云：「夫耳、目、口、心，皆順其性也。不以順性

命，反以傷自然，故曰盲、聾、爽、狂也。」（《道德經注》）社會人豐富了心理活動，產生了思想和情感，思想有正確謬誤之分，情感有喜怒哀樂之別，與嬰兒的自然本真狀態漸行漸遠，導致了人與人、人與自然之間的衝突和緊張。老子呼籲人們回歸到嬰兒狀態，「知其雄，守其雌，為天下溪。為天下溪，常德不離，復歸於嬰兒」（《老子·第二十八章》）。意思是，深知雄強重要，卻甘居雌柔的地位，願做天下的河溪。願做天下的河溪，美德永不相離，復歸如純真的嬰兒。當然，就生命狀態而言，人不可能返回到嬰兒階段，而就精神狀態而言，人是能夠返璞歸真和復歸於嬰兒狀態的，人是能夠在人生任何階段都始終保持嬰兒般的本真和天然的。復歸於嬰兒，關鍵是要「見素抱樸，少私寡欲」（《老子·第十九章》），不為名利所累，不為物慾所困，守住生命的原性，實現生命的超越。

墨子的染絲人性論。墨子對於人性的看法似乎是矛盾的：一方面，主張人性是惡的。墨子認為，古時人類剛剛誕生，還沒有刑法政治的時候，「是以內者父子兄弟作怨惡，離散不能相和合；天下之百姓，皆以水火毒藥相虧害。至有餘力，不能以相勞；腐朽有餘財，不以相分；隱匿良道，不以相教。天下之亂，若禽獸然」（《墨子·尚同》）。意思是，所以在家庭內父子兄弟常因意見不同而相互怨恨，使得家人離散而不能和睦相處。天下的百姓都用水火毒藥互相殘害，以致有餘力的人不能幫助別人；有餘財者寧願讓它腐爛，也不分給別人；有好的道理自己隱藏起來，不肯教給別人。天下之亂，有如禽獸一般。另一方面，主張人性之善惡是後天教育和環境熏陶的結果。墨子把人性與後天教育比作「素絲」與「染缸」的關係，指出素絲天生是白色的，經過不同染料的浸染，變成了不同顏色，人性如絲，通過後天和環境的影響，形成了不同的善性或惡性，「子墨子言見染絲者而歎曰：『染於蒼則蒼，染於黃則黃。所入者變，其色亦變。五入必而已則為五色矣。』」墨子認為：「非獨染

絲然也，國亦有染」，虞舜、大禹、商湯、周武王「所染當，故王天下，立為天子，功名蔽天地」；夏桀、殷紂、周厲王、周幽王「所染不當，故國殘身死，為天下僇」。墨子還認為：「非獨國有染也，士亦有染」，好的官員「其友皆好仁義，淳謹畏令，則家日益，身日安，名日榮，處官得其理矣」；壞的官員「其友皆好矜奮，創作比周，則家日損，身日危，名日辱，處官失其理矣」。墨子告誡：「故染不可不慎也！」（《墨子·所染》）

荀子的性惡人性論。荀子批判孟子的性善論：「孟子曰：『人之學者，其性善。』曰：是不然！是不及知人之性，而不察乎人之性偽之分者也。」在荀子看來：「人之性惡，其善者偽也。」（《荀子·性惡》）荀子把人的本性與情感結合起來，認為性是天生的，情是性的實際內容，「性者，天之就也；情者，性之質也」（《荀子·正名》）。荀子用人之情慾來說明人性，認為人慾是無止境的，潛伏着引起社會衝突和人與人之間矛盾的因素。由人慾決定的人性自然是惡的，具體表現為對生活和財富的欲求：「人之情，食欲有芻豢，衣欲有文繡，行欲有輿馬，又欲夫餘財蓄積之富也；然而窮年累世不知不足，是人之情也。」（《荀子·榮辱》）表現為感官生理的需要：「夫人之情，目欲綦色，耳欲綦聲，口欲綦味，鼻欲綦臭，心欲綦佚。此五綦者，人情之所必不免也。」（《荀子·王霸》）表現為心理的複雜變化：「天職既立，天功既成，形具而神生，好惡喜怒哀樂臧焉，夫是之謂天情。」（《荀子·天論》）荀子區分了君子與小人，卻認為兩者在人性上是完全相同的：「材性知能，君子小人一也；好榮惡辱，好利惡害，是君子小人之所同也」（《荀子·榮辱》）。荀子性惡論是人類關於自身認識的一種觀點，仍然有其合理性，深化了對人性的研究。而宋朝理學家很反感荀子的性惡論，二程評價道：「荀子極偏駁，只一句『性惡』，大本已失」（《二程遺書》）。

韓非子的欲利人性論。韓非子沒有明確肯定人性本惡，而是主

張人性欲利，這實際是性惡論的一種表現形式。韓非子從人的生理機能入手，認為正是人的生理需求和生存需要造就了人的欲利性，「人無毛羽，不衣則不犯寒；上不屬天而下不着地，以腸胃為根本，不食則不能活，是以不免於欲利之心」（《韓非子·解老》）。在韓非子看來，人與人之間只有利害和算計，沒有性善和仁義禮智，「故輿人成輿，則欲人之富貴；匠人成棺，則欲人之夭死也。非輿人仁而匠人賊也，人不貴，則輿不售；人不死，則棺不買。情非憎人也，利在人之死也」（《韓非子·備內》）。意思是，所以車匠造好車子，就希望別人富貴；棺材匠做好棺材，就希望別人早死。並不是車匠仁慈而棺材匠狠毒，而是別人不富貴，車子就賣不掉；別人不死，棺材就沒人買。棺材匠的本意並非憎恨，而是利益就在別人的死亡上。韓非子認為，父子、夫妻和君臣之間也是利害關係。父母與子女主要是利益關係，「且父母之於子也，產男則相賀，產女則殺之。此俱出父母之懷衽，然男子受賀，女子殺之者，慮其後便，計之長利也」（《韓非子·六反》）。丈夫與妻子只有親疏關係，「夫妻者，非有骨肉之恩也。愛則親，不愛則疏」（《韓非子·備內》）。君臣之間僅僅是買賣關係，「臣盡死力以與君市，君垂爵祿以與臣市。君臣之際，非父子之親也，計數之所出也」（《韓非子·難一》）。韓非子的欲利人性論撕開了人世間溫情脈脈的面紗，雖然不無社會之真實，卻令人不寒而慄，「利之所在，則忘其所惡，皆為孟賁」（《韓非子·內儲說》）。孟賁是古代的猛士，韓非子比喻人們為了追逐私利會像孟賁一樣勇敢，無所顧忌，唯利是圖。

與告子的辯論

孟子所處的戰國時代，是思想自由、百家爭鳴的時代。百家爭鳴意味着思想繁榮，也存在着思想混亂。孟子為了捍衞儒家思想的正統性和純潔性，不得不進行辯論，「予豈好辯哉，予不得已也」

（〈滕文公下〉）。好辯既要同各種非儒家思想言行論辯，又要同各種非正統儒家思想言行論辯。孟子似乎不太喜歡好辯的名聲，而好辯卻使孟子的思想得以確立和完善，好辯是孟子思想形成的重要環節。孟子之性善論主要是通過與告子的辯論而形成的。某種意義上可以說，沒有與告子的辯論，就沒有孟子的性善論。告子為何人，有的說是墨子的學生，有的說是孟子的學生，如為前者，就是和非儒家思想論辯；如為後者，則是和非正統儒家思想論辯。告子人性論的基本思想是「性無善無不善」，孟子不同意告子的觀點，《孟子‧告子上》詳實記載了兩人之間的四組辯論，這是中國哲學史上記錄最完整的一次關於人性的辯論。

　　第一組是「杞柳桮棬」之辯。告子說：「性猶杞柳也，義猶桮棬也；以人性為仁義，猶以杞柳為桮棬。」杞柳，屬楊柳科植物，可用來編器物；桮棬，是用杞柳等樹條編成的杯盤器物。兩者既有聯繫又有區別，區別在於杞柳是原材料，桮棬是製成品；聯繫在於桮棬是由杞柳編造而成的，沒有杞柳，就沒有桮棬。在告子看來，仁義不存在於人性之中，它們就像杞柳與桮棬一樣，是兩個東西，不能混同。孟子則強調杞柳與桮棬之間的聯繫，桮棬是順杞柳之性而製成的，認為仁義與人性是一種順向關係，兩者聯繫密切，仁義是人性的組成部分。「子能順杞柳之性而以為桮棬乎？將戕賊杞柳而後以為桮棬也？如將戕賊杞柳而以為桮棬，則亦將戕賊人以為仁義與？率天下之人而禍仁義者，必子之言夫！」意思是，你是順杞柳樹的本性來製作桮棬呢？還是殘害它的本性來製作桮棬呢？如果要通過殘害杞柳樹的本性來製作桮盤，那麼也要殘害人的本性才能使人具有仁義嗎？帶領天下人來損害仁義的，一定是你的這種言論吧。

　　第二組是「以水喻性」之辯。告子說：「性猶湍水也，決諸東方則東流，決諸西方則西流。人性之無分於善不善也，猶水之無分

於東西也。」湍水是指急流着的水；決指打開缺口排水。在告子看來，人性沒有固定的善或惡的性質，猶如湍水本身沒有必然東流或西流，東邊堤壩出現缺口，水就向東邊流；西邊堤壩出現缺口，水就向西邊流。俗話說：「人往高處走，水往低處流。」孟子卻在水的比喻中發現了水之就下的本性，認為水雖然沒有必然東流或西流，卻具備「無有不下」的性質。人性之善如同水之就下，是不可改變的本性，「水信無分於東西，無分於上下乎？人性之善也，猶水之就下也。人無有不善，水無有不下」。孟子還用水比喻本性為善的人之所以會做不善之事，是因為後天環境的影響，「今夫水，搏而躍之，可使過顙；激而行之，可使在山。是豈水之性哉？其勢則然也。人之可使為不善，其性亦猶是也」。意思是，假如拍打水讓它飛濺起來，可以高過人的額頭；堵住水道讓它倒流，可以引上高山。然而，這難道是水的本性嗎？是所處形勢迫使它這樣的。人之所以能夠做壞事，是由於他的本性也像水一樣受到了逼迫。

　　第三組是「生之謂性」之辯。如果說杞柳桮棬之喻和以水喻性，是辯論何為人性的問題，那麼，生之謂性則是辯論對性的不同理解。「告子曰：『生之謂性。』孟子曰：『生之謂性也，猶白之謂白與？』曰：『然。』『白羽之白也，猶白雪之白；白雪之白猶白玉之白與？』曰：『然。』『然則犬之性猶牛之性，牛之性猶人之性與？』」在這段對話中，孟子沒有正式闡述自己的觀點，也沒有從正面批判告子的觀點，而是混淆告子使用的生與性以及白羽、白雪、白玉之白和犬之性、牛之性、人之性等概念，將其歸謬，進而駁倒告子。在告子看來，「生之謂性」，凡是生來即有的東西都包含在性的範圍之內，既包括人的社會性和道德品質，又包括人的自然性和感官慾望。孟子不同意告子的觀點，認為告子對於性的籠統理解無法把人與其他存在區別開來，即無法區分人的社會性與自然性，就像以白為性，無法把白羽、白雪和白玉區別開來；以生為性，無法把犬、

牛和人區別開來。在孟子看來，人的本性只包括社會性和道德品質，而不包括自然性和感官慾望。犬、牛雖然和人一樣都有感官慾望和生理需求，而犬、牛卻永遠不會具備人的良心和道德品質。

第四組是「仁義內外」之辯。辯論的焦點不是仁之內外，而是義之內外，告子主張義外，孟子主張義內。告子說：「食色，性也。仁，內也，非外也；義，外也，非內也。」孟子問告子為什麼說仁內義外呢？告子回答：「彼長而我長之，非有長於我也；猶彼白而我白之，從其白於外也，故謂之外也。」意思是，他年紀大所以我尊敬他，並不是我內心原本就尊敬他。正如白色的東西我認為它白，是根據它外表的白色，所以說義是外在的。從告子的回答可知，其所謂的義是指事實判斷，而孟子對義的理解是價值判斷。所以孟子問告子，你所謂的義在年長者的一方還是在尊敬年長者的一方呢，「異於白馬之白也，無以異於白人之白也；不識長馬之長也，無以異於長人之長與？且謂長者義乎？長之者義乎？」在孟子看來，義不存在於外在的年長者一方，而存在於尊敬年長者一方，即存在於以長者為長並由此產生恭敬之心的人之中，這好比是「耆炙」，可以「耆秦人之炙」，也可以「耆吾炙」，其根據不在「炙」上面，而在於我們具有的「耆炙之慾」。「曰：『吾弟則愛之，秦人之弟則不愛也，是以我為悅者也，故謂之內。長楚人之長，亦長吾之長，是以長為悅者也，故謂之外也。』曰：『耆秦人之炙，無以異於耆吾炙。夫物則亦有然者也，然則耆炙亦有外與？』」意思是，告子說，是我的弟弟就愛他，是秦國人的弟弟就不愛他，愛不愛是由我自己內心決定的，所以說仁是內在的。尊敬楚國的長者，也尊敬我自己的長者，尊敬與否，是由年長這個外在因素決定的，所以說義是外在的。孟子反駁說，喜歡吃秦國人的烤肉，和喜歡吃自己的烤肉沒什麼不同，事情也有這種情況，那麼，喜歡吃烤肉的心也是外在的嗎？

　　孟子與告子的辯論往往以氣勢取勝，從形式邏輯而言，並不嚴密，有時還偷換概念，強詞奪理。而告子的觀點確有許多疏漏之處，這為孟子駁倒告子提供了條件。

　　宋儒陸九淵認為，孟子是在批駁告子的過程中建立起性善論的。「告子與孟子，並駕其說於天下，孟子將破其說，不得不就他所見處，細與他研磨。一次將杞柳來論，便就他杞柳上破其說。一次將湍水來論，便就他湍水上破其說。一次將生之謂性來論，又就他生之謂性上破其說。一次將仁內義外來論，又就他義外上破其說。窮究異端，要得恁地使他無語，始得。」[1]

孟子之性善論

　　孟子繼承發展了孔子的仁學，把孔子具有性善傾向的人性思想發展為性善論。「滕文公為世子，將之楚，過宋而見孟子。孟子道性善，言必稱堯舜。」（〈滕文公下〉）朱熹注云：「孟子之言性善，始見於此，而詳具於〈告子〉之篇。然默識而旁通之，則七篇之中，無非此理。」（《四書章句集注》）孟子立足於天命，為性善論提供形而上根據。為了證明天是性善的終極原因，孟子引用了《詩經》：「天生蒸民，有物有則。民之秉彝，好是懿德。」孟子立足於生命體驗，為性善論確立事實依據。孟子通過觀察和體驗，認為人人都有不忍人之心，即對他人的憐憫、同情和仁愛之心。孟子立足於類的概念，為性善論導出理論依據。在孟子看來，人作為類的存在，必定具有同樣的本性；無論是道德高尚的聖人，還是普通的老百姓，他們都屬於人的範疇，既然聖人可以為善，具有善性，那普通人也有善性，能夠向善為善，「故凡同類者，舉相似也，何獨至於人而疑之？聖人與我同類者」（〈告子上〉）。

---

1 《陸象山全集》卷三十四，中國書店出版社 1992 年版，第 274-275 頁。

　　在儒學發展史上，孟子是第一位全面系統論述人性問題的大儒，他建立的性善論，對後世影響深遠，宋朝理學，原是孟子一脈；明朝心學，無非性善餘波。心、性、命、情、才，是孟子之性善的主要概念。概念是思維的基本要素和單位，反映客觀事物的一般屬性和本質特徵。心、性、命、情、才，既是孟子之性善的有機組成部分，又是理解和把握孟子之性善的前提。

　　在《孟子》一書中，心具有重要地位，基本涵義相當於頭腦。古代社會，人們一般是以心為腦，認為心有認知功能和道德功能，對於性善論而言，是指心的道德功能，而非認知功能。在孟子看來，心的道德功能就是不忍人之心，「人皆有不忍人之心。先王有不忍人之心，斯有不忍人之政矣。以不忍人之心，行不忍人之政，治天下可運之掌上」（〈公孫丑上〉）。

　　在《孟子》一書中，性與命是聯繫在一起闡述的。性字由生字演化而來，傅斯年認為：「先秦典籍中並無獨立之性字，只有生字；《論語》《孟子》《荀子》之性字原本也是生字，由後人改動才為性字。」[1]無論性字還是生字，都是指生而即有的屬性，與生俱來的品質。孟子用性與命兩個概念區分了生而即有的屬性，一種是口目耳鼻和四肢的自然屬性，另一種是仁義禮智的社會屬性，自然屬性為命不為性，社會屬性為性不為命，並以人的社會屬性和道德品質為人性善立論，「口之於味也，目之於色也，耳之於聲也，鼻之於臭也，四肢之於安佚也，性也，有命焉，君子不謂性也。仁之於父子也，義之於君臣也，禮之於賓主也，智之於賢者也，聖人之於天道也，命也，有性焉，君子不謂命也」（〈盡心下〉）。孟子區分性與命，有着非常積極的意義，使人們明確道德根據就在自己心中，是

1　劉夢溪主編：《中國現代學術經典・傅斯年卷》，河北教育出版社 1996 年版，第 34–36 頁。

人的本性固有的。

在《孟子》一書中，情與才都指質性，情和才與性是相通的，「乃若其情，則可以為善矣，乃所謂善也。若夫為不善，非才之罪也」（〈告子上〉）。趙岐注解性與情是表裏關係：「性與情，相為表裏，性善勝情，情則從之。《孝經》曰：『此哀戚之情。』情從性也，能順此情，使之善者，真所謂善也。若隨人而強作善者，非善者之善也。若為不善者，非所受天才之罪，物動之故也。」（《孟子注疏》）楊伯峻注釋性與情、才為同一關係：「情，才，皆謂質性。戴震《孟子字義疏證》云：『情猶素也，實也。』《說文》：『才，草木之初也。』草木之初曰才，人初生之性亦可曰才。」（《孟子譯注》）

要而言之，心、性、命、情、才既有聯繫又有區別，心是根據；性是人的社會性，是心的表現；命是人的自然性，與社會性共同構成人的存在；情是生命的最初狀態；才是草木之初，意指人的初生之質。這五個概念從不同角度論證了人性本善，建構起孟子的性善論大廈，「盡其心者，知其性也。知其性，則知天矣。存其心，養其性，所以事天也。夭壽不貳，修身以俟之，所以立命也」（〈盡心上〉）。人性善的關鍵是要知性養性。

人性本善是孟子的基本觀點。孟子以人有相同的自然性開展論證，「口之於味也，有同耆焉；耳之於聲也，有同聽焉；目之於色也，有同美焉」。所以，天下人都希望成為像易牙那樣的美廚、師曠那樣的音樂家和子都那樣的美男子，「至於味，天下期於易牙，是天下之口相似也。惟耳亦然。至於聲，天下期於師曠，是天下之耳相似也。惟目亦然。至於子都，天下莫不知其姣也。不知子都之姣者，無目者也」。在孟子看來，人的社會性如同自然性一樣，也有相同的內容，「至於心，獨無所同然乎？心之所同然者何也？謂理也，義也。聖人先得我心之所同然耳。故理義之悅我心，猶芻豢之悅我口」。意思是，說到心，難道就單單沒有什麼相同的了嗎？

人心所公認的東西是什麼？是理，是義。聖人先於普通人得知了我們心中共同的東西。因此，理義使我心愉悅，就像牛羊豬狗的肉合我的口味一樣。

孟子把人性善的內容概括提煉為「四心」，具體化為仁義禮智。所謂仁義禮智，是指惻隱、羞惡、恭敬和是非之心，「惻隱之心，仁也；羞惡之心，義也；恭敬之心，禮也；是非之心，智也」。孟子認為，仁義禮智是人人共有的普遍現象，而不是個別人擁有的品質，「惻隱之心，人皆有之；羞惡之心，人皆有之；恭敬之心，人皆有之；是非之心，人皆有之」。孟子明確提出仁義禮智是先天固有、與生俱來的，而非後天形成的，「仁義禮智，非由外鑠我也，我固有之也，弗思耳矣。故曰：『求則得之，舍則失之。』或相倍蓰而無算者，不能盡其才者也」（〈告子上〉）。意思是，仁義禮智，不是外人教我的，是我原本就有的，只是沒深入思考過罷了。所以說，一經探求就會得到它，一經放棄就會失掉它。人們之間有相差一倍、五倍甚至無數倍的天賦資質，只是有的人不能全部發揮出天賦資質。

雖然孟子以人的自然性說明人性善是先天固有的本性，但孟子還是區分了人的自然性與社會性，認為人性善和人的社會性才是人的本質規定，是人與動物的根本區別，「人之所以異於禽獸者幾希，庶民去之，君子存之。舜明於庶物，察於人倫；由仁義行，非行仁義也」（〈離婁下〉）。朱熹注云：「幾希，少也。」（《四書章句集注》）人與動物在飢渴飲食等一般生理刺激反應上都是相同的，區別僅僅在於人性善，沒有善性，就不是人。「由是觀之，無惻隱之心，非人也；無羞惡之心，非人也；無辭讓之心，非人也；無是非之心，非人也。」（〈公孫丑上〉）孟子不僅區分了人的自然性與社會性，而且認為人的社會性比自然性重要，為此提出了大體與小體的概念。大體是指仁義禮智等社會本質，小體是人的耳目口腹之

欲等自然本性。在孟子看來，人人都愛惜自己的身體，愛惜身體的每一個部分，「人之於身也，兼所愛。兼所愛，則兼所養也。無尺寸之膚不愛焉，則無尺寸之膚不養也」。然而，身體每一部分並不是同等重要的，孟子強調要養其大體，勿以小失大，這是區分大人與小人的標準，也是區分人的道德品質高低的依據，「體有貴賤，有小大。無以小害大，無以賤害貴。養其小者為小人，養其大者為大人」。孟子不僅看到了人的社會性重於自然性，而且看到了兩者之間的聯繫，認為人的自然性應當受到社會性的制約，人的自然性只有服從於社會性時才有意義，「飲食之人，則人賤之矣，為其養小以失大也。飲食之人無有失也，則口腹豈適為尺寸之膚哉？」（〈告子上〉）意思是，只在吃喝上下功夫的人，人們看不起他，因為他保養小的部分，而失掉了大的部分。如果講究吃喝的那些人沒有丟掉思想的培育，那麼他們吃喝的目的難道只是為了保養口腹這些小的部分需要嗎？如果人的自然本質不被社會性所約束，人就會退化為動物，正如馬克思所言：「誠然，飲食男女等等也是真正人類的機能。然而，如果把這些機能同其他人類活動割裂開來，並使它們成為最後的和唯一的終極目的，那麼，在這樣的抽象中，它們就具有動物的性質。」[1]

　　孟子強調了人性善是先天固有的，卻沒有否定後天的努力和環境的作用，「富歲，子弟多賴；凶歲，子弟多暴，非天之降才爾殊也，其所以陷溺其心者然也」。孟子以牛山草木的存否為例說明後天和環境的重要。牛山本來有很多草木，因為在城市旁邊，不斷有人砍伐，又放牧養牛養羊，導致牛山沒有了草木，光禿禿的。孟子問，這難道是牛山本來的面目嗎？孟子進而論證人性也和牛山一

1　馬克思：《1844年經濟學哲學手稿》，人民出版社1979年版，第51頁。

樣，不能因為有的人像禽獸一樣做壞事，泯滅善性，就認為他的本性是惡的，「人見其禽獸也，而以為未嘗有才焉者，是豈人之情也哉？故苟得其養，無物不長；苟失其養，無物不消。孔子曰：『操則存，舍則亡；出入無時，莫知其鄉。』惟心之謂與？」（〈告子上〉）孟子沒有否定後天和環境的作用，是因為人性善並不是實然的人性，而是應然的人性，指人心中所含有的先天向善的傾向性和可能性。孟子把人性中向善的傾向稱之為「端」：「惻隱之心，仁之端也；羞惡之心，義之端也；辭讓之心，禮之端也；是非之心，智之端也。人之有四端也，猶其有四體也。」（〈公孫丑上〉）朱熹將端解釋為緒：「端，緒也。因其情之發，而性之本然可得而見，猶有物在中而緒見於外也。」（《四書章句集注》）端也好，緒也好，都是萌芽的意思，萌芽要開花結果，長成參天大樹，就必須有人為的培育和環境的影響，孟子稱之為擴而充之，即將人心中處於細微狀態的善性擴充為人的行動並外推至他人，「凡有四端於我者，知皆擴而充之矣，若火之始然，泉之始達。苟能充之，足以保四海；苟不充之，不足以事父母」（〈公孫丑上〉）。

　　怎樣培育和擴充人之善性，孟子提出了思的修養原則，「誠身有道，不明乎善，不誠其身矣。是故誠者，天之道也；思誠者，人之道也」（〈離婁上〉）。孟子認為，思是人心的活動，而不是感官的活動；思是思人的社會性和仁義禮智，而不是思人的自然性和感官慾望，「耳目之官不思，而蔽於物。物交物，則引之而已矣。心之官則思，思則得之，不思則不得也」（〈告子上〉）。思的最大障礙是慾望過多過濫，孟子強調要寡欲，「養心莫善於寡欲。其為人也寡欲，雖有不存焉者，寡矣；其為人也多欲，雖有存焉者，寡矣」（〈盡心下〉）。孟子提出了反求諸己的修養方法，「愛人不親，反其仁；治人不治，反其智；禮人不答，反其敬。行有不得者皆反求諸己，其身正而天下歸之」（〈離婁上〉）。踐行仁義和性善，有可能

得不到別人的理解和認同，就要自我反省。當然，反躬自省是有一定限度的，再三反省後發現自己已經實踐善性，並無不妥之處時，就要理直氣壯指斥那些橫逆之人，「自反而忠矣，其橫逆由是也，君子曰：『此亦妄人也已矣。如此，則與禽獸奚擇哉？於禽獸又何難焉？』是故君子有終身之憂，無一朝之患也」。意思是，自我反省之後認為自己是忠心耿耿的，那粗暴無理的人還是這樣。君子就說，這是個狂妄的人罷了。既是這樣，他和禽獸有什麼區別呢？對於禽獸還有什麼可責備的呢？因此，君子有終身的憂慮，而沒有意外的痛苦。孟子提出了求其放心的修養路徑。放心與存心相對立，意味着丟失了人的善性。存心是要保持內心所具有的善性，「君子所以異於人者，以其存心也。君子以仁存心，以禮存心」（〈離婁下〉）。存心是一個艱難修身養性的過程，並不是人人都能做到存心，每個人也不是任何時候任何情況下都能存心的。當人不能存心之日，就是放心之時，則要加強自我修身和道德修養，把丟失和放棄的人心尋找回來，「仁，人心也；義，人路也。舍其路而弗由，放其心而不知求，哀哉！人有雞犬放，則知求之；有放心而不知求。學問之道無他，求其放心而已矣」（〈告子上〉）。

人是造物主的傑作和最完美的作品。造物主生發了宇宙萬事萬物，造就了無數作品，卻沒有一件作品能夠與人媲美。生為人類的一員，確實應當感到榮幸。然而，人性問題一直困擾着人類。法國思想家盧梭認為：「人類的各種知識中最有用而又最不完備的，就是關於『人』的知識。」[1]古今中外所有思想家或從經驗觀察和生活體驗的角度，或從邏輯思辨和理論設計的角度，都對人性進行思考和探究，提出了各自不同的人性論，至今仍沒有統一的認識。也許人

---

1 〔法〕讓·雅克·盧梭著，李常山譯：《論人類不平等的起源和基礎》，商務印書館 1997 年版，第 62 頁。

太複雜了：既是精神的又是物質的；既是靈魂的又是肉體的；既是理性的又是感性的；既有目的、道德和思想意識，又有情感、慾望和生理需求。蘇東坡吟廬山詩云：「橫看成嶺側成峰，遠近高低各不同。」對於人性的探索，地位有差異，看法就會不同；角度一變換，認識就難一致，人類可能很難對人性形成共識。這雖然有些悲觀，卻不否定前人已經作出的探索和取得的成就，也不妨礙人們繼續探索人性的問題。只要人類存在，人們對人性的探索將永無止境。西諺說：「人是什麼，一半是野獸，一半是天使。」或許有些道理。我們憧憬人性善，卻不能對人性惡的存在視而不見、聽而不聞；我們知道人性惡，卻要堅持不懈、持之以恆地追求人性善。

盡心存心

孟子能在儒家學派和先秦諸子中脫穎而出，成為亞聖和古代偉大的思想家，不僅在於他繼承了孔子的思想，而且在於他發展完善了仁學；不僅在於他繼承了仁學和德治理論，而且在於他創造性地提出了性善論、民本論和仁政論；不僅在於他繼承了仁義禮智概念，而且在於他創新性地提出了心的概念，「人皆有不忍人之心」（〈公孫丑上〉）。圍繞心的概念，建構了比較完整的心論，以心善言性善，與性善互為表裏，相得益彰。

孟子之心論使心成為傳統文化的關鍵詞和核心概念，對後世儒學產生了重大影響，宋朝理學的基礎是「心具萬理」，其源頭則是孟子之心論，朱熹認為：「心包萬理，萬理具於一心，不能存得心，不能窮得理；不能窮得理，不能盡得心」（《朱子語類》）。與朱熹同時的陸九淵提出了「心即理」的觀點。明朝王陽明是心學集大成者，統一了心、良知、天理諸範疇，「天下之事雖千變萬化，而皆

不出於此心之一理；然後知殊途而同歸、百慮而一致」（《陽明全傳‧博約說》）。在先秦人性論思潮中，諸子百家可以言性言善言惡，卻沒有人言心的，張岱年認為：「孔墨老都沒有論心的話；第一個注重心的哲學家，當說是孟子」[1]。蒙文通甚至認為，孟子之心論是劃分言性與言心的時代標誌，改變思想學術的方向，「故孟子雖以性善為說，而言性之說少、言心之事多，正以濟說之難而易之以本心也。殆亦有所困而不得不然者也。由是世碩、告子以來爭言性，變而為《管》書、荀卿以後之爭言心，此孟子之所以截然劃分時代者也」[2]。

心與腦

在中國古代，心的概念駁亂複雜，既是人體生理上的重要器官，又能像大腦一樣具有思維功能，當它與天地萬物相配時還具有本體意義。《說文解字》釋為：「人心，土藏，在身之中。象形。博士說以為火藏。凡心之屬皆從心。」意思是，人的心臟，屬土的臟器，在身軀的中部。象形字。依博士的學說，把心當作屬火的臟器。大凡心的部屬都從心。對於土藏，徐灝《說文段注箋》引「五行」學說：「古《尚書》說：脾，木也；肺，火也；心，土也；肝，金也；腎，水也。」饒炯《部首訂》認為：「古《尚書》說為土藏者，五行土位於中，舉五藏之部位言也。」如果不去評論「五行」學說，那麼古人對心的基本認識是正確的，即心是人體內推動血液循環的器官，是人體中最重要的器官，人的死亡標誌就是心臟停止跳動。

然而，對於心的功能認識，古人與今人有着明顯差異，涉及

1　張岱年：《中國哲學大綱》，中國社會科學出版社 1982 年版，第 233 頁。
2　《中國現代學術經典‧廖平、蒙文通卷》，河北教育出版社 1966 年版，第 520 頁。

心與大腦的關係，思維到底是心的功能還是大腦的功能。古人一般把心看成是思維的器官，《黃帝內經・素問》認為：「心者，君主之官也，神明出焉」，「心者，五臟六腑之大主也」，「故悲哀愁憂則心動，心動則五臟六腑皆搖」。《類經》說得更具體：「心為五臟六腑之大主，而總統魂魄，併該意志。故憂動於心則肺應，思動於心則脾應，怒動於心則肝應，恐動於心則腎應，此所以五志惟心所使也。」孟子也持類似的觀點：「心之官則思。」（〈告子上〉）不獨中國古人這樣認識，古希臘亞里士多德也把心臟看作是精神活動的器官。當然，大多數古希臘學者認為思維屬於大腦的功能。畢達哥拉斯認為：一個人分為靈魂與肉體兩部分，理性、智慧、情慾屬於靈魂範疇，理性、智慧發生於腦，情慾則發生於心。醫學之父希波克拉底指出：人的精神現象是大腦的產物，心臟不具有心理活動的功能。柏拉圖認為，大腦是精神活動的器官。這和現代醫學的研究基本相符，即大腦是中樞神經最大和最複雜的結構，由左、右兩個半球組成，兩半球間有橫行纖維相聯繫；大腦主導機體內一切活動過程，調節機體功能，是意識、精神、語言、學習、記憶和智能等高級神經活動的物質基礎。

　　心與腦尤其是心，不僅是醫學和自然科學的話題，而且是哲學的話題。從醫學和自然科學看待心與腦，比較簡單，就是人體的兩個不同器官，而從哲學的角度分析，心就不僅僅是心臟，更是心理、靈魂、意識、精神。對於心理、靈魂、意識和精神，能否僅僅歸結為大腦的思維活動，古今中外都很關注，也存在着不同認識。中國傳統文化主要是中醫文化就有「心主神志」與「腦為元神之府」的不同看法。心主神志，是《黃帝內經》的基本觀點，「心者，生之本，神之變也」，「精神之所舍也」。《黃帝內經》認為心主神志，源於「心主血脈」的生理功能，即心是推動血液在脈道中循行，以涵養全身的臟腑器官，維持正常的生理活動，進而為神志活動提供

物質基礎，「心藏脈，脈舍神」。脈為血脈，說明人的心理活動和精神現象，與心所營運的血液是分不開的，血脈充盈，則神志清晰，思考敏捷，精神旺盛，「血者，神氣也」，「血脈和利，精神乃居」。反之，如果心血不足，脈道空虛，則會導致心神的病變，發生心悸失眠、精神不寧、多疑、健忘等症狀。腦為元神之府，是李時珍在《本草綱目》中提出的觀點：「肺開竅於鼻，而陽明胃脈環鼻而上行，腦為元神之府，鼻為命門之竅；人之中氣不足，清陽不升，則頭為之傾，九竅為之不利。辛夷之辛溫走氣而入肺，能助胃中清陽上行通於天，所以能溫中，治頭面目鼻九竅之病」。李時珍似在闡述辛夷這味藥時順便提及的看法，卻引發了中醫界和傳統文化到底是心還是腦主神志的激烈討論，一般學者主張心腦共主神志，「腦中為元神，心中為識神。元神者，藏於腦，無思無慮，自然虛靈也；識神者，發於心，有思有慮，靈而不虛也」（張錫純：《醫學衷中參西錄‧人身神明詮》）。

　　無獨有偶，現代科學主要是心理學界也一直在討論心與腦的關係，或者說意識及其腦本體的關係，可分為三種不同傾向的觀點，一種傾向是強調意識分析或意識研究，像構造主義心理學、格式塔學派和精神分析學派，都關注研究以及怎樣研究心理和意識現象，而不太關注心理和意識的腦生理基礎；另一種是傾向腦本體的研究，像實驗心理學、機能心理學派都強調心理和意識的腦基礎研究，特別是謝切諾夫—巴甫洛夫學派建立的條件反射理論，把一切心理意識現象都歸之於腦的反射活動，「腦是這樣一種機構，當它因任何原因引起運動時，最終的結果是產生一系列表徵心理活動的外部現象」[1]。還有一種是行為主義心理學派的觀點，他們認為人類除

---

1 《謝切諾夫選集》，人民衛生出版社 1957 年版，第 138 頁。

了行為，根本不存在什麼意識現象；心理學的任務和目的是研究發現人究竟如何由刺激產生反應的行為變化規律，而不是研究人的心理和意識，更談不上研究意識及其腦本體的關係。人的思維是一個複雜的精神組合與心理計較的過程，很難單一地歸結為心理活動或大腦思維。當代腦科學通過對腦神經元、神經元聯結的神經網絡以及人腦整體的研究，認為要對心與腦進行綜合研究，既不能忽視腦本體的作用，又不能忽視心理活動對腦本體的反作用，最為科學的研究是探討心與腦的互相作用，及其產生的感覺、表象、記憶、思維、激情、意志等各種心理和意識現象。

先秦儒家的心性

孟子之心論源於西周以來對人性的認識和探索。任何認識和探索都是演進和逐步深化的，具體表現為不斷提出新的範疇。範疇是反映現實中各種事物和現象的最一般和最本質的特徵、方面和關係的邏輯概念，幫助人們更深刻地認識把握客觀對象和周圍世界。某種意義上可以說，人類認識進步的歷史也就是範疇演進的歷史，每當新的範疇出現，都表明人類對客觀現象和周圍世界有了新的認識和進步。而且，人類的認識總是由淺入深、由表及裏、由初級階段向更高階段不斷發展的過程，也是新的範疇不斷湧現的過程，永無止境，永不停息。孟子之前對人性的探索，凝結為德、仁、性三個範疇，在西周初期，德的範疇是對人性的基本認識；春秋時期，孔子把德的認識發展演進為仁的範疇；戰國時代，思孟學派則把仁的認識升華為性的範疇。如果說德與仁是在社會實踐層面對人性認識的結晶，那麼，性則是在形而上的範圍探索人性問題；如果說德與仁是倫理道德範疇，那麼，性則是哲學範疇。

西周之德。德的思想大概濫觴於殷商時期，甲骨文有類似的字形，含義為行正、目正。西周時，金文有德字，比甲骨文多了一個

心，意指行正、日正外，還要心正，具有倫理道德意義；引申為直視所行之路的方向，遵循本性本心，順應自然便是德。

西周統治者重視德的概念，不僅因為德是對人性的認識，而且因為殷周王朝更替，傳統的天命觀受到質疑，亟需新的觀念對西周王朝的建立作出合理性和合法性解釋；需要有新的觀念為新王朝政治統治建立價值規範。德的觀念因此進入了西周統治者尤其是周公的視野，被納入西周王朝的政體和治道之中，發展成為重要的政治倫理範疇。周公以德為指導，將德外化為禮樂，制禮作樂，嚴格規定了社會等級秩序和人的行為準則。在周公那裏，首先提出了以德配天，以說明新王朝的合理性和合法性。西周統治者沒有否定天命，卻認為天命是會變化的，變化的根據在於統治者是否有德；天命只授予有道德的統治者，「皇天無親，惟德是輔。民心無常，惟惠之懷。為善不同，同歸于治」（《尚書·蔡仲之命》）。殷商的滅亡在於商紂王失德，西周的建立則在於周文王有德，「我道惟寧王德延，天不庸釋于文王受命」（《尚書·君奭》）。同時提出了敬德保民，以作為維護周王朝長期統治的指導思想。《尚書·召誥》明確：「王敬所作，不可不敬德。」《尚書·梓材》強調：「欲至于萬年，惟王子子孫孫永保民。」敬德與保民互相聯繫，敬德是保民的內容，保民是敬德的形式。王國維對此給予高度評價，認為敬德保民是文武周公平治天下的精髓，「其所以祈天永命者，乃在德與民二字，……文武周公所以治天下之精義大法，胥在於此。」[1] 此外，周公還提出了明德慎罰的觀點，以處理和平衡德與刑兩種統治手段；提出了任德尚賢的用人觀，強調將德作為選人用人的標準，實現有其德者有其位。周公告誡成王：「立政，用憸人，不訓于德，是罔

---

[1] 王國維：《觀堂集林》，中華書局 1959 年版，第 476–477 頁。

顯在厥世。繼自今立政，其勿以憸人，其惟吉士，用勵相我國家。」（《尚書・立政》）意思是，假如設立官員，任用貪利奸佞的人，不依循於德行，君王終其一世都不會有光彩。從今之後設立官員，千萬勿用貪利奸佞之人，而要任用善良賢能之人，努力幫助我們治理好國家。

孔子之仁。春秋時期，周王朝衰敗，按照德的標準建立的禮樂制度既弊端叢生又搖搖欲墜，很多人把周王朝的衰敗歸結為政治倫理之衰敗，即「天厭周德」（《左傳・隱公十一年》）。孔子卻認為周朝的禮樂制度是好的，「郁郁乎文哉！吾從周」（《論語・八佾》）。春秋時發生的禮崩樂壞局面，主要原因在於人們對德的信仰產生了動搖；恢復周禮，就要把德的理念從政治範疇轉變為道德範疇，從外在要求轉變為人們的內心約束。孔子在西周之德的基礎上提出了仁的範疇，聯結仁與德的重要概念是孝。西周王朝適應宗法等級社會結構的需要，既重視德的範疇，又重視孝的觀念，經常是孝與德並稱，「天子明德，顯孝於神」（西周金文《克鼎》）。《論語・學而》則強調：「君子務本，本立而道生。孝弟也者，其為仁之本與！」在孔子看來，仁的本質是愛人，而且，仁與禮緊密相關，愛人就是要遵守相應的禮義制度和道德規範。

「顏淵問仁。子曰：『克己復禮為仁。一日克己復禮，天下歸仁焉。為仁由己，而由人乎哉？』顏淵曰：『請問其目。』子曰：『非禮勿視，非禮勿聽，非禮勿言，非禮勿動。』顏淵曰：『回雖不敏，請事斯語矣。』」（《論語・顏淵》）孔子認為：愛人是由親及疏、由己及人、由近而遠的逐步擴充過程，最基本的是要愛家庭親人，「仁者，人也，親親為大」（《中庸・第二十章》）。在家庭內要父慈子孝，孝敬父母；兄友弟恭，友愛兄弟姐妹。有了家庭之愛後，就要愛宗族和鄰里，弟子問怎樣才能算一個合格的讀書人：「何如斯可謂之士矣？」孔子回答：「宗族稱孝焉，鄉黨稱弟焉。」（《論

語・子路》）意思是，宗族裏稱讚他孝順，鄉里的人稱讚他友悌。
有了宗族和鄰里之愛後，還要「泛愛眾」，現代語言則是要愛國家、
愛民族、愛人類，進而實現「四海之內，皆兄弟也」（《論語・顏
淵》）。孔子之仁是對西周之德的繼承和超越，而不是拋棄和否定，
楊向奎認為：「沒有周公就不會有傳世的禮樂文明，沒有周公就沒有
儒家的歷史淵源」，「以德、禮為主的周公之道，世世相傳，春秋末
期遂有孔子以仁、禮為內容的儒家思想。」[1]

　　子思之性。子思是孔子的孫子，子思的門人再傳孟子，形成了
孔子之後的思孟學派。子思作〈中庸〉，上承孔子的中庸思想，下
啟孟子的心性之論，極大地影響了後世儒家思想。子思繼承了孔子
仁的思想，抽象升華為性的範疇，既為先秦儒家的人性認識提供了
形而上依據，又使儒家的人性認識從道德範疇轉化為哲學範疇。在
子思看來，人的本性稟賦源於天，天命成了人之為人的根源，遵循
天命率性而為是為人處世的大道，「天命之謂性，率性之謂道，修
道之謂教。道也者，不可須臾離也，可離，非道也」（《中庸・第
三十一章》）。在子思看來，聯結天命與人道的中介是誠，誠上通天
命，下括萬物，既是天地之當然，又是人道之應然；既是宇宙的運
行法則，又是做人的主要原則，「誠者，天之道也；誠之者，人之道
也」（《中庸・第二十章》）。朱熹釋誠為「真實無妄」（《四書章句
集注》）。徐復觀解釋為「仁心之全體呈現，而無一毫私念入其中
的意思」[2]。在子思看來，人性的基本內容是仁與知，「誠者，非自成
己而已也。所以成物也。成己，仁也；成物，知也；性之德也，合
外內之道也，故時措之宜也」（《中庸・第二十五章》）。意思是，
真誠並不是自我完善就夠了，而是還要完善其他事物。自我完善是

1　楊向奎：《宗周社會與禮樂文明》，人民出版社 1992 年版，第 136、239 頁。
2　徐復觀：《中國人性論史》（先秦篇），上海三聯書店 2001 年版，第 131 頁。

仁，完善事物是智。仁與智是出於人之本性的德行，是融合自身與外物的準則，所以在任何時候施行都是適宜的。在子思看來，由於誠貫通了天、地、人、物，人生就可以通過不同的修身路徑來認識人的本性，顯現人的本性和實踐人的本性，「自誠明，謂之性；自明誠，謂之教。誠則明矣，明則誠矣」（《中庸·第二十一章》）。所謂自誠明，是指人從覺悟自身的本性入手，逐步向外擴充，最後通達萬物；自明誠，則要求人通過道德踐履來體悟人性，最後通達天命。無論自誠明還是自明誠，都是以至誠為目的，充分顯現人的本性，達到天人合一的境界，「唯天下至誠，為能盡其性；能盡其性，則能盡人之性；能盡人之性，則能盡物之性；能盡物之性，則可以贊天地之化育；可以贊天地之化育，則可以與天地參矣」（《中庸·第二十二章》）。

孟子之心論

一般認為，孟子言性善，肯定會較多地運用性的範疇，實則不然，《孟子》一書中更多的是運用心的範疇，有 121 次，而運用性的範疇則少得多，只有 37 次。在人性的認識上，孟子更重視心的範疇。孟子之心是從子思之性發展出來的，如果說子思之性還是一個抽象性的範疇，對人性的認識還停留在形而上層面，那麼，孟子之心論則是一個具體性的思辨體系；如果說子思之性聯繫天命與人道的中介是誠，那麼，孟子則以心為中介，聯繫着天命與人道，「誠者，天之道也；思誠者，人之道也」（〈離婁上〉）。孟子之心論邏輯地綜合德、仁、性範疇，既有形上之道的抽象，又有形下之器的具體，繼承了孔子之仁，又從形上的高度超越了孔子之仁；繼承了子思之性，又從形下的角度豐富了子思之性。孟子之心論是集先秦儒家人性認識之大成，也是先秦諸子關於人性認識所能達到的高峰，從而使孟子及其思想卓爾不羣，雄視千古。

　　心是孟了之心論的基本範疇。在《孟子》一書中，心具有多種含義，有時相當於認知功能，指思維和思考。《孟子·公孫丑下》記載：孟子因與齊王不合而離開齊國，多停留了三天。有個叫尹士的齊國人不滿地說，既然與齊王不合，為什麼不趕快離開呢？孟子回答時用了心的概念，表示思考和想問題：「夫尹士惡知予哉？千里而見王，是予所欲也；不遇故去，豈予所欲哉？予不得已也。予三宿而出晝，於予心猶以為速，王庶幾改之！」有時相當於心理活動，指情感和志願。《孟子·公孫丑上》記載，公孫丑與孟子的對話，用了好幾次心字，表示志向和願望：「公孫丑問曰：『夫子加齊之卿相，得行道焉，雖由此霸王，不異矣。如此，則動心否乎？』孟子曰：『否；我四十不動心。』」有時從政治的角度指民意：「仁言不如仁聲之入人深也，善政不如善教之得民也。善政，民畏之；善教，民愛之。善政得民財，善教得民心。」（〈盡心上〉）

　　總體而言，孟子之心是一顆博大的道德之心，內含道德理念、規範和情感，而不僅僅是大腦的知識，也不僅僅是心理的情感情緒。道德之心是心之全體，融合了大腦知識與心理情感，是由心與腦共同建構而又超越於心和腦的整體精神概念；道德之心是性之全體，匯集了自然之性與社會之性，是由身體與心靈共同建構而又超越於身體和心靈的全部心理活動，「故曰，口之於味也，有同耆焉；耳之於聲也，有同聽焉；目之於色也，有同美焉。至於心，獨無所同然乎？心之所同然者何也？謂理也，義也。聖人先得我心之所同然耳。故理義之悅我心，猶芻豢之悅我口」（〈告子上〉）。唐君毅認為：孟子的芻豢之喻說明心不僅能統攝生命之欲，而且能統攝義理之性，「唯曰此『心』之能統攝『自然生命之欲』，孟子之『即心言性』之說，乃能統攝告子及以前之『即生言性』之說；而後孟子之以『即心言性』代『即生言性』，乃有其決定之理

由可說也」[1]。

　　本心是孟子之心論的前提。沒有本心，就沒有孟子之心論。本心在《孟子》一書只出現了一次，卻是孟子心論的基礎和基本概念。還有一個類似的概念為良心，也出現了一次：「雖存乎人者，豈無仁義之心哉？其所以放其良心者，亦猶斧斤之於木也，旦旦而伐之，可以為美乎？」（〈告子上〉）良心與本心是同一概念，可以互通互換。

　　在孟子看來，當生與義二者不可得兼時，能夠捨生取義的人，是能夠保持本心的人，否則，就是喪失本心。這就像有的人為了住上華麗的住宅，為了有嬌妻美妾的侍奉，為了得到貧窮和困乏者的恭維，而不辯禮義地接受了往昔怎麼也不肯接受的萬鍾之祿，以致失去了本心，「萬鍾則不辯禮義而受之。萬鍾於我何加焉？為宮室之美、妻妾之奉、所識窮乏者得我與？鄉為身死而不受，今為宮室之美為之；鄉為身死而不受，今為妻妾之奉為之；鄉為身死而不受，今為所識窮乏者得我而為之，是亦不可以已乎？此之謂失其本心」。孟子認為，本心是人先天所固有的仁義禮智四心，「乃若其情，則可以為善矣，乃所謂善也。若夫為不善，非才之罪也。惻隱之心，人皆有之；羞惡之心，人皆有之；恭敬之心，人皆有之；是非之心，人皆有之。惻隱之心，仁也；羞惡之心，義也；恭敬之心，禮也；是非之心，智也。仁義禮智，非由外鑠我也，我固有之也，弗思耳矣。故曰：『求則得之，舍則失之。』」（〈告子上〉）朱熹注曰：「惻隱、羞惡、辭讓、是非，情也，仁、義、禮、智，性也。心，統性情者也。」（《四書章句集注》）此心不是心臟，也不是大腦，而是本心，情之善或性之善的源頭，處於本然狀態，屬於形

1　唐君毅：《中國哲學原論》，台北學生書局 1989 年版，第 39 頁。

而上層面。本心是一種善的存在，具有道德情感指向，發而為情為性。人心本善，自然人性本善，性善正是本心的直接體現。孟子舉了兒童的例子，從兩個方面說明本心是與生俱來的，不學而知，不慮而能，對於兒童而言，是良知良能，「人之所不學而能者，其良能也；所不慮而知者，其良知也。孩提之童無不知愛其親者，及其長也，無不知敬其兄也。親親，仁也；敬長，義也；無他，達之天下也」（〈盡心上〉）。對於成人而言，是惻隱之心。所謂惻隱之心，是成年人在兒童將要掉入井裏的緊迫情境中，自然而然、情不自禁產生的心理情感，「所以謂人皆有不忍人之心者，今人乍見孺子將入於井，皆有怵惕惻隱之心，非所以內交於孺子之父母也，非所以要譽於鄉黨朋友也，非惡其聲而然也」（〈公孫丑上〉）。這既使人性本善在本體層面得到驗證，也說明在「四心」中，惻隱之心是根本；在「四德」中，仁具有更基礎的地位。

存心是孟子之心論的關鍵。人心本善，孩提階段的心是善的，而人生卻不能停留在孩提階段，是不斷地向少年、青年、中年、老年階段成長進步的。在成長進步過程中，任何人都會不斷地遇到物慾和功名利祿的誘惑。能否經受住誘惑，保持住本心，是任何人都面臨的大問題。在孟子看來，能保持住本心的人是有德行的人，「大人者，不失其赤子之心者也」（〈離婁下〉）。趙岐注云：「赤子，嬰兒也。少小之心，專一未變化。人能不失其赤子時心，則為貞正大人也。」（《孟子注疏》）針對人生成長過程中不可避免的誘惑和煩惱，孟子提出了存心的觀點，以區別君子與一般人，「君子所以異於人者，以其存心也。君子以仁存心，以禮存心。仁者愛人，有禮者敬人。愛人者，人恆愛之；敬人者，人恆敬之」（〈離婁下〉）。君子與一般人同時成長，而能夠高於一般人，主要是因為君子能夠存心，保持住本心。

孟子認為：存心要先養其大。大是指人的社會性和義理之性，

小是指人的自然性和生物之性。人是義理之性與生物之性的結合體，兩者不可分割。存心不是要拋棄人的生物性，而是要先立人的義理之性，先養人的義理之性，「人之於身也，兼所愛。兼所愛，則兼所養也。無尺寸之膚不愛焉，則無尺寸之膚不養也。所以考其善不善者，豈有他哉？於己取之而已矣。體有貴賤，有小大。無以小害大，無以賤害貴。養其小者為小人，養其大者為大人」。這段話中大人與小人之分，如同前述的君子與一般人之區別。孟子進一步舉例說明：「今有場師，舍其梧檟，養其樲棘，則為賤場師焉。養其一指而失其肩背，而不知也，則為狼疾人也。飲食之人，則人賤之矣，為其養小以失大也。」意思是，如果有一個園藝家，把梧桐、楸樹丟在一邊，而去養護酸棗、荊棘，那他是一個不稱職的園藝家。如果有人只保養他的一根手指，而失掉了肩頭、後背的功能，自己卻還不知道，那便是個糊塗蟲。只在吃喝上下功夫的人，人們看不起他，因為他保養小的部分，而失掉了大的部分。同時，存心要求其放心。放心也就是失其本心和放其良心。對於人生修養而言，存心最令人擔憂的是放心。放心之後，不僅存不住仁義之本心，而且還會有人生的災禍，孟子歎息：「仁，人心也；義，人路也。舍其路而弗由，放其心而不知求，哀哉！人有雞犬放，則知求之；有放心而不知求」。孟子強調修身養性，就是要把丟失了的善心找回來、存起來，「學問之道無他，求其放心而已矣」（〈告子上〉）。作為修身的實踐途徑，求其放心具有重要意義，只有找回丟失的本心和良心，回到心的本然狀態，使之獲得自覺的呈現，其內在的仁義價值才能有實踐的基礎和實現的前提。

養心是孟子之心論的方法。養心與存心密切相關，養心是為了存心，保持住善良的本性和赤子之心。在孟子看來，養心要寡慾。物慾有害於養心，功名利祿和感官慾望最容易侵蝕本心，養心則必須減少慾望，「養心莫善於寡欲。其為人也寡欲，雖有不存焉者，

寡矣；其為人也多欲，雖有存焉者，寡矣」（〈盡心下〉）。意思是，修養心性沒有比減少慾望更好的辦法。他的為人如果慾望少，即使善性有所缺失，也不會失去很多；他的為人如果慾望很多，那麼即使善性有所保留，保留得也不會很多。寡慾不是禁慾，孟子承認「食色，性也」（〈告子上〉），食色等慾望是不可能禁止的，卻可以減少，控制在合理的範圍內。朱熹則對「飲食之間，孰為天理，孰為人欲」作出了明確界定：「飲食者，天理也；要求美味，人欲也。」（《朱子語類》）

養心要養氣，「我善養吾浩然之氣」。心領氣，氣隨心，互相配合，共同保持本心。「夫志，氣之帥也；氣，體之充也。夫志至焉，氣次焉；故曰：『持其志，無暴其氣。』」養浩然之氣，既要合乎正義和道德要求，又要發自內心的努力，持之以恆地堅守，「其為氣也，至大至剛，以直養而無害，則塞於天地之間」（〈公孫丑上〉）。養心要反求諸己。所謂反求諸己，是指事物發展變化的原因，在己不在人，在內不在外。事物發展變化的主動權，完全取決於主體自身的認識、行動和選擇。反求諸己是貫穿孟子思想的重要觀點，「仁者如射：射者正己而後發；發而不中，不怨勝己者，反求諸己而已矣」（〈公孫丑上〉）。意思是，實行仁，就好比射箭，射箭的人先端正自己的姿勢然後才發射；發射而沒有射中，不要埋怨勝過自己的人，反過來找自己的問題就行了。反求諸己是普遍的思想方法，這就要求個人行為要反求諸己，國家和家庭也要反省自己的行為。「孔子曰：『小子聽之！清斯濯纓，濁斯濯足矣。自取之也。』夫人必自侮，然後人侮之；家必自毀，而後人毀之；國必自伐，而後人伐之。《太甲》曰：『天作孽，猶可違；自作孽，不可活。』此之謂也。」反求諸己是養心的重要方法，當遇到愛人時，別人不理解；管理別人時，別人不服管理；禮敬別人時，別人無動於衷，都要反過來檢討自己的行為是否適宜。只要自己行為端正了，別人自

然會有回報,「愛人不親,反其仁;治人不治,反其智;禮人不答,反其敬。行有不得者皆反求諸己,其身正而天下歸之」。孟子還引用《詩經》激勵反求諸己的行為,「永言配命,自求多福」(〈離婁上〉)。意思是,永遠配合上天的命令,自然尋求更多的福分。

盡心是孟子之心論的目的。「盡其心者,知其性也。知其性,則知天矣。存其心,養其性,所以事天也。夭壽不貳,修身以俟之,所以立命也。」(〈盡心上〉)這段話內涵豐富,內聚着心、性、天、命四個範疇,匯集了盡心、知性、知天、存心、養性、事天、修身、立命八個課題。馬一浮認為:「天也,命也;心也,性也,皆一理也。就其普遍言之,謂之天;就其稟賦言之,謂之命;就其體用之全言之,謂之心;就其純乎理者言之,謂之性;就其自然而有分理言之,謂之理;就其發用言之,謂之事;就其變化流行言之,謂之物。」(〈復性書院學規〉)無論怎樣理解和詮釋,心都是最重要的範疇,知性知天的基礎是盡心;事天立命的前提是存心。

在孟子看來,盡心要成為君子。俗話說,做事先做人,做官先做人。作為理想人格,君子是盡心的首要目標,是主體通過存心養心,塑造理想人格,使人的身體與心靈、言語與行為洋溢着性善的光芒,一見就知有大人之象,一望即曉有君子之貌,「君子所性,仁義禮智根於心,其生色也睟然,見於面,盎於背,施於四體,四體不言而喻」(〈盡心上〉)。盡心要擴而充之。人之善性最初只是道德萌芽,說明人存在着向善為善的基因和趨向。萌芽能否開花結果,長成參天大樹,在於後天的百般呵護和精心培育;善性必須經過自我修養和擴而充之,才能發展成為完美的道德。自我修養是為了塑造君子人格,擴而充之則是在君子人格的基礎上入孝出悌、平治天下,「凡有四端於我者,知皆擴而充之矣,若火之始然,泉之始達。苟能充之,足以保四海;苟不充之,不足以事父母」(〈公孫丑上〉)。盡心要施行仁政。從本質上說,孟子的全部思想都是為政

治服務的，其心論也不例外。孟子堅持人性本善，說到底是為良政善治提供終極依據。當齊宣王祭祀以羊易牛時，孟子肯定齊宣王有仁愛之心，「無傷也，是乃仁術也，見牛未見羊也。君子之於禽獸也，見其生，不忍見其死；聞其聲，不忍食其肉」。同時，孟子要求齊宣王將仁愛之心用於治理國家，「老吾老以及人之老，幼吾幼以及人之幼，天下可運於掌」（〈梁惠王上〉）。盡心要無愧於心，「君子有三樂，而王天下不與存焉。父母俱存，兄弟無故，一樂也；仰不愧於天，俯不怍於人，二樂也；得天下英才而教育之，三樂也」（〈盡心上〉）。能否做到無愧於天和人，關鍵在心，趙岐注云：「不愧天，又不怍人，心正無邪也」（《孟子注疏》）。

雨果有言：世界上最大的是海，比海還要大的是天空，比天空還要大的是人心。

在這個世界上，人心最大，真是充滿詩意、想象和哲理。這是對人心的禮讚，也是對人心的期盼。詩意，在於把人心與碧波蕩漾的大海和蔚藍明淨的天空聯繫在一起，給人以審美享受。想象，在於人心之大竟然可以超過遼闊的大海和無遠弗屆的天空，既出人意外又入人意中，感到妙不可言。哲理，在於人心囊括了中國傳統文化的真諦。心是儒、釋、道三家的邏輯起點和歸宿，王弼認為儒道皆以心為本，其注《易‧復象》：「復者，反本之謂也。天地以本為心者也。」《老子‧第三十八章》：「是以天地雖廣，以無為心；聖王雖大，以虛為主。」佛教則是「三界唯心」，「三界虛妄，但是心作；十二緣分，是皆依心」（《華嚴經》）。更重要的是，在儒、釋、道三家中，心的觀念意味着人人平等，人人都可以實現理想人格。理想人格的具象各不相同，卻是所信仰者共同認可的，儒家是「人皆可以為堯舜」；釋家是「一切眾生皆有佛性，皆得成佛」；道家是人人都能「羽化而登仙」。然而，在現實生活中，人心之大、人性之善只是一種可能和傾向，能否由可能轉變為現實、由傾向發展為

大勢，則完全取決於主體的選擇和人自身的修養。由此想到孟子的「不能」與「不為」之辯：「挾太山以超北海，語人曰：『我不能。』是誠不能也。為長者折枝，語人曰：『我不能。』是不為也，非不能也。」（〈梁惠王上〉）對於任何人而言，實現人性之善，追求人心之大，不是能不能的問題，而是為不為的問題。

父子有親

　　百善孝為先。孝是中華民族的傳統美德，孝文化源遠流長。甲骨文和金文中都有「孝」字。在甲骨文中，「孝」字的上半部分是個老人，彎腰弓背，白髮飄拂，手拄拐杖，一副老態龍鍾的模樣，下半部分是個孩子，兩手朝上伸出，托着老人，作服侍狀。在金文中，「孝」是會意字，由一個「子」字和一個「老」字組成，像是孩子用頭承老人之手，扶持老人之貌。「孝」字上為老，下為子，上一代與下一代融為一體，畫盡了父母與子女血濃於水的親情愛意。孝的內涵是贍養和敬重父母長輩，是子女對父母的一種善行和美德。《說文解字》釋孝為：「善事父母者。從老省，從子，子承老也。」字形從老、從子，應用省略了「匕」的老和子的含義，表示子能承其親、順其意。

　　孝是儒家的重要思想範疇。孔子適應傳統宗法社會結構的需要，以仁為核心構築起思想大廈，其實踐基礎則是推己及人、由家而國的孝。孟子繼承並擴充到社會範圍闡述孝的思想，「君子之於物也，愛之而弗仁；於民也，仁之而弗親。親親而仁民，仁民而愛物」（〈盡心上〉）。由於儒家思想是傳統文化的主體，孝自然成了傳統文化的象徵，錢穆稱中國文化為「孝的文化」；黑格爾認為：「中國這個文化大國是純粹建築在孝敬這一道德基礎之上的，國家最為

本質的特徵便是客觀的家庭孝敬。」[1]

孔子孝的思想

《論語》中孝字出現了 19 次，涉及孝的言論和內容有 20 多處。孔子對孝的重視，實際是對人際關係的重視，最重要的人際關係是父子、君臣和朋友關係，「賢賢易色，事父母能竭其力，事君能致其身，與朋友交言而有信。雖曰未學，吾必謂之學矣」（《論語·學而》）。父子和君臣不是平等關係，而有輩分之別和等級之差，所以子對父、臣對君的行為規範是「事」，即服從和服侍；朋友之間是平等關係，其行為規範則是「信」，即誠信守信。父子和君臣也有着明顯差異，父與子是血緣和家庭關係，君與臣是政治和社會關係。在父子、君臣和朋友的關係中，首要的關係是父母與子女的關係。父母是人生的第一任老師，家庭是人生的第一所學校，父母與子女的關係是人生的第一種關係。孔子認為，子女在家庭中的行為規範是孝悌。孝悌是對具有血緣關係的父母和兄弟姐妹的愛，是仁在父母和兄弟姐妹關係中的反映。孔子重視和凸顯孝悌，是因為血緣親情具有現實的社會基礎和長久的生命底蘊，可以順應和反映人的真實情感，滿足人的心理需求，為仁的實踐啟動良好開局。

孔子之孝在敬。「子游問孝。子曰：『今之孝者，是謂能養。至於犬馬，皆能有養。不敬，何以別乎？』」這段對話簡短而意味雋永，令人深思。人能養，犬馬有養，都是指物質上的奉養。對於父母之養，人與犬馬存在着三種不同的組合，如果不能在物質上奉養父母，那是人不如犬馬，就是大不孝；如果只能在物質上奉養父母，那是人等同於犬馬，不是真正的孝；如果能夠把養與敬結合起來，那是人高於犬馬，才是對父母真正的孝。子女孝順父母不僅要

---

1 〔德〕黑格爾著，王造時譯：《歷史哲學》，上海書店出版社 2006 年版，第 172 頁。

養，核心在敬，養是物質上孝順父母，敬是精神上孝順父母。沒有養，父母就不能存在，敬也失去了對象；只有養而沒有敬，就很難區分奉養父母與犬馬有養，人與犬馬也就沒有差別。無敬則無孝，敬是子女對父母感恩心理的自然流露，是區別人與動物的主要標誌。敬的形式是和顏悅色。「子夏問孝。子曰：『色難。有事，弟子服其勞；有酒食，先生饌，曾是以為孝乎？』」（《論語・為政》）意思是，子夏向孔子請教孝道。孔子說，子女在父母面前保持和顏悅色很難。有了事情，年輕人替他們去做；有了酒飯，讓長輩首先享用，難道這就可以認為是孝了嗎？子女對父母有敬愛之心，臉上必定是溫和陽光的，《禮記》說：「孝子之有深愛者，必有和氣。有和氣者，必有愉色。有愉色者，必有婉容。」

　　孔子之孝在無違。「孟懿子問孝，子曰：『無違。』樊遲御，子告之曰：『孟孫問孝於我，我對曰：無違。』」孟懿子是魯國大夫，在短短的對話中，孔子針對不同對象，都明確了無違要求，說明無違對於孝敬父母很重要。無違是遵守孝的禮制，不要違背禮制。當樊遲問無違是什麼意思時，孔子回答：「生，事之以禮；死，葬之以禮，祭之以禮」（《論語・為政》）。生禮如前所述，重在孝敬父母。春秋時期，喪禮和祭禮對不同的身份，有着不同的要求，而相同的禮儀要求，不同的身份都應共同遵守，沒有貴賤差別，「斯禮也，達乎諸侯大夫，及士庶人。父為大夫，子為士，葬以大夫，祭以士。父為士，子為大夫，葬以士，祭以大夫。期之喪，達乎大夫；三年之喪，達乎天子；父母之喪，無貴賤，一也」（《中庸・第十八章》）。弟子宰我曾與孔子討論三年之喪，認為三年守喪的時間太長了，會生疏禮儀，荒廢音樂，改為守喪一年就可以了。孔子聽後，很不滿意地指責說：「予之不仁也！子生三年，然後免於父母之懷。夫三年之喪，天下之通喪也。予也有三年之愛於其父母乎？」（《論語・陽貨》）孔子反覆強調要遵守喪禮，「父在，觀其志；父沒，觀

其行。三年無改於父之道，可謂孝矣」（《論語·學而》）。宋代儒者葉適在《習學記言》中指出：「此當以『三年無改』為句。終三年之間而不改其在喪之意，則於事父之道，可謂孝矣。」

　　孔子之孝在幾諫。孔子強調孝敬父母，並不主張盲從，也反對無原則、無選擇的順從。對待父母的缺點和錯誤，要進行諫諍和勸阻；諫諍勸阻不聽時，仍然要恭敬、不怨恨，「事父母幾諫，見志不從，又敬不違，勞而不怨」（《論語·里仁》）。幾諫是一件複雜而敏感的事情，涉及情與義的關係。錢穆認為：「父子家人相處，情義當兼盡。為子女者，尤不當自處於義，而傷父母之情。若對父母無情，則先自陷入大不義，故必一本於至情以冀父母之終歸於義。如此，操心甚勞，然求至情大義兼盡，則亦惟有如此。」[1] 孔子的幾諫可說是既有情又有義。所謂情，是指諫諍父母要注意方式方法，態度要誠懇，語氣要委婉，勸諫不聽要反覆進行；義是指對父母的過錯不能視而不見、聽而不聞，必須進行諫諍。孔子甚至從治國、齊家、交友的高度強調諫諍的重要性。《孝經》記載：曾子「敢問子從父之令，可謂孝乎？」孔子回答：「是何言與！是何言與！昔者天子有爭臣七人，雖無道，不失其天下；諸侯有爭臣五人，雖無道，不失其國；大夫有爭臣三人，雖無道，不失其家；士有爭友，則身不離於令名；父有爭子，則身不陷於不義。故當不義，則子不可以不爭於父，臣不可以不爭於君。故當不義，則爭之。從父之令，又焉得為孝乎！」顯然，面對父母的錯誤，子女不給予諫諍勸阻，就是不義，也是不孝。

　　孔子之孝在相隱。如果說幾諫涉及情與義關係，相隱則涉及孝與法關係，是一個很難說清楚、辯明白的悖論。「葉公語孔子曰：

1　錢穆：《論語新解》，生活·讀書·新知三聯書店 2002 年版，第 102 頁。

『吾黨有直躬者，其父攘羊，而子證之。』孔子曰：『吾黨之直者異於是，父為子隱，子為父隱，直在其中矣。』」（《論語‧子路》）意思是，葉公對孔子說，我的家鄉有個正直的人，父親偷了人家的羊，他告發了父親。孔子說，我家鄉正直的人不一樣，父親為兒子隱瞞，兒子為父親隱瞞，正直就在其中了。葉公站在法的角度，認為父親偷羊，兒子告發是正直。孔子站在孝的角度，按照親情至上的原則，認為父子之間相互揭發，是不慈不孝，也是不正直；父子之間互相隱瞞，才符合人情事理，是正直的表現。古今中外都存在孝與法的悖論，一般是採取維護親情、迴避守法的方式。《韓詩外傳》說楚國有一個叫石奢的官員，在國法與親情之間無法選擇時，最後以自殺了結，「楚昭王有士曰石奢，其為人也，公正而好直，王使為理。於是，道有殺人者，石奢追之，則其父也，還反於庭，曰：『殺人者，臣之父也。以父成政，非孝也；不行君法，非忠也；弛罪廢法，而伏其辜，臣之所守也。』遂伏斧鑕。」古希臘蘇格拉底曾面臨同樣的難題，當有人問他：「若是我父親犯了法，我應不應出庭做證人，讓法律去制裁他？」蘇格拉底給予了否定回答。[1]至今西方一些國家法律仍然規定，直系親屬是沒有舉證責任的。

　　孔子之孝在為政。「學而優則仕」，孔子之孝說到底是為其政治主張服務的。在孔子看來，在家孝悌是為政；推行孝道也是為政治作出貢獻。「或謂孔子曰：『子奚不為政？』子曰：『《書》云：孝乎惟孝，友于兄弟，施于有政。』是亦為政，奚其為為政？」（《論語‧為政》）意思是，有人問孔子，你為何不參與政治呢？孔子認為，《尚書》中說，孝敬父母，友愛兄弟，將這種風氣影響到卿相大臣，也是參與政治。為什麼一定要做官才是參與政治呢？在孔子看

1　〔古希臘〕柏拉圖著，嚴羣譯：《遊敍弗倫、蘇格拉底的申辯、克力同》，商務印書館 1983 年版，第 16 頁。

來，孝悌是國家穩定的基礎，一個人在家孝順父母、友於兄弟，在外就會講信用、施仁愛。「弟子入則孝，出則弟，謹而信，泛愛眾而親仁。」（《論語・學而》）在孔子看來，孝與忠是統一的，一個人在家孝順父母，為官從政就能忠於君王。「齊景公問政於孔子。孔子對曰：『君君、臣臣，父父、子子。』公曰：『善哉！信如君不君、臣不臣，父不父、子不子，雖有粟，吾得而食諸？』」（《論語・顏淵》）孔子認為君與臣、父與子有着相對平衡的權利與義務關係，而不是簡單的孝敬、忠誠和服從關係，這就是君禮臣忠、父慈子孝，「君使臣以禮，臣事君以忠」（《論語・八佾》）。

舜為孝的典範

孟子繼承發展了孔子之孝，最大特點是樹立了舜的典範。《孟子》一書多次論及舜的孝行，既為儒家所倡導的孝道提供事實依據，又為人們事親盡孝提供學習敬仰的榜樣。舜是三皇五帝之一，傳說中的中國古代帝王，號有虞氏，史稱虞舜，「舜生於諸馮，遷於負夏，卒於鳴條，東夷之人也」（〈離婁下〉）。據《史記・五帝本紀》記載，舜的主要經歷是「年二十以孝聞，年三十堯舉之，年五十攝行天子事，年五十八堯崩，年六十一代堯踐帝位。踐帝位三十九年，南巡狩，崩於蒼梧之野。葬於江南九疑，是為零陵。」舜的帝位是禪讓而得，即堯傳位於舜，舜傳位於禹。「自黃帝至舜、禹，皆同姓而異其國號，以章明德。故黃帝為有熊，帝顓頊為高陽，帝嚳為高辛，帝堯為陶唐，帝舜為有虞。帝禹為夏后而別氏。」舜得到帝位，是堯多年考察和培養的結果。「舜年二十以孝聞。三十而帝堯問可用者，四嶽咸薦虞舜，曰可。於是堯乃以二女妻舜以觀其內，使九男與處以觀其外」；「舜入於大麓，烈風雷雨不迷，堯乃知舜之足授天下。堯老，使舜攝行天子政，巡狩。舜得舉用事二十年，而堯使攝政。攝政八年而堯崩。」舜是中華美德的

創始人之一，也是華夏文明的重要奠基人，「四海之內咸戴帝舜之功。於是禹乃興《九招》之樂，致異物，鳳皇來翔。天下明德皆自虞帝始」。意思是，四海之內共同稱頌帝舜的功德。於是禹創制《九招》樂曲歌頌舜，招來了祥瑞之物，鳳凰也飛來隨樂聲盤旋起舞。天下清明的德政都從虞帝開始。舜之所以能夠明德，與他的孝悌有着密切關係。孟子認為，舜是大孝，是真正的孝子。所謂大孝，是「不得乎親，不可以為人；不順乎親，不可以為子」。所謂大孝，是「舜盡事親之道而瞽瞍底豫，瞽瞍底豫而天下化，瞽瞍底豫而天下之為父子者定」。意思是，舜盡心盡力侍奉父親瞽瞍而瞽瞍終於高興，瞽瞍終於高興而天下的風俗為之潛移默化，天下做父親、做兒子的倫常也由此確定。所謂大孝，是孝道重於王位、高於天下，「天下大悅而將歸己，視天下悅而歸己，猶草芥也，惟舜為然」（〈離婁上〉）。

舜之大孝首先表現在能夠正確對待不好的家庭成員，始終堅持孝道和孝行。舜的家庭環境是夠險惡的，父親很不像樣，經常想殺掉舜。「舜父瞽瞍盲，而舜母死，瞽瞍更娶妻而生象，象傲。瞽瞍愛後妻子，常欲殺舜。」舜的父親繼母和弟弟都想殺掉舜，而舜卻以孝悌精神對待如此兇頑的父母兄弟，一方面是甘願被虐待，防止被殺害，「舜避逃；及有小過，則受罪」；「欲殺，不可得；即求，嘗在側」。另一方面是孝敬父母，友愛弟弟，「順事父及後母與弟，日以篤謹，匪有解」；「順適不失子道，兄弟孝慈」（《史記·五帝本紀》）。《孟子·萬章上》具體記載了父母和弟弟殺舜的行為。一次是父母打發舜修糧倉，等舜上了屋頂，就撤掉梯子，放火燒糧倉，「父母使舜完廩，捐階，瞽瞍焚廩」。另一次是讓舜挖井，以為舜在井下，就用土把井填埋，「使浚井，出，從而掩之」。弟象填埋井後，想入非非，「謨蓋都君，咸我績，牛羊父母，倉廩父母；干戈朕，琴朕，弤朕，二嫂使治朕棲」。意思是，謀害舜都是我的功

勞，牛羊歸父母，倉廩歸父母；干戈歸我，琴歸我，弤歸我，兩位嫂嫂要為我鋪牀疊被。兩次謀殺舜的陰謀都沒有得逞，「象往入舜宮，舜在牀琴」。這時，象有點慚愧地對舜說：「鬱陶思君爾！」舜卻高興地對象說：「惟茲臣庶，汝其於予治。」意思是，我想念這些臣下和百姓，你幫我治理吧。萬章問孟子，舜是不是不知道謀害之事，「不識舜不知象之將殺己與？」孟子回答：「奚而不知也？象憂亦憂，象喜亦喜。」萬章又問，那舜一定是偽裝成高興的，「然則舜偽喜者與？」孟子答曰：「故君子可欺以其方，難罔以非其道。彼以愛兄之道來，故誠信而喜之，奚偽焉？」意思是，所以君子是可以用合乎常情的方式欺騙他，卻不能用違背常理的辦法欺罔他。象假裝敬愛兄長，而舜就真心誠意地相信並為之喜悅，怎麼是假裝的呢？

舜之大孝表現在「終身慕父母」，任何富貴榮華、功名利祿都比不上對父母的孝敬。《孟子・萬章上》第一章記錄了萬章與孟子關於舜之孝的對話，萬章問：「舜往於田，號泣於旻天。何為其號泣也？」孟子回答：「怨慕也。」萬章不理解舜怎麼會對父母有怨呢，「父母愛之，喜而不忘；父母惡之，勞而不怨。然則舜怨乎？」孟子認為舜內存孝子之心，是不會抱怨的，只會努力做好事情。「以孝子之心，為不若是恝，我竭力耕田，共為子職而已矣。父母之不我愛，於我何哉？」但是，如果沒有得到父母的歡心，即使得到帝堯的賞識和讀書人的嚮往，舜也不會高興，仍舊像一個無家可歸的人，「帝使其子九男二女，百官牛羊倉廩備，以事舜於畎畝之中。天下之士多就之者，帝將胥天下而遷之焉。為不順於父母，如窮人無所歸」。舜對於父母之情，是名不可奪，色不可移，愛不可代，富不可動，貴不可抵，只有得到父母歡心，才能解除憂愁，「天下之士悅之，人之所欲也，而不足以解憂；好色，人之所欲，妻帝之二女，而不足以解憂；富，人之所欲，富有天下，而不足以解憂；

貴，人之所欲，貴為天子，而不足以解憂。人悅之、好色、富貴，無足以解憂者，惟順於父母可以解憂」。在孟子看來，一般人經常有的愛好慾望都取代不了舜對父母的孝敬之情，「人少，則慕父母；知好色，則慕少艾；有妻子，則慕妻子；仕則慕君，不得於君則熱中。大孝終身慕父母。五十而慕者，予於大舜見之矣」。朱熹讚歎地注云：「此章言舜不以得眾人之所欲為己樂，而以不順乎親之心為己憂。非聖人之盡性，其孰能之？」（《四書章句集注》）

　　舜的大孝表現在「孝大於天下」，為了父親可以放棄天下，對於弟弟表示寬容，典型的例子就是「竊負而逃」和「封之有庳」。「竊負而逃」，是弟子桃應給孟子出的一個假設性兩難問題，即如果舜的父親殺了人，執法者皋陶要秉公執法，那舜在孝道與公正執法之間如何選擇，「桃應問曰：舜為天子，皋陶為士，瞽瞍殺人，則如之何？」孟子首先回答：「執之而已矣。」當桃應追問，舜會出面干涉禁止嗎？孟子回答舜是不會干涉禁止的，因為皋陶逮捕瞽瞍有法可依：「夫舜惡得而禁之？夫有所受之也。」桃應再問：「然則舜如之何？」孟子提出了「竊負而逃」的辦法，以解決孝道之情與執法之公之間的矛盾。「舜視棄天下猶棄敝蹝也。竊負而逃，遵海濱而處，終身訢然，樂而忘天下。」（〈盡心上〉）意思是，舜把拋棄天子的位置看得如同丟棄破了的鞋子。他會偷偷揹上父親逃跑，沿着海邊住下來，一生都高高興興的，快樂得忘掉了天下。「封之有庳」，是指舜當了帝王，把有庳國分封給象。萬章認為，舜的做法是以權謀私，將不利於有庳的老百姓，「象至不仁，封之有庳，有庳之人奚罪焉？仁人固如是乎？在他人則誅之，在弟則封之」。孟子煞費苦心地給予解釋：一方面是由於舜稱帝後對弟弟的寬厚親愛之情，「仁人之於弟也，不藏怒焉，不宿怨焉，親愛之而已矣。親之，欲其貴也；愛之，欲其富也」。另一方面說象實際是被流放，舜另派官員治理有庳，象沒有權力，不可能為所欲為，「象不得有

為於其國，天子使吏治其國，而納其貢稅焉，故謂之放。豈得暴彼民哉？」（〈萬章上〉）後人對「竊負而逃」和「封之有庳」很有爭議，認為是典型的徇私枉法行為，也是導致政治腐敗的思想根源。而這是孟子所能想到的解決情與法矛盾的最好辦法，充分顯示了對舜的尊重。在孟子看來，舜受了父母弟弟許多委屈和迫害，依然能夠做到孝悌而無怨無悔，「此之謂大孝」（〈離婁上〉）。

孟子之孝道思想

《孟子》一書孝字出現了 29 次，涉及孝的言論和內容有 50 多處。孟子推崇舜，其意義在於宣揚和闡述孝道思想。孟子之孝道思想是在批判不孝行為中展開的。戰國時期，政治混亂，社會失序，基於血緣親情的孝道受到了很大衝擊，子女不僅不顧父母之養，而且還使父母蒙羞，甚至受到危害，「世俗所謂不孝者五：惰其四支，不顧父母之養，一不孝也；博弈好飲酒，不顧父母之養，二不孝也；好貨財，私妻子，不顧父母之養，三不孝也；從耳目之欲，以為父母戮，四不孝也；好勇鬥狠，以危父母，五不孝也」（〈離婁下〉）。孟子反對不孝行為，譴責人之不孝是禽獸。

孟子之孝道思想與孔子孝的思想一脈相承，譬如，強調以敬為主贍養父母，提出「養志」與「養口體」的概念。又如，肯定父子相隱的思想，認為「父子之間不責善。責善則離，離則不祥莫大焉」（〈離婁上〉）。意思是，父子之間不用善的道理來責備對方。如果用善的道理來責備對方，就有了隔閡，一有隔閡，那就沒有什麼比這更不好的了。再如，堅持孝敬父母的禮制，「生，事之以禮；死，葬之以禮，祭之以禮，可謂孝矣」，幾乎是孔子原話的重複，反映了孟子之孝道源於孔子。更重要的是，孟子之孝道思想完善了孔子孝的思想，在理論上為孝的思想提供了人性善依據；在範圍上把孝從個體行為拓展為社會行為，強調「父子有親，君臣有義，夫婦有

別，長幼有序，朋友有信」（〈滕文公下〉）；在實踐上豐富了孝的內容，提出了得親、順親、悅親的要求，進一步增強了孝悌的操作性和具體動作。

性善是孟子之孝道思想的靈魂。孟子從人性善角度論證闡述孝道，給予儒家之孝以理論說明和形上依據。在孟子看來，人性本善是與生俱來的，「仁義禮智，非由外鑠我也，我固有之也，弗思耳矣」（〈告子上〉）。孝也是與生俱來的天性，孩童時期就充分表現出來了，天生就知道愛自己的親人，「孩提之童無不知愛其親者，及其長也，無不知敬其兄也。親親，仁也；敬長，義也；無他，達之天下也」。孟子把這種天性稱為良知良能，「人之所不學而能者，其良能也；所不慮而知者，其良知也」（〈盡心上〉）。

在孟子看來，孝實際是人性善的內核和初心，人性善最直接、最為內在的流露就是對父母的孝敬之情，「仁之實，事親是也；義之實，從兄是也」；智、禮、樂都是圍繞「事親」和「從兄」展開的，「智之實，知斯二者弗去是也；禮之實，節文斯二者是也；樂之實，樂斯二者，樂則生矣；生則惡可已也，惡可已，則不知足之蹈之，手之舞之」（〈離婁上〉）。意思是，智的實質，就是懂得孝悌的道理而不可離棄；禮的實質，就是對孝悌加以調節和修飾；樂的實質，在於高興地踐行了孝悌，於是快樂就產生了。只要一產生快樂，那怎麼能抑制得住，怎麼能停下來，於是不知不覺地手舞足蹈起來。在孟子看來，堯舜之道的基本精神就是孝悌；人皆可以為堯舜，也就是學習堯舜，做孝悌之人。有一個叫曹交的人問孟子，怎樣才能成為堯舜？孟子鼓勵地答道：「徐行後長者謂之弟，疾行先長者謂之不弟。夫徐行者，豈人所不能哉？所不為也。堯舜之道，孝弟而已矣。子服堯之服，誦堯之言，行堯之行，是堯而已矣。」（〈告子下〉）

治國是孟子之孝道思想的目的。孟子強調孝道是為了平治天

下，這就是「老吾老，以及人之老；幼吾幼，以及人之幼。天下可運於掌」（〈梁惠王上〉）。在孟子看來，仁政是平治天下的關鍵，夏商周三代得到天下依靠施政發仁，失去天下是由於不行仁政，「三代之得天下也以仁，其失天下也以不仁。國之所以廢興存亡者亦然」。與仁一樣，孝也具有平治天下的意義，「道在邇而求諸遠，事在易而求諸難：人人親其親、長其長，而天下平」（〈離婁上〉）。意思是，道就在近處，卻往遠處去找它；事情本來容易，卻往難處去做它——其實只要人人愛自己的雙親，尊敬自己的長輩，天下就太平了。

在孟子看來，周文王能夠推翻商紂王，建立西周王朝，就在於他施行孝道，善養老人。《孟子·離婁上》記載了孟子一段話，先是說伯夷和姜子牙兩位賢人為了逃避商紂王的殘暴統治，一個居住在北海之濱，一個居住在東海之濱，他們皆「聞文王作，興曰：『盍歸乎來！吾聞西伯善養老者。』」意思是，伯夷、姜太公聽說文王興起，認為之所以歸附文王，是因為西伯是個善養老人的人。爾後感歎道，連伯夷、姜太公這樣的賢人都歸附文王，天下怎能不歸文王呢？「二老者，天下之大老也，而歸之，是天下之父歸之也。天下之父歸之，其子焉往？」最後告誡諸侯，只要像文王那樣善養老人，七年之內就能平定天下，「諸侯有行文王之政者，七年之內，必為政於天下矣」。那麼，周文王是如何養老的？就是讓老者吃飽穿暖，沒有捱凍受餓的情況，「所謂西伯善養老者，制其田里，教之樹畜，導其妻子使養其老。五十非帛不暖，七十非肉不飽。不暖不飽，謂之凍餒。文王之民無凍餒之老者，此之謂也」（〈盡心上〉）。在孟子看來，不能尊老養老的國家必定滅亡，討伐不能尊老養老的國家必定勝利。在《孟子·梁惠王上》中，孟子一方面告誡梁惠王要推行孝悌忠信和尊老養老，另一方面要求討伐不尊老養老的諸侯國：「彼奪其民時，使不得耕耨以養其父母。父母凍餓，兄弟

妻子離散。彼陷溺其民，王往而征之，夫誰與王敵？故曰：『仁者無敵。』王請勿疑！」意思是，別的國家妨礙老百姓適時生產，使他們不能靠耕作來奉養父母。父母飢寒交迫，兄弟妻兒離散。這樣的國家使老百姓陷於深淵之中，王去討伐它們，誰能抵抗你？所以說，仁德之人是無敵的。請王不要懷疑。

敬親是孟子之孝道思想的基礎。孟子忠實地繼承了孔子事親要敬的思想，「孝子之至，莫大乎尊親」（〈萬章上〉）。具體區分為養志和養口體兩種情況，養志不僅要在物質上滿足父母的生理需要，而且要在精神上滿足父母的心理需要；養口體就是只滿足父母的生理需要。

孟子很喜歡樹立典型，在他看來，養志的典型是曾子，養口體的典型則是曾元。

曾子孝養父親曾皙，很注重曾皙的心理感受，在撤去酒肉的時候，必定問曾皙還有什麼需要，而曾元則不管父親曾子的心理感受，撤去酒肉時，就不問曾子的想法。孟子認為，如能像曾子那樣孝敬父母，就沒有什麼可指責的了。「曾子養曾皙，必有酒肉；將徹，必請所與；問有餘，必曰：『有。』曾皙死，曾元養曾子，必有酒肉；將徹，不請所與；問有餘，曰：『亡矣。』將以復進也。此所謂養口體者也。若曾子，則可謂養志也。事親若曾子者，可也。」在孟子看來，敬親要得親、順親和悅親。得親是得到父母的歡心，順親是順從父母。「不得乎親，不可以為人；不順乎親，不可以為子。」所謂悅親，就是使父母在精神上得到愉悅和快樂。孟子認為，悅親不僅是敬親的有機組成部分，而且是取得領導信任和取信於朋友的基礎，不能悅親的人，就不可能得到領導和朋友的信任，「居下位而不獲於上，民不可得而治也。獲於上有道，不信於友，弗獲於上矣。信於友有道，事親弗悅，弗信於友矣」。悅親的實質是心誠和性善，沒有心誠和性善，就不能讓父母得到精神

卜的愉悅，「悅親有道，反身不誠，不悅於親矣。誠身有道，不明乎善，不誠其身矣」。孟子強調，能夠敬親、得親、順親和悅親，就是天人合一，與天命在一起，「是故誠者，天之道也。思誠者，人之道也。至誠而不動者，未之有也。不誠，未有能動者也」（〈離婁上〉）。

葬祭是孟子之孝道思想的重要內容。如果說敬親是對子女在父母生前的要求，那麼，葬祭則是對子女在父母死後的要求。孟子和孔子一樣，堅持遵循禮制辦理父母的喪事，堅持守喪三年的規定。對於守喪三年，要在內心表示哀戚，生活樸素，「齊疏之服，飦粥之食，自天子達於庶人，三代共之」（〈滕文公下〉）。

在孟子看來，父母死後的喪葬和祭禮是一件非常重要的事情，鄭重辦好父母的喪事，某種程度上可以說超過對父母生前的敬養，「養生者不足以當大事，惟送死可以當大事」（〈離婁下〉）。孟子反對墨子的兼愛和薄葬，「墨之治喪也，以薄為其道也」。為了教育墨子的弟子，孟子舉了上古沒有埋葬父母而使父母屍體受辱、子女蒙羞的例子：「蓋上世嘗有不葬其親者，其親死，則舉而委之於壑。他日過之，狐狸食之，蠅蚋姑嘬之。」子女見後很慚愧，「其顙有泚，睨而不視。夫泚也，非為人泚，中心達於面目，蓋歸反虆梩而掩之」。意思是，子女的額上出了汗，只敢斜視而不敢正視了。出汗呢，不是出給別人看的，是心裏的悲痛流露在臉上。大概子女會回去取來簸箕、鐵鍬掩埋好父母的屍體。孟子肯定了掩埋的做法，「掩之誠是也，則孝子仁人之掩其親，亦必有道矣」（〈滕文公下〉）。孟子強調厚葬父母，自己也是這樣實踐的，厚葬了自己的母親。弟子充虞不理解，認為孟母的棺木似乎太好了，過於奢侈。孟子認為這不是奢侈，而是為了盡孝心，「自天子達於庶人，非直為觀美也，然後盡於人心」。孟子辯解：「得之為，有財，古之人皆用之，吾何為獨不然？且比化者，無使土親膚，於人心獨無恔乎？吾

聞之，君子不以天下儉其親。」（〈公孫丑下〉）意思是，禮制規定可以用，又有錢，古人都這樣用了，為什麼就我不行？而且為死者考慮，不使泥土挨着肌膚，對於孝子來說不是可以少些遺憾嗎？我聽說過，君子不會因為天下的緣故而在父母身上節儉。

權變是孟子之孝道思想的組成部分。所謂權變，是指正確處理經與權的關係，權宜應變，靈活應對隨時變化的情況。孔子和孟子都是權變大師，孔子認為權變是最難學習的，「可與共學，未可與適道；可與適道，未可與立；可與立，未可與權」（《論語‧子罕》）。孟子指出：「執中無權，猶執一也。所惡執一者，為其賊道也，舉一而廢百也。」（〈盡心上〉）意思是，堅持中庸之道而缺乏變通，就是執着於一個極端。厭惡執着於一個極端的人，是因為它損害道義，抓住一點就不管其他了。

在孟子看來，孝的原則是必須遵守的，而孝的具體情況是複雜的，要具體情況具體分析和具體應變。孟子舉了例子加以說明，第一個是「嫂溺援手」。「淳于髡曰：『男女授受不親，禮與？』孟子曰：『禮也。』曰：『嫂溺，則援之以手乎？』曰：『嫂溺不援，是豺狼也。男女授受不親，禮也；嫂溺援之以手者，權也。』」（〈離婁上〉）這段對話充分展示了孟子之人性光輝，認為禮制規範的道德原則固然重要，而生命更重要。當拯救生命與遵守禮制道德發生矛盾時，行為主體可以為了拯救生命而違背禮制規定。另一個例子是「不告而娶」。上古時期要求娶妻必須告知父母，而舜娶堯之女卻沒有告訴父母。萬章問，舜為什麼會違背禮制，不告訴父母？孟子認為男女結婚是人之大倫，重於父母與子女的關係。如果因告訴父母而不能結婚，是廢大而留小，棄重而保輕，因而可以舉重放輕，保大棄小，不告而娶，「告則不得娶。男女居室，人之大倫也。如告，則廢人之大倫，以懟父母，是以不告也」（〈萬章上〉）。在孟子的思想深處，舜的不告而娶不是不孝，而是大孝，原因在於「不

孝有三，無後為大」（〈離婁上〉）。趙岐注曰：「於禮有不孝者三事：
謂阿意曲從，陷親不義，一也；家貧親老，不為祿仕，二也；不娶
無子，絕先祖祀，三也。三者之中，無後為大。」（《孟子注疏》）

　　研讀孟子之孝道，心潮起伏，感慨良多，胸臆間不時湧動對父
母虔誠的孝敬之心和濃烈的感恩之情。對於每個人來說，父母把自
己帶到人間且撫養長大，無疑是世上最大的恩人。一個人如果對父
母都沒有孝敬和感恩之心，就不可能泛愛眾，更談不上對他人存有
感恩之心。胸臆間不時想起「烏鴉反哺」和「羔羊跪乳」的故事。
烏鴉反哺，出自《本草綱目》：「慈鳥：此鳥初生，母哺六十日，長
則反哺六十日。」羔羊跪乳，出自《增廣賢文》：「羊有跪乳之恩。」
意指一隻母羊生了一隻小羊羔，百般呵護，小羊羔問母羊如何報答
養育之恩。母羊說，只要你有一片孝心就心滿意足了。小羊羔聽後
不覺下淚，以後每次吃奶都跪着，表示難以報答慈母的一片深情。
烏鴉反哺和羔羊跪乳的故事告訴人們，動物都有孝心，人怎麼能沒
有孝心呢？清人鄧鍾岳由此感慨，書曰：「鸒鴿呼雛，烏鴉反哺，仁
也；鹿得草而鳴其羣，蜂見花而聚其眾，義也；羊羔跪乳，馬不欺
母，禮也；蜘蛛羅網以為食，螻蟻塞穴以避水，智也；雞非曉而不
鳴，燕非社而不至，信也。禽獸尚有五常，人為萬物之靈，豈無一
得乎！」[1] 胸臆間不時念及孝與忠的關係。孝有狹義與廣義之分，狹
義是對父母的孝，廣義是對國家、民族和人民的孝，這就是忠。韓
愈詩云：「誰言臣子道，忠孝兩全難。」當忠與孝難以兩全時，要以
忠代孝，為國家、民族和人民獻出忠心，這是大孝，是孔孟之孝的
真諦。

1　參見山東聊城依綠園「晚晴書屋」。

仁義與利

　　義與利是中國傳統文化的重要概念。義指倫理規範和道德原則，《說文解字》釋為：「己之威儀也，從我羊。」我為兵器，從我，意指軍隊威武出征的儀式；羊為祭品，與善同義，故從羊。〈中庸〉認為：「義者，宜也。」即適宜的道德言行。最好的解釋出自朱熹：「義者，心之制，事之宜也。」（《四書章句集注》）利指功利和物質利益，《說文解字》釋為：「銛也。從刀。和然後利，從和省。《易》曰：『利者，義之和也。』」意思是，利是一種金屬農具，字形採用「刀」作偏旁。諧和而後多有所利，所以採用省略了口的和。《易經》認為利益是道義相和的結果。

　　義利之辯發軔於先秦時期，是中國思想史上的一件大事情。義利關係既涉及個人的道德與利益關係，又涉及社會公利與個人私利關係，先秦思想家從不同角度探索義利關係，分別提出了不同的觀點。要而言之，儒家重義輕利，墨家義利兼重，法家崇利簡義，道家義利雙棄，真正對傳統社會產生至大至遠影響的是儒家義利思想。孔子之「殺身成仁」，孟子之「捨生取義」，磅礡於中華大地，流佈於歷史長河。

墨、法、道的義利觀

　　義利關係，是人類社會普遍存在着的一種價值關係。先秦亂世，諸侯爭霸，戰國林立，社會動亂紛爭，人民水深火熱，使得義利關係進一步凸顯出來。在義利之辯中，諸子百家紛紛亮明自己的身份，或代表沒落的奴隸主階級，或代表新興的地主階級，或代表勢單力薄的小生產者。而且，認識差異很大，或重義或重利或義利並重，有些甚至是對立衝突的，從而形成了儒家、墨家、法家、道

家各具特色的義利觀。即使對義利兩字，也存在着不同理解，義既可指高尚的道德品質，又可指處理君臣關係、國家與人民關係的政治準則，還可指遠大的社會理想。作為道德品質，有時指君王的道德，「君義臣行」；有時指父母之德，「父義母慈」「母義子愛」；有時指丈夫的品德，「夫和而義，妻柔而正」（《左傳》）。對於利，一般認為是個人私利，然而在不同場景中又可以作不同解釋。在與義相對立時，泛指物質需求和經濟利益；利本身可區分為大利與小利，大利指社會公利和集體利益，小利指小集團利益和私人利益。如此豐富多彩的義利內容，必然催生不同的諸子之論。

墨家論義利。墨家重視義的概念，《墨子》一書有〈貴義〉篇，認為義比生命還貴重。「萬事莫貴於義，今謂人曰：『予子冠履而斷子手足，子為之乎？』必不為，何故？則冠履不若手足之貴也。又曰：『予子天下而殺子之身，子為之乎？』必不為，何故？則天下不若身之貴也。爭一言以相殺，是貴義於其身也。故曰：『萬事莫貴於義也。』」墨子的主張是兼相愛、交相利。「今天下之士君子，忠實欲天下之富，而惡其貧；欲天下之治，而惡其亂，當兼相愛、交相利。此聖王之法，天下之治道也，不可不務為也。」圍繞兼相愛、交相利，墨子混同了義與利：「義，利也」。

墨子把利區分為天下之利與自我之利，天下之利相對於天下之害而言，天下之害就是家庭不和、社會動亂，以及國與國之間的戰爭。「今若國之與國之相攻，家之與家之相篡，人之與人之相賊，君臣不惠忠，父子不慈孝，兄弟不和調，此則天下之害也。」針對天下之害，仁者的職責是興利除害。「仁人之所以為事者，必興天下之利，除去天下之害，以此為事者也。」具體而言，就是「視人之國，若視其國；視人之家，若視其家；視人之身，若視其身。是故諸侯相愛，則不野戰；家主相愛，則不相篡；人與人相愛，則不相賊；君臣相愛，則惠忠；父子相愛，則慈孝；兄弟相愛，則和

調」。在墨子那裏，自我之利則蘊含着一種對等互報的觀念，「夫愛人者，人必從而愛之；利人者，人必從而利之。惡人者，人必從而惡之；害人者，人必從而害之」（《墨子·兼愛》）。善惡對等互報表明，人皆有自利之心，而自我利益的實現存在於愛人和利人之中，反之則實現不了自我利益。

墨子所言之利，一般不是私利和利己，而是利人和利天下，但以利界定義，義利兼重，容易推論出「愛人不外己，己在所愛中」，致使義的功利主義色彩過於濃厚。義固然可以有功利的內容，而作為社會道德力量和人的價值準則，又具有超越功利的特徵。一個社會如果過於強調義的功利性，就容易失去完整健全的價值追求，導致人本身的工具化，使人與人之間不可避免地出現矛盾和衝突。

法家論義利。法家強調法、術、勢，而沒有忘記義利問題。韓非子是法家義利觀的集大成者，他不否定義的存在，卻強調利的作用。在韓非子看來，重利輕義是人之本性：一方面，「義者，君臣上下之事，父子貴賤之差也。知交朋友之接也，親疏內外之分也。臣事君宜，下懷上宜，子事父宜，賤敬貴宜，知交朋友相助也宜，親者內而疏者外宜。義者，謂其宜也，宜而為之」（《韓非子·解老》）。另一方面，韓非子舉了父母與子女的例子，說明父母與子女之間更根本的關係是利益和利害，「人為嬰兒也，父母養之簡，子長人怨。子盛壯成人，其供養薄，父母怒而誚之」。父母與子女之所以互相埋怨，是因為人人都有利益之心和利害算計，「故人行事施予，以利之為心，則越人易和；以害之為心，則父子離且怨」（《韓非子·外儲說左上》）。意思是，所以人們辦事給人好處，如果考慮到人的利益，那麼疏遠的人也容易和好；如果從有害處着想，那麼父子間也會分離和相互埋怨。父母與子女是人世間最親密的關係，尚且以利害為主，那麼任何人在人與人交往過程中都會重點考慮利害關係，即「不免於欲利之心」（《韓非子·解老》）。

在韓非子看來，不同的人在社會中有着不同的角色，因而有着不同的利益。以君臣為例，「君臣之利異，故人臣莫忠。故臣利立而主利滅。是以奸臣者召敵兵以內除，舉外事以眩主，苟成其私利，不顧國患」。由於君臣之間有着不同利益，君王就要運用賞罰的手段駕馭臣下，以致構成君臣之間的利益買賣關係。「賞罰者，利器也，君操之以制臣，臣得之以擁主。故君先見所賞，則臣鬻之以為德；君先見所罰，則臣鬻之以為威。故曰：『國之利器，不可以示人。』」（《韓非子·內儲說下六微》）在韓非子看來，利有公利與私利之分，「匹夫有私便，人主有公利。不作而養足，不仕而名顯，此私便也；息文學而明法度，塞私便而一功勞，此公利也」（《韓非子·八說》）。公利與私利必須區分清楚，不能因私利而害公利，而公私不分，因私害公，只會導致政權不穩，社會動亂，「明主之道，必明於公私之分。明法制，去私恩。夫令必行，禁必止，人主之公義也；必行其私，信於朋友，不可為賞勸，不可為罰沮，人臣之私義也。私義行則亂，公義行則治，故公私有分」。

法家以利為立論基礎，以利為價值導向，突顯人的好利自私，必然主張嚴刑峻法，忽視甚至反對以仁義治理天下，給人們冷酷無情的感覺，「夫嚴刑者，民之所畏也；重刑者，民之所惡也。故聖人陳其所畏以禁其邪，設其所惡以防其奸，是以國安而暴亂不起。吾以是明仁義愛惠之不足用，而嚴刑重罰之可以治國也」（《韓非子·難一》）。

道家論義利。先秦道家以超然的態度對待義利，認為人世間的義與利都沒有意義，甚至是有害的，主張取消和超越義利，以道來統攝天下萬事萬物。老子從道法自然出發，認為仁義是人為的產物，有百害而無一益。對於天道而言，有悖自然無為的原則；對於社會而言，導致紛爭不止、動亂不已；對於人自身而言，扭曲自然本性，成為追名逐利之輩，「大道廢，有仁義；智慧出，有大偽。六

親不和,有孝慈;國家混亂,有忠臣」(《老子·第十八章》)。老子以辯證思維看待名利,認為利與害是相互依存、互相轉化的,人們追求功名利祿,實際上是在追求禍害。「持而盈之,不如其已;揣而銳之,不可長保。金玉滿堂,莫之能守;富貴而驕,自遺其咎。功遂身退,天之道也。」(《老子·第九章》)

莊子和老子一樣,崇尚自然,視素樸為人的本性,把無知無欲看成是道德,認為素樸和無知無欲是理想社會,「夫至德之世,同與禽獸居,族與萬物並。惡乎知君子小人哉!同乎無知,其德不離;同乎無欲,是謂素樸。素樸而民性得矣」。在莊子看來,倡導仁義,是聖人的過錯。「及至聖人,屈折禮樂以匡天下之形,縣跂仁義以慰天下之心,而民乃始踶跂好知,爭歸於利,不可止也。此亦聖人之過也。」(《莊子·馬蹄》)意思是,後代出了聖人,制禮作樂以匡正天下人的形態,標榜仁義來安慰天下人的心,使得人民開始矜誇智能,追逐利益,爭鬥不已。這是聖人的過錯。莊子極為鄙視那些不顧人格尊嚴而貪圖利祿之輩,《莊子·列禦寇》記載:宋王派曹商出使秦國,曹商到了秦國,很會說話,秦王很高興,賞賜了他一百輛車。回到宋國,曹商見到莊子時甚為得意,莊子則辛辣地嘲笑挖苦道:「秦王有病召醫,破癰潰痤者得車一乘,舐痔者得車五乘,所治愈下,得車愈多。子豈治其痔邪?何得車之多也?子行矣!」

道家對義利的概念沒有作過正面界定,卻是否定義利,批判義利在維繫社會人心的實踐中的弊端,主張拋棄義利觀及其實踐,促使社會和人生返樸歸真、順應自然、崇尚自由,「絕聖棄智,民利百倍;絕仁棄義,民復孝慈;絕巧棄利,盜賊無有」(《老子·第十九章》)。

孔子之義利觀

在儒家譜系中,孔子首先提出義利概念,回應義利之辯,奠定

了儒家義利觀的基本格局。《論語》多次運用義的概念，內容比較豐富，其主體則落腳在個人的倫理道德範圍，構成君子人格的本質規定，「君子義以為質，禮以行之，孫以出之，信以成之。君子哉！」（《論語·衞靈公》）孔子對利持比較謹慎的態度，甚至是貶低的，「子罕言利」（《論語·子罕》）。即使言利，也一般與義對立起來，作為一對倫理道德矛盾以區分君子與小人，「君子喻於義，小人喻於利」（《論語·里仁》）。

先秦諸子都回應了義利之辯，隨着時間的推移和歷史的演進，只有儒家的義利思想傳承下來，並在社會倫理道德領域廣為流傳，逐漸積澱為中華民族精神的組成部分。這主要得益於孔子，他對義的概念以及義利關係進行改造和升華，由普適性的社會觀念轉變為相對單一的個體倫理範疇，由外在的強制約束內化為人心的主動自覺，從而成為塑造君子人格的精神力量。更重要的是，孔子是在矛盾對立運動中充分展示義與利的豐富內容和實踐品格。

重義輕利，是孔子義利觀的價值取向。孔子認為，判別一個人是否有正確的義利觀，集中表現在他對待貧困和物質匱乏的態度，「飯疏食飲水，曲肱而枕之，樂亦在其中矣」（《論語·述而》）。意思是，正確看待義利的人，即使吃粗飯、喝白水，彎着胳膊當枕頭，也會感到其中的快樂。他稱讚最得意的弟子顏回，「賢哉，回也！一簞食，一瓢飲，在陋巷，人不堪其憂，回也不改其樂」（《論語·雍也》）。孔子始終把義放在比物質利益重要的位置，「君子謀道不謀食。耕也，餒在其中矣；學也，祿在其中矣。君子憂道不憂貧」（《論語·衞靈公》）。而且，君子不會過分關注溫飽和舒適安逸，「君子食無求飽，居無求安，敏於事而慎於言，就有道而正焉，可謂好學也已」（《論語·學而》）。

孔子認為，義與利是區分君子與小人的重要標誌，特別是在困難和貧窮的時刻，兩者分野更為明顯，更能看出差別。有一次孔子

帶領弟子遊學，先到衛國。衛靈公問軍事陣法，孔子說：「俎豆之事，則嘗聞之矣；軍旅之事，未之學也」。因為孔子沒有滿足衛靈公的提問和要求，大概沒有得到什麼物質補償，也不受歡迎，第二天就離開衛國前往陳國。他們在陳國路上斷了糧，跟隨的人都餓病了，沒有人站得起來。這時，子路很不高興地說，君子也會陷入困境嗎？孔子回答：「君子固窮，小人窮斯濫矣。」（《論語‧衛靈公》）意思是，君子與小人由於義利觀不同，在困境的時候就表現出不同狀態，君子陷入困境，還能堅持住操守；小人陷入困境，就要亂來了，什麼偷盜、搶劫、殺人越貨的事都會幹。孔子認為，只重視利益和利害關係，對於個人而言，就會招來很多怨恨，是不會有好結果的，「放於利而行，多怨」（《論語‧里仁》）；對於政治而言，則會不利於國家管理，「無欲速，無見小利。欲速則不達，見小利則大事不成」（《論語‧子路》）。

見利思義，是孔子義利觀的現實手段。人雖然應該追求精神生活，追求終極價值，但人畢竟是血肉之軀，不能沒有五穀雜糧給予補充，不能沒有物質條件給予保障。概言之，人不能不食人間煙火。孔子是現實主義者，認識非常清醒，承認追求物質利益是人之常情，卻強調要以義來節制利，以倫理道德來規範追求利益的行為；君子不會接受用不正當方法得到的富貴，也不會接受用不正當方法擺脫的貧賤。「子曰：『富與貴，是人之所欲也；不以其道得之，不處也。貧與賤，是人之所惡也；不以其道得之，不去也。』」（《論語‧里仁》）最為經典的表述是：「不義而富且貴，於我如浮雲。」（《論語‧述而》）這一經典表述豪氣干雲，擲地有聲。

在孔子看來，獲取物質財富要見利思義。有一次子路問孔子，什麼樣的人才是成人？孔子回答：成人要有智慧、克己、勇敢、才藝和禮樂修養，「若臧武仲之知，公綽之不欲，卞莊子之勇，冉求之藝，文之以禮樂，亦可以為成人矣」。孔子可能感到這一要求太

高了，他接着說：「今之成人者何必然？見利思義，見危授命，久要不忘平生之言，亦可以為成人矣」（《論語・憲問》）。《論語・子張》對於讀書人的描述，也表達了同樣的意思：「士見危致命，見得思義，祭思敬，喪思哀，其可已矣。」意思是，讀書人看到危難敢於獻身，看到有所得就想到是否符合道義，祭祀的時候嚴肅，居喪的時候悲哀，也就可以了。在孔子看來，如何為官從政，最能體現義利的境界以及對待富貴與貧賤的態度。孔子主張「學而優則仕」，卻不是什麼官都能當的，既不能不擇手段追求官位、官迷心竅，也不能飢不擇食地謀求官職，以至為虎作倀、助紂為虐。為官從政要有原則和底線，即統治者是明君而不是昏君。「邦有道，穀；邦無道，穀，恥也。」（《論語・憲問》）意思是，國家政治清明，可以出來做官領取俸祿，這就是見利思義；國家政治黑暗，也去做官領取俸祿，這是見利忘義，就是恥辱。孔子還認為：「邦有道，貧且賤焉，恥也；邦無道，富且貴焉，恥也。」（《論語・泰伯》）

先義後利，是孔子義利觀的重要內容。孔子重義輕利，卻希望老百姓生活富裕，認為富裕是教化的前提，物質是精神活動的基礎。「子適衛，冉有僕。子曰：『庶矣哉！』冉有曰：『既庶矣，又何加焉？曰：『富之。』曰：『既富矣，又何加焉？』曰：『教之。』」（《論語・子路》）他主張讀書人應入仕朝廷，為國效力，以獲得收入和利益。子張問怎樣求官職得俸祿，孔子回答：「多聞闕疑，慎言其餘，則寡尤；多見闕殆，慎行其餘，則寡悔。言寡尤，行寡悔，祿在其中矣」（《論語・為政》）。他不反對弟子經商致富，甚至予以讚揚：「回也其庶乎，屢空。賜不受命，而貨殖焉，億則屢中」（《論語・先進》）。意思是，顏回瞭解我的學問差不多了，可是生活卻常常貧窮。端木賜還不很瞭解我的學問，而他從事商業活動，猜測行情，竟然都猜對了。

孔子不否認利益和物質需求，卻強調要先義後利，先付出後得

到，先耕耘後收穫。《論語‧憲問》記載，孔子問公明賈，衛國大夫公叔文子真的是不說不笑，一毫不取嗎？公明賈告訴孔子：「夫子時然後言，人不厭其言；樂然後笑，人不厭其笑；義然後取，人不厭其取。」意思是，公叔文子是在該說話的時候說話，所以別人不討厭他說話；在快樂的時候才笑，所以別人不討厭他的笑；在該得到的時候去獲取，所以別人不討厭他的獲取。孔子聽後表示了由衷的讚歎：「其然，豈其然乎？」孔子把先義後利看成是加強道德修養的重要途徑。樊遲問孔子如何提高人的道德品質，孔子說問得好，認為先義後利就是提高道德品質。「善哉問！先事後得，非崇德與？」（《論語‧顏淵》）孔子倡導先義後利，正確地解決了道德理想與物質利益的平衡問題。在一般情況下，人們難以做到放棄利益，卻能做到先義後利，既不失義又不失利，給重義輕利的價值觀念補上了實踐操作的短板。

孟子之義利觀

　　孟子很大程度繼承了孔子的義利觀，孔子是「罕言利」，孟子也是「何必曰利」。孔孟都不否定利益和利害的存在，孔子是「富而可求也，雖執鞭之士，吾亦為之」（《論語‧述而》）。意思是，如果天下有道，財富可求，即使是做一個執鞭的低級官吏，我也不推辭。孟子也有類似看法，認為「不孝有三」（〈離婁上〉）。其中「家貧親老，不為祿仕」是不孝之一，孝順之人則在家貧、雙親年老時，應到朝中做官，獲取俸祿，以贍養父母和家人。孔孟都重義輕利，僅以文本為例，《論語》中義字出現了 24 次，利字只出現 11 次；《孟子》中義字出現了 98 次，利字只出現 38 次。同時，孟子創新地發展了孔子的義利觀，首先是升華了義的概念，提高了義的重要性。在孔子那裏，仁高於義，義由仁統領，受仁觀照；在孟子那裏，則是仁義並舉，兩者緊密相連，「居惡在？仁是也；路惡在？義

昆也。居仁由義，大人之事備矣」。在孔子那裏，義與君子品格相
聯繫，屬於形下的道德範疇；在孟子那裏，義是人性本善的內容，
屬於形上的心性範疇。在孔子那裏，義是區分君子與小人的依據；
在孟子那裏，義是區分人與動物的標準。更重要的是，孟子擴充了
義與利的範圍，健全完善了儒家的義利觀，使義利之辯由道德修身
行為演進為政治倫理學說，涵蓋政治經濟社會人生各個領域，成為
孟子思想的重要組成部分和理論基礎。

　　先義後利，是孟子在政治領域的義利觀點。孟子思想屬於政治
學說，孟子的願望是教導君王實施仁政，而君王能否實施仁政，除
了要有不忍人之心外，還要有正確的義利觀。如果說，不忍人之心
是實施仁政的形上依據，那麼，正確的義利觀則是實施仁政的指導
思想。

　　《孟子》首卷首章就提出義與利的問題，義不是一般的義，而
是與仁結合在一起的義；利不是一般的利，而是與國家聯繫在一起
的利。該章可分為四個層次：第一層次表明孟子與梁惠王對待義利
的不同態度，孟子重仁義，梁惠王重利益。「孟子見梁惠王。王曰：
『叟！不遠千里而來，亦將有以利吾國乎？』孟子對曰：『王！何必
曰利？亦有仁義而已矣。』」第二層次是孟子的觀點，認為大家只
講利不講義，國家就危險了。「王曰：『何以利吾國？』大夫曰：『何
以利吾家？』士庶人曰：『何以利吾身？』上下交征利而國危矣。』」
第三層次是指明有利無義是國家的危險所在。「萬乘之國，弒其君
者，必千乘之家；千乘之國，弒其君者，必百乘之家。」第四層次
論證先義後利的正確。「萬取千焉，千取百焉，不為不多矣。苟為
後義而先利，不奪不饜。未有仁而遺其親者也，未有義而後其君者
也。」意思是，在一萬輛兵車的國家裏，擁有一千輛兵車，在一千
輛兵車的國家裏，擁有一百輛兵車，不算不富有了。但如果把義放
在後頭而把利放在前頭，那他不爭奪是不會滿足的。從來沒有講仁

的卻遺棄自己父母的，也沒有講義的卻輕慢自己君王的。「後義而先利」的順向表述就是先義後利，這是孟子政治思想的價值取向和基本原則。朱熹注釋：「循天理，則不求利而自無不利；殉人欲，則求利未得而害已隨之。所謂毫厘之差、千里之謬。此孟子之書所以造端託始之深意，學者所宜精察而明辨也。」（《四書章句集注》）

孟子曰「王！何必言利」，似乎對君王而言是義利對立，不容利的存在，實則不然。孟子既沒有否認君王的個人利益，又沒有否認君王的國家利益。在〈梁惠王下〉中，孟子承認君王有個人利益。齊宣王說自己愛好音樂，自己是「寡人好貨」，自己有狩獵場地，「寡人之囿方四十里」，孟子都沒有否認，只是建議齊宣王要與百姓同樂、同獵。甚至齊宣王說自己好色，孟子也沒有反對，還說「昔者大王好色，愛厥妃。《詩》云：『古公亶父，來朝走馬。率西水滸，至于岐下。爰及姜女，聿來胥宇。』當是時也，內無怨女，外無曠夫。王如好色，與百姓同之，於王何有？」在〈梁惠王上〉中，孟子承認君王有國家利益。〈梁惠王上〉首章所言之利屬國家利益，朱熹注釋：「王所謂利，蓋富國強兵之類」（《四書章句集注》）。梁惠王被齊、秦、楚三國打敗。他見孟子時，一心想富國強兵復仇。對於梁惠王的富國強兵，孟子並沒有明確否定，而是認為要有適當的名分，不能簡單地冠以利的名稱。趙岐理解孟子的觀念，注云：「孟子知王欲以富國強兵為利，故曰：王何必以利為名乎？亦惟有仁義之道者，可以為名。以利為名，則有不利之患矣，因為王陳之」（《孟子章句》）。

孟子不否認君王的個人利益和國家利益，卻否認以利治國的理念和方略。在孟子看來，治國理念必須以仁義為指導，「君仁，莫不仁；君義，莫不義」（〈離婁上〉）。當時，秦楚二國將打仗，有一個叫宋牼的人將去秦國和楚國，以利勸說秦楚罷兵。孟子反對以利勸說，主張以仁義勸說：「先生以仁義說秦、楚之王，秦、楚之

王悅於仁義，而罷三軍之師，是三軍之士樂罷而悅於仁義也。為人臣者懷仁義以事其君，為人子者懷仁義以事其父，為人弟者懷仁義以事其兄，是君臣、父子、兄弟去利，懷仁義以相接也，然而不王者，未之有也。何必曰利？」（〈告子下〉）具體方略是施行仁政，「王如施仁政於民，省刑罰，薄稅斂，深耕易耨，壯者以暇日修其孝悌忠信，入以事其父兄，出以事其長上，可使制梃以撻秦楚之堅甲利兵矣」（〈梁惠王上〉）。意思是，王如果向老百姓施行仁政，減輕刑罰，減少賦稅，使其深耕細作，及早除草；年輕人在閒暇時修養孝順父母、敬愛兄長、忠誠守信的道德，在家便侍奉父兄，在外便侍奉上級。這樣就算讓他們手執木棒，也可以抗擊擁有堅實盔甲與鋒利兵器的秦楚軍隊。

義利並存，是孟子在社會領域的義利觀。政治之義利關注統治理念和方略，主要是規勸和告誡統治者，而社會之義利則涵蓋統治者與老百姓兩部分羣體。對於統治者管理民眾而言，要先利後義，重視民生問題，關注老百姓的生老病死、衣食住行。這就需要統治者正確判斷老百姓的心理和基本訴求，孟子強調首先要考慮老百姓的利益，「若民，則無恆產，因無恆心」（〈梁惠王上〉）。春秋時期，民分為四個層次，「士農工商四民者，國之石民也」（《管子‧小匡》）。而孟子所說之民，包括農工商之民，不包括士人。對於老百姓而言，要見利思義，立身處世乃至日常生活都要遵循禮的制度和義的規範，不能一味地求利逐利，更不能背義取利，以利害義。

先利後義是對統治者管理民眾的要求，強調統治者要優先考慮老百姓的物質利益和生存需要。孟子認為，老百姓沒有生活利益保障，就沒有恆心和良好的道德品質，而無恆心，則容易惹是生非，給社會帶來不穩定。在孟子看來，要使老百姓有恆心，明智的統治者要讓老百姓有恆產，保證基本生活，滿足生存需要，滿足養家餬口的需要。《孟子》一書多次以同樣的筆調描繪制民之產的具體做

法：「五畝之宅，樹之以桑，五十者可以衣帛矣。雞豚狗彘之畜，無失其時，七十者可以食肉矣。百畝之田，勿奪其時，八口之家可以無飢矣。」為了制民之產，孟子要求統治者使民以時，推行王道，遵循農作物生長規律，不妨礙老百姓適時耕種，確保春種夏耘秋收冬藏，生老病死皆有依靠，「不違農時，穀不可勝食也；數罟不入洿池，魚鱉不可勝食也；斧斤以時入山林，材木不可勝用也。穀與魚鱉不可勝食，材木不可勝用，是使民養生喪死無憾也。養生喪死無憾，王道之始也」。在孟子看來，不僅要讓老百姓有恆產，而且要讓老百姓有恆心。某種意義上說，有恆產不是目的，目的是要有恆心，促進老百姓吃飽穿暖以後能夠去追求仁義，養成良好品質。而培育恆心的主要途徑是教育教化，「謹庠序之教，申之以孝悌之義，頒白者不負戴於道路矣」。老百姓有了恆心之後，才能形成和諧祥和的社會環境，「老吾老以及人之老，幼吾幼以及人之幼」（〈梁惠王上〉）。綜合分析孟子先利後義的思想，實際是孔子「富之」「教之」思想的延續。差別在於，針對戰國中期更加混亂的社會現實，孟子比孔子更加重視富的問題，以保障和維持老百姓的基本生活需求。

見利思義是對老百姓的要求，也是對不同階級所有階層的共同要求。先利後義僅僅適用於主體與客體、統治者與老百姓的關係，一旦主體與客體關係不成立，無論統治者還是老百姓都要遵循見利思義的道德底線。作為道德主體，老百姓在日常生活中不能以先利後義作為行為規範，而必須見利思義。在孟子看來，人們喜愛財物和利益，必須取之有道，這是基本的義利準則。「非其義也，非其道也，祿之以天下，弗顧也；繫馬千駟，弗視也。非其義也，非其道也，一介不以與人，一介不以取諸人。」（〈萬章上〉）老百姓日常生活中的義利內容十分寬泛，既可以指財物，又可以指官位，還可以指嫁娶之事。

　　孟子要求按照禮義對待別人的饋贈。〈公孫丑下〉記載，陳臻問為什麼接受宋國和薛國國君的饋贈，而不接受齊王的饋贈？孟子回答，宋國和薛國的饋贈有正當理由，宋國是因為我遠行，薛國是讓我防範匪盜，而齊王饋贈沒有正當理由。「若於齊，則未有處也。無處而饋之，是貨之也。焉有君子而可以貨取乎？」意思是，至於齊國的饋贈，就沒有什麼理由了，沒有理由而送錢給我，這是收買我。哪有君子可以被收買的呢？孟子要求按照禮義對待入仕為官。孟子主張讀書人為官從政，卻強調要通過正常的程序和規範，而不能使用非正當手段，像青年男女鑽洞爬牆私通那樣去謀取官職，「古之人未嘗不欲仕也，又惡不由其道。不由其道而往者，與鑽穴隙之類也」。孟子要求按照禮義對待婚配嫁娶。孟子認為父母都希望自己的子女成家娶親，而婚配嫁娶應遵守禮義，這就是父母之命、媒妁之言。如果沒有父母之命、媒妁之言，男女私自約會、私定終身，就會被父母和其他人瞧不起，甚至難以立身處世，「丈夫生而願為之有室，女子生而願為之有家。父母之心，人皆有之。不待父母之命、媒妁之言，鑽穴隙相窺，踰牆相從，則父母國人皆賤之」（〈滕文公下〉）。

　　捨生取義，是孟子在人生領域的義利觀。孟子以讀書人為榮，「無恆產而有恆心者，惟士為能」（〈梁惠王上〉）。讀書人能夠無恆產而有恆心，是因為讀書人有理想、有抱負、有信仰，孟子將其具體化為尚志和行道殉道。所謂尚志，就是崇尚道義。王子墊問讀書人該做什麼，孟子回答尚志。又問什麼是尚志，孟子曰：「仁義而已矣。殺一無罪非仁也，非其有而取之非義也。」行道殉道，就是以道德道義為終極目標，不為物慾所惑，不為身外之物所累，終身行道，必要時可以殉道，「天下有道，以道殉身；天下無道，以身殉道。未聞以道殉乎人者也」（〈盡心上〉）。以身殉道，是孟子對孔子的超越。在孔子那裏，政治清明，可以為官從政；政治黑暗，則

可以退隱而不問政治,「直哉史魚!邦有道,如矢;邦無道,如矢。君子哉蘧伯玉!邦有道,則仕;邦無道,則可卷而懷之」(《論語‧衛靈公》)。史魚和蘧伯玉都是衛國的大夫,孔子雖然肯定史魚的正直,卻更讚賞蘧伯玉的退隱,退隱意味着在政治黑暗的時候可以保全自己。

　　孟子強調讀書人無恆產而有恆心,卻不否認利的存在和作用。義與利是價值取向,一般情況下兩者是一種選擇關係,而不是對立關係。在價值選擇關係中,義與利沒有絕對的排他性,即選擇義必須放棄利,選擇利必然違背義。一般人有恆產才有恆心,可以先義後利,甚或義利兼重,而讀書人則必須義重於利,只有在符合道義的前提下,義與利才可以兼而得之。〈滕文公下〉記載,弟子彭更看到孟子出行「後車數十乘,從者數百人,以傳食於諸侯」,問孟子是否太過分了,「不以泰乎?」孟子回答不能這樣看問題,而要看是否符合道義。符合道義,利再大也不為過;不符合道義,利再小也不能接受。「非其道,則一簞食不可受於人;如其道,則舜受堯之天下,不以為泰——子以為泰乎?」孟子還舉陳仲子的例子,說明道義與利益可以兼顧,極端地否定利益,連生命都保不住,是不值得倡導的。陳仲子是齊國的宗族大家,享有世代祿田。其兄的俸祿有幾萬石之多,而陳仲子卻認為那俸祿是不義之物而不去吃,那房屋是不義之產而不去住。有人送給他哥哥一隻活鵝,母親殺了給他吃。他知道真相後,跑出門去,硬是把吃的鵝肉吐出來。有人讚許陳仲子為廉潔之士,孟子卻不以為然,說我尊重陳仲子,「於齊國之士,吾必以仲子為巨擘焉」,而陳仲子不能算廉潔之士,「雖然,仲子惡能廉」。陳仲子屬於蚯蚓的行為,不可能推而廣之,「充仲子之操,則蚓而後可者也。夫蚓,上食槁壤,下飲黃泉」。意思是,要擴充陳仲子的操守,那一定得當蚯蚓才可以。蚯蚓,在地上就吃乾土,在地下就飲黃泉。孟子不同意陳仲子的極端行為,認為

孤立地看待利益，是分不出義還是不義，因而不能簡單地否定物質利益，「仲子所居之室，伯夷之所築與？抑亦盜蹠之所築也？所食之粟，伯夷之所樹與？抑亦盜蹠之所樹與？是未可知也」。

孟子不否認讀書人有物質利益，卻認為讀書人必須具備大丈夫精神，始終堅持以道德仁義導引功名利祿，以信仰志向約束物質慾望。大丈夫精神是仁義禮的綜合觀，大丈夫精神是得意淡然，失意坦然，無論順境還是逆境，都要遵循仁義禮的原則，順境時與老百姓一起堅守仁義禮；逆境時則是一個人自覺自願地堅守仁義禮，「得志，與民由之；不得志，獨行其道」。大丈夫精神是「富貴不能淫，貧賤不能移，威武不能屈」（〈滕文公下〉）。孟子設想自己得志時，絕對不會被物質享樂所誘惑，面對金錢美女、錦衣玉食，「我得志，弗為也」（〈盡心下〉）。孟子的氣勢硬朗陽剛，令人高山仰止、景行行止。當義與利發生嚴重衝突和對抗時，孟子喊出震爍千古的永恆聲音，這就是捨生取義。「魚，我所欲也，熊掌，亦我所欲也，二者不可得兼，舍魚而取熊掌者也。生，亦我所欲也；義，亦我所欲也。二者不可得兼，舍生而取義者也」（〈告子上〉）。捨生取義仍然是道德仁義、信仰志向，而利的內涵卻大大拓展了，是人的不可重複的生命。

孔孟義利觀產生於春秋戰國時期，在中華民族的發展歷史上產生了強大而深遠的影響，塑造了無數志士仁人，激勵他們為民請命、奔赴國難，挽狂瀾於既倒，拯黎民於水火。時至今日，孔孟義利觀仍然充滿生機和活力，具有不可替代的積極意義。對於個人而言，孔孟義利觀有利於塑造良好人格。作為心靈與肉體的統一體，人的一生會經常遇到義與利的矛盾和困惑，如何在義與利的矛盾中作出正確選擇，卻是對人心靈的考量。那些能夠重義輕利、捨生取義的人，就是志士仁人和英雄豪傑；那些能夠見利思義、先義後利的人，就具備了美好的心靈。對於社會而言，孔孟義利觀有利於維

護良好秩序。社會運行和人與人交往最容易發生的矛盾就是義與利衝突，多想一些義，少逐一些利，人與人的矛盾就能減少到最低限度，社會就能在秩序範圍內運行。對於政治而言，孔孟義利觀有利於推進良政善治。政治說到底是處理好統治者與被統治者的關係，而統治者是關係的主要方面。只有統治者堅持正確的義利觀，才會以整體利益、長遠發展和百姓冷暖為重，發政施仁，造福人民；為官一任，造福一方，進而構建良政善治與和諧社會。孔孟義利觀光輝永存，現代社會不能忘卻孔孟義利觀。

理想國 ◈

民貴 ◈

王道 ◈

君臣 ◈

仁政論

保民而王

　　孟子所處戰國中期是一個變革的時代，西周王朝建立的分封
奴隸制已是「無可奈何花落去」，新興的郡縣封建制呼之欲出，猶
如清晨的太陽，躍升在東方地平線上。戰國中期又是一個混亂的時
代，諸侯互相爭戰，百姓生靈塗炭，社會秩序顛倒黑白、是非不
分。面對變革與亂局，孟子首先想到的是為官從政，直接實施其仁
政學說和王道思想，變亂為治，平治天下，「士之仕也，猶農夫之
耕也」（〈滕文公下〉）。孟子甚至信心滿滿地說：「如欲平治天下，
當今之世，舍我其誰也？」（〈公孫丑下〉）然而，天不從人願，歷
史沒有給孟子為官從政、平治天下的機會。退而求其次，孟子周遊
列國，擬以王者師推行其政治理想，教導君王發政施仁，「有王者
起，必來取法，是為王者師也」（〈滕文公下〉）。結果還是不能如
願，「遊事齊宣王，宣王不能用。適梁，梁惠王不果所言，則見以
為迂遠而闊於事情」。孟子只好「退而與萬章之徒序《詩》《書》，
述仲尼之意，作《孟子》七篇」（《史記‧孟子荀卿列傳》）。儘管
孟子未能為官從政，其所思所想卻是平治天下的事情。無論是時代
的要求，還是孟子的願望，無論是孟子的志向，還是孟子的經歷，
孟子都是一個政治性人物，孟子思想的實質是政治哲學，《孟子》一
書的最大特色是政治。政治是理解孟子思想的關鍵，也是打開孟子
學說大門的鑰匙。

　　現代政治學認為，政治是人類歷史發展到一定時期產生的重要社會現象，是上層建築領域中各種權力主體維護自身利益的特定行為以及由此構成的特定關係。古代社會，東西方對政治有着不同的認識。在古希臘，亞里士多德認為：「人類在本性上，也正是一個政治動物。」[1]政治是人類社會的正常現象；政治的主體是公民，意指城邦中的公民參與統治、管理、競爭等各種公共生活行為。在中國，先秦諸子更多的是把政與治分開使用，政是指國家的權力、制度、秩序和法令，治則是管理和教化民眾，實現社會安定；在政與治的關係中，先秦諸子們關心的是治，幫助統治者出謀劃策，安邦定國，「各著書言治亂之事，以干世主」。先秦諸子的政治主體是君王和統治者。

　　孟子政治思想的源頭：一是孔子的德治思想。「為政以德，譬如北辰，居其所而眾星共之。」（《論語・為政》）二是孟子教導君王的實踐和思考。孟子教導過梁惠王、齊宣王、滕文公、鄒穆公，指出「君行仁政，斯民親其上，死其長矣」（〈梁惠王下〉）。孟子反覆強調仁者無敵，他對梁惠王說：「彼陷溺其民。王往而征之，夫誰與王敵？故曰：『仁者無敵。』王請勿疑」（〈梁惠王上〉）。孟子還引用「孔子曰：『仁不可為眾也。夫國君好仁，天下無敵』」；進一步指出：「今也欲無敵於天下而不以仁，是猶執熱而不以濯也」（〈離婁上〉）。意思是，如今有人想無敵於天下卻不依靠仁德，這就像要解除炎熱卻不洗浴一樣。三是孟子同各種非儒家學說的辯論，尤其是與楊朱和墨翟的激烈辯論。「聖王不作，諸侯放恣，處士橫議，楊朱、墨翟之言盈天下。天下之言不歸楊，則歸墨。楊氏為我，是無君也；墨氏兼愛，是無父也。無父無君，是禽獸也。」（〈滕文公下〉）孟子的政治思想系統完備，既有時代性又有超越性，是一座

---

1 〔古希臘〕亞里士多德著，吳壽彭譯：《政治學》，商務印書館 1997 年版，第 7 頁。

儲量大、品位高的富礦。探尋這座富礦，人們可以發現閃閃發光的民本思想，充滿愛心的仁政學說，以德服人的王道理念，比較平等的君臣關係。首先需要探尋的是孟子的政治理想，這是孟子一生的奮鬥目標，也是孟子行為的原生動力。

理想國

　　無論是政治家還是政治學家，一定會有自己的政治理想，差別在於政治學家設計政治理想，政治家則實踐政治理想。對於政治家而言，政治理想是前進的方向和行動的依據；對於政治學家而言，政治理想是研究的成果，也是心嚮往之的精神樂園。古今中外，設計政治理想的不乏其人，有的政治理想經過科學認識和嚴密論證推導，具有一定的現實可能性；有的是想象願景或文學虛構，則不具有現實可能性；有的政治理想具有部分的現實可能性，有的則完全沒有現實可能性，關鍵在於政治家們的甄別、選擇和取捨。一般而言，對人類社會發展影響比較大的政治理想，中國有大同世界、小國寡民和世外桃源，西方主要是古希臘柏拉圖設計的理想國。

　　柏拉圖的哲學觀點是理念世界，認為理念世界高於現實世界，先於現實世界，是現實世界追求的目的；善為最高理念，是一切事物、一切屬性所共同追求的目標。柏拉圖的理念論在政治領域和城邦國家中的體現是理想國，善在理想國中的體現是正義。

　　所謂正義，就是每個人履行其本職工作和不干預他人履行本職工作的義務，亦即每個人只應做與其天職相適應的事情和每個人在國家內做好自己的工作。柏拉圖認為，理想國的道德是智慧、勇敢、節制和正義。與之相對應，人分為三個等級：第一等級是管理國家的統治者，他們的道德是智慧；第二等級是保衛國家的武士，他們的道德是勇敢；第三等級是從事手工業、商業和農業的自由民，他們的道德是節制，就是安於自己所處的地位，服從統治者的

管理。在柏拉圖看來，只要各個等級的人都做好自己分內的工作，互不干擾和越位，就是一個正義的國家，也就是理想國。令人感興趣的是，柏拉圖非常重視統治者的智慧和理性，力求把政治與哲學結合起來，認為國家最高統治者應是哲學王，「哲學王成為我們這些國家的國王，或者我們目前稱之為國王和統治者的那些人物，能嚴肅認真地追求智慧，使政治權力與聰明才智合而為一」。

如果沒有哲學王的統治，「對國家甚至我想對整個人類都將禍害無窮，永無寧日」。[1]

大同世界是孔子的理想社會。「大道之行也，天下為公。選賢與能，講信修睦。故人不獨親其親，不獨子其子，使老有所終，壯有所用，幼有所長，矜、寡、孤、獨、廢疾者，皆有所養。男有分，女有歸。貨惡其棄於地也，不必藏於己；力惡其不出於身也，不必為己。是故謀閉而不興，盜竊亂賊而不作，故外戶而不閉，是謂大同。」大同世界總的原則是天下為天下人所共同享有，政治上是德才兼備的人治理天下；人與人之間平等友愛。經濟上是物質豐富；社會福利完備健全；沒有弱勢羣體和貧困人口。社會上是人人品德高尚，大公無私；社會安定和諧，沒有醜惡現象；路不拾遺，夜不閉戶。人人熱愛勞動，各盡其力；分工明確，各司其職。在孔子看來，堯舜治理的時代就是大同世界，就是理想社會。

後來社會的發展，使得公天下變成了家天下，以致大道既隱，人心不古，世風日下。身處禮崩樂壞的春秋末期和家天下的歷史現實，孔子不敢奢望大同世界，提出了小康社會的理念，「禹、湯、文、武、成王、周公，由此其選也。此六君子者，未有不謹於禮者也。以著其義，以考其信，著有過，刑仁講讓，示民有常。如有不

---

1 〔古希臘〕柏拉圖著，郭斌和、張竹明譯：《理想國》，商務印書館 1996 年版，第 215 頁。

由此者，在埶者去，眾以為殃，是謂小康」（《禮記·禮運》）。意思是，在大道既隱的情況下，夏禹、商湯、周文王、武王、成王和周公是佼佼者。這六位君子，沒有一個不把禮當做法寶，用禮來表彰正義，考察誠信，指明過錯，效法仁愛，講究禮讓，向百姓展示一切都是有規可循。如有不遵守禮制的，當官的要被撤職，民眾都會把他當作禍害。這就是小康。在孔子看來，公天下的政治理想是大同世界，家天下的政治理想是小康社會。無論大同世界還是小康社會，雖然在兩千多年的傳統社會中並沒有得到真正實踐，而作為一種理想卻有着積極意義，對統治者形成了某種約束，對老百姓形成了某些保護。

小國寡民是老子的理想社會。小國寡民源於老子對原始氏族社會的深情回憶，寄託着不可實現的夢想。老子認為：在小國寡民社會裏，先進的器械以及交通工具，甚至連文字都可以棄而不用，更沒有戰爭殺戮，「使有什伯之器而不用，使民重死而不遠徙。雖有舟輿，無所乘之；雖有甲兵，無所陳之；使人復結繩而用之」。在小國寡民社會裏，生活自給自足，人民過着淳樸自然的村社生活，「鄰國相望，雞犬之聲相聞，民至老死不相往來」。在小國寡民社會裏，人民安居樂業，生活幸福，「甘其食，美其服，安其居，樂其俗」（《老子·第八十章》）。如果說，小國寡民帶有濃厚的原始氏族色彩和無法實現的夢幻圖景，那麼，這四句話、十二字則是老子理想社會的價值所在，具有時空超越性，也是任何一個正常的統治者都會追求的政治理想。

對於小國寡民社會，老子還要求絕聖棄智和絕仁棄義，「大道廢，有仁義；智慧出，有大偽；六親不和，有孝慈；國家昏亂，有忠臣」（《老子·第十八章》）。在智慧方面，老子既看到了智慧與大偽的區別，又看到了兩者之間的聯繫。智慧的出現和不斷發展，既增加了人們認識世界和改造世界的能力，隨之也出現了虛偽

狡詐和陰謀詭計。老子反對的不是知識和智慧，而是虛偽狡詐和陰謀詭計，「古之善為道者，非以明民，將以愚之。民之難治，以其智多。故以智治國，國之賊；不以智治國，國之福」（《老子·第六十五章》）。河上公注「明」為「知巧詐也」，「愚」為「使樸質不詐偽也」。在仁義方面，老子不僅看到了大道之廢與仁義興起之間的聯繫，倡導仁義是因為社會上存在着大量不仁不義的行為，而且看到了仁義的負面作用，成為野心家和陰謀家文飾自己、沽名釣譽的手段以及攻擊他人的武器，「故失道而後德，失德而後仁，失仁而後義，失義而後禮。夫禮者，忠信之薄而亂之首也」（《老子·第三十八章》）。

世外桃源是陶淵明的理想社會。陶淵明面對東晉亂世，虛構了桃源世界以慰藉心靈的痛苦。據〈桃花源記〉記載：一個漁夫隻身划船進入一山洞，發現一座桃源。這裏與世隔絕，居民男耕女織，大人小孩參加勞動，沒有賦稅和徭役，人們的關係淳樸親切，到處是安樂祥和的氣氛，「復行數十步，豁然開朗。土地平曠，屋舍儼然，有良田、美池、桑竹之屬。阡陌交通，雞犬相聞。其中往來種作，男女衣着，悉如外人。黃髮垂髫，並怡然自樂。見漁人，乃大驚，問所從來，具答之。便要還家，為設酒殺雞作食。村中聞有此人，咸來問訊。自云先世避秦時亂，率妻子邑人來此絕境，不復出焉，遂與外人間隔。問今是何世，乃不知有漢，無論魏晉」。在世外桃源裏，我們看到了一幅美好的政治圖景：經濟上自給自足，政治上自我管理，人際關係是友愛相處，社會氛圍是和平安寧。當然，陶淵明的桃花源是不可能實現的空想世界。弔詭的是，這個虛擬的和平、純淨、安寧的世界竟成了無數志士仁人、文人墨客的心靈棲居地，他們從桃花源讀出了崇高的理想，感受到了悲憫的情懷，體察到了生活的意義，甚至在瀕於絕望之時，也能重新燃起生命的火焰，繼續探尋人生的意義。劉禹錫〈桃源行〉詩云：「漁人振

衣起出戶，滿庭無路花紛紛。翻然恐迷鄉縣處，一息不肯桃源住。桃花滿溪水似鏡，塵心如垢洗不去。仙家一出尋無蹤，至今水流山重重。」

法先王

建構政治理想，無非有兩條途徑：一條是理論推導，類似於柏拉圖的做法；另一條是經驗總結。先秦諸子一般不喜歡形上思維和抽象思辨，理論推導難以成為選項，只能做經驗總結。比較而言，經驗總結直觀、生動又形象，而且有實踐基礎，更能吸引人，容易被大眾接受。經驗總結又有兩種情況：既可以是直接經驗總結，也可以是間接經驗總結。先秦諸子雖然嚮往為官從政，卻很少有人被委任為大臣高官；即使為官從政，時間也不長；至於君王和諸侯的位置，只能在夢中想想而已。先秦諸子所能做的總結是間接經驗，主要是對歷史的回溯和以往政治實踐的研究，從而形成了法先王的政治觀念。「巫馬子謂子墨子曰：『舍今之人而譽先王，是譽槁骨也。譬若匠人然，智槁木也，而不智生木。』子墨子曰：『天下之所以生者，以先王之道教也。今譽先王，是譽天下之所以生也。可譽而不譽，非仁也。』」（《墨子・耕柱》）所謂法先王，就是學習效法古代聖王，以理想化的古代聖王道德觀念和社會政治為標準，來設計現實的社會制度，規範現實的倫理道德。美國學者威廉・白瑞德在《非理性的人》中指出：「古典學者中的人文傳統把古人理想化，同時虛構了事實，這是一切理想主義觀點無可避免的。」理想化是指古代聖王的偉大道德品質和完美社會政治制度，並不是真實的存在，而是後人的理想寄託和主觀願望觀照。

儒家積極倡導法先王，法先王是儒家政治理想的有機組成部分，儒家從法先王中取得政治理想的歷史依據和經驗養料。孔子所法先王，主要有堯、舜、禹、文王、周公。在《論語》一書中，孔子讚

譽堯，不吝溢美之詞：「大哉，堯之為君也！巍巍乎，唯天為大，唯堯則之。蕩蕩乎，民無能名焉。巍巍乎，其有成功也，煥乎，其有文章！」孔子認為舜和禹都很偉大：「巍巍乎，舜禹之有天下也，而不與焉」；認為舜會用人：「舜有臣五人，而天下治」（《論語‧泰伯》）；認為舜會當君王：「無為而治者，其舜也與？夫何為哉？恭己正南面而已矣」（《論語‧衛靈公》）。無為而治是道家的治國方略，儒家則在堅持君王自身德行和舉賢任能的前提下，認可無為而治。何晏《論語集解》注釋：「言任官得其人，故無為而治。」孔子認為禹不僅偉大，而且完美：「禹，吾無間然矣。菲飲食而致孝乎鬼神，惡衣服而致美乎黻冕，卑宮室而盡力乎溝洫」（《論語‧泰伯》）。意思是，對於禹，我沒有批評了。他的飲食菲薄而祭祀鬼神的祭品卻很豐盛；他穿的衣服很破爛而祭祀的禮服卻很華麗；他住的宮室很簡陋卻盡力修治溝渠水利。孔子讚美文王的典章文物和治國之道，強調自己學習繼承文王的使命感。「子畏於匡，曰：『文王既沒，文不在茲乎？天之將喪斯文也，後死者不得與於斯文也；天之未喪斯文也，匡人其如予何？』」（《論語‧子罕》）孔子讚美周公創立的西周制度和禮樂文明：「周監於二代，郁郁乎文哉！吾從周。」（《論語‧八佾》）他對周公傾心佩服，一旦長時間沒有夢見周公，就會感歎自己衰老了：「甚矣吾衰也，久矣吾不復夢見周公。」（《論語‧述而》）朱熹解釋：「孔子盛時志欲行周公之道，故夢寐之間如或見之。至其老而不能行也，則無復是心，而亦無復是夢矣，故因此而自歎其衰之甚也。」（《四書章句集注》）由於孔子思考的重點在社會倫理道德領域，主要講為人之道，其法先王思想與其說是為了建構政治理想，不如說是因對現實社會不滿和無奈而發思古之幽情。

比較而言，孟子更加重視法先王。據統計，在《孟子》260章中，論及堯的有 24 章，舜有 40 章，禹有 11 章，湯有 17 章，文王有 23 章，武王有 13 章，周公有 8 章。孔子是抽象地讚美古代聖

王，孟子則具體而明確地讚頌了古代聖王的偉大品格和治國業績。孔子相對單純地談論法先王，孟子則把法先王貫穿於他的整個思想體系，落實到政治、經濟、社會、人生各個領域。孔子沒有把法先王與其政治理想結合起來，孟子則把法先王作為建構政治理想的有機組成部分，具有明顯的託古改制性質。法先王主要不是效法先王的道德理念和社會制度，而是要推行實施自己的仁政思想和王道學說。

孟子讚美最多的是堯舜。在孟子看來，堯舜是治國的典範，堯舜時代是政治理想的標本。堯舜治國以孝悌為本，「堯舜之道，孝弟而已矣」（〈告子下〉）。舜是孝悌的榜樣，在舜的心目中，只有孝順父母，才能解除憂愁。「天下之士悅之，人之所欲也，而不足以解憂；好色，人之所欲，妻帝之二女，而不足以解憂；富，人之所欲，富有天下，而不足以解憂；貴，人之所欲，貴為天子，而不足以解憂。人悅之、好色、富貴，無足以解憂者，惟順於父母可以解憂」（〈萬章上〉）。堯舜治國是綱舉目張，選賢任能。「知者無不知也，當務之為急；仁者無不愛也，急親賢之為務。堯舜之知而不遍物，急先務也；堯舜之仁不遍愛人，急親賢也。」（〈盡心上〉）意思是，智者沒有什麼不想知道的，但急於知道當前該做的緊要事情；仁者沒有什麼不愛惜的，但急於先愛親人和賢人。堯舜的智慧不能遍知所有的事物，是因為他們急於去做眼前的大事；堯舜的仁德不能遍愛所有的人，是因為他們急於去愛親人和賢人。堯舜治國樹立了君臣之道，堯為君，盡君之道，仁政愛民；舜為臣，盡臣之道，忠於君王。「規矩，方圓之至也；聖人，人倫之至也。欲為君，盡君道；欲為臣，盡臣道。二者皆法堯舜而已矣。不以舜之所以事堯事君，不敬其君者也；不以堯之所以治民治民，賊其民者也。孔子曰：『道二，仁與不仁而已矣。』」（〈離婁上〉）

堯舜治國以仁政為主旨，施行不忍人之政。孟子用正反句式加

以論證，先是否定句式——「離婁之明，公輸子之巧，不以規矩，不能成方圓；師曠之聰，不以六律，不能正五音；堯舜之道，不以仁政，不能平治天下」（離婁，相傳是黃帝時目力極強的人；公輸子即魯班，著名的巧匠；師曠，春秋時著名的音樂家）。後是肯定句式，既肯定先王行使仁政，又強調法先王——「聖人既竭目力焉，繼之以規矩準繩，以為方圓平直，不可勝用也；既竭耳力焉，繼之以六律正五音，不可勝用也；既竭心思焉，繼之以不忍人之政，而仁覆天下矣。故曰：為高必因丘陵，為下必因川澤，為政不因先王之道，可謂智乎？是以惟仁者宜在高位。不仁而在高位，是播其惡於眾也」（〈離婁上〉）。意思是，聖人既已用盡了目力，又接着用規矩準繩，制定方的、圓的、平的、直的東西，這些東西用都用不完；既已用盡了耳力，又接着用六律來校正五音，這些音階也就運用無窮；既已用盡了心思，又接着推行不忍心別人受苦的仁政，仁愛也就覆蓋天下了。所以說，建高台一定要憑藉丘陵，挖深池一定要憑藉川澤，搞政治不憑藉古代聖王之道，能說是明智嗎？因此，只有仁人可以處在統治地位。不仁的人如果處在統治的地位，這就會在民眾中散播他的罪惡。

孟子還讚美了大禹、商湯、文王、武王和周公。大禹的最大功績是疏通九河，鑄造九鼎。在這個過程中，夙夜在公，三過家門而不入。「禹疏九河，瀹濟、漯而注諸海，決汝、漢，排淮、泗而注之江，然後中國可得而食也。當是時也，禹八年於外，三過其門而不入。」（〈滕文公下〉）禹還有先見之明，早已認識到美酒的危害，「禹惡旨酒而好善言」（〈離婁下〉）。焦循注旨酒為美酒，「儀狄作酒，禹飲而甘之，遂疏儀狄，而絕旨酒」（《孟子正義》）。商湯會用人，「湯執中，立賢無方」（〈離婁下〉）。意思是，商湯堅守中庸之道，選賢任能不照搬照套規矩。具體例子是商湯選用曾經是廚子的伊尹作為宰相，幫助治理國家，「故湯之於伊尹，學焉而後

臣之，故不勞而王」（〈公孫丑下〉）。商湯和文王都堅守王道，以德服人，「以力假仁者霸，霸必有大國；以德行仁者王，王不待大。湯以七十里，文王以百里。以力服人者，非心服也，力不贍也；以德服人者，中心悅而誠服也」（〈公孫丑上〉）。商湯和文王還深諳外交之道，能處理好大國與小國的關係。「齊宣王問曰：『交鄰國有道乎？』孟子對曰：『有。惟仁者為能以大事小，是故湯事葛，文王事昆夷。』」文王治岐有方，「昔者文王之治岐也，耕者九一，仕者世祿，關市譏而不征，澤梁無禁，罪人不孥」。文王關注照顧貧困羣體，「老而無妻曰鰥，老而無夫曰寡，老而無子曰獨，幼而無父曰孤。此四者，天下之窮民而無告者。文王發政施仁，必先斯四者」。武王不輕侮近臣，也不遺忘遠方的賢人，「不泄邇，不忘遠」（〈離婁下〉）。武王主持正義並且勇敢，能夠安定天下，「一人衡行於天下，武王恥之。此武王之勇也。而武王亦一怒而安天下之民」（〈梁惠王下〉）。周公則是學習夏商周三代開國君王的思想和業績，勤勞國事，一心為公，「周公思兼三王，以施四事，其有不合者，仰而思之，夜以繼日。幸而得之，坐以待旦」（〈離婁下〉）。

孟子之政治理想

　　孟子之政治理想在法先王中已經有了充分的展示，這就是要求君王以孝悌為本，選賢任能，施行仁政，以德服人，勤政愛民，關愛弱者，制定禮樂制度，傳承文明。

　　同時，在〈梁惠王上〉第七章中，孟子通過與齊宣王的對話，比較系統地闡述了他的政治理想。有的學者認為：「本篇堪稱是中國最早的原始『理想國』與『太陽城』吧！主要論述王道的根本在保民。」[1]

　　孟子與齊宣王的對話，沿襲了與梁惠王對話的套路，兩人相

1　周殿富編譯：《曾刻孟子要略譯注》，安徽人民出版社 2013 年版，第 218 頁。

昇，先是對方提出似是而非的觀點，然後孟子給予反駁和糾正。梁惠王提出利的觀念，孟子則以仁義加以糾正。「孟子見梁惠王。王曰：『叟！不遠千里而來，亦將有以利吾國乎？』孟子對曰：『王！何必曰利，亦有仁義而已矣。』」而齊宣王問是否知道齊桓公、晉文公的霸道，孟子則以孔子的弟子只關心王道給予回答。「齊宣王問曰：『齊桓、晉文之事可得聞乎？』孟子對曰：『仲尼之徒無道桓文之事者，是以後世無傳焉，臣未之聞也。無以，則王乎？』」（〈梁惠王上〉）齊桓公為春秋五霸的首霸，是齊國第十五任國君，任用管仲為相，推行改革，實施軍政合一、兵民合一的制度。公元前 679 年，與諸侯在鄄地會盟，自此成為天下諸侯的霸主。晉文公為第二霸，是晉國第二十二任國君，在位期間任用賢能，實行通商寬農、明賢良、賞功勞等政策，作三軍六卿，使國力大增。公元前 632 年於城濮大敗楚軍，召集齊、宋等國於踐土會盟，成為春秋第二位霸主。春秋時計有五霸，孟子認為其餘三霸是宋襄公、秦穆公和楚莊王。孟子實際上知道齊桓、晉文之事，由於提倡王道，反對霸道，所以說不知齊桓、晉文之事，還稱五霸為罪人，「五霸者，三王之罪人也」（〈告子下〉）。五霸之罪在於僭越周天子的權力，聚合一部分諸侯去攻打另一部分諸侯。

　　齊宣王接着問：「德何如則可以王矣？」孟子鮮明地回答：「保民而王，莫之能禦也。」保民而王，多麼響亮的口號，何等偉大的聲音，這就是孟子的政治理想。

　　保民而王的前提是有不忍之心。孟子認為，不忍之心的依據是「今人乍見孺子將入於井，皆有怵惕惻隱之心」（〈公孫丑上〉）。齊宣王問孟子：「若寡人者，可以保民乎哉？」孟子回答：「可。」孟子肯定齊宣王能夠保民而王，是因為他從以羊易牛祭祀的事例，看到了齊宣王有不忍之心。「曰：『臣聞之胡齕曰，王坐於堂上，有牽牛而過堂下者，王見之，曰：『牛何之？』對曰：『將以釁鐘。』王

曰：『舍之！吾不忍其觳觫，若無罪而就死地。』對曰：『然則廢釁鐘與？』曰：『何可廢也？以羊易之！』」意思是，孟子說，我聽胡齕說，有一次王坐在堂上，有人牽牛從堂下經過，王看到了問，牽牛去哪裏？那人答道要宰了它祭鐘。王說，放了它，我不忍心看它哆嗦的樣子，它沒有罪過卻要進屠坊。那人反問道：是否需要廢祭鐘的儀式？王說，怎麼能廢除呢？用隻羊替代它。

對於以羊代替牛去祭祀，老百姓認為是齊宣王吝嗇，齊宣王感到委屈，孟子給予開導，認為不是吝嗇，而是有不忍之心。「孟子曰：『是心足以王矣。百姓皆以王為愛也，臣固知王之不忍也。』王曰：『然，誠有百姓者。齊國雖褊小，吾何愛一牛？即不忍其觳觫，若無罪而就死地，故以羊易之也。』曰：『王無異於百姓之以王為愛也。以小易大，彼惡知之？王若隱其無罪而就死地，則牛羊何擇焉？』王笑曰：『是誠何心哉？我非愛其財，而易之以羊也，宜乎百姓之謂我愛也。』」這段對話詳細描述了孟子的循循善誘，惟妙惟肖地刻畫了齊宣王的心理活動。孟子進一步鼓勵齊宣王，不要計較老百姓的看法，而要強化不忍之心。「無傷也，是乃仁術也，見牛未見羊也。君子之於禽獸也，見其生，不忍見其死；聞其聲，不忍食其肉。是以君子遠庖廚也。」孟子的肯定和鼓勵，使得齊宣王很高興，認為孟子是他的知音。「《詩》云：『他人有心，予忖度之。』夫子之謂也。夫我乃行之，反而求之，不得吾心。夫子言之，於我心有戚戚焉。」（〈梁惠王上〉）意思是，《詩經》講別人有心事，我來揣摩它。說的就是您老人家啊。我只是這樣做了，反過來考慮為什麼這樣做，卻不明白自己的內心。您老人家這麼一說，說到我心裏去了。

保民而王的途徑是推恩於民。孟子認為：「君子之於物也，愛之而弗仁；於民也，仁之而弗親。親親而仁民，仁民而愛物。」（〈盡心上〉）當齊宣王問有不忍之心，就可以實行王道嗎？孟子馬上批

評齊宣王，說他只把不忍之心用於禽獸，而沒有恩及老百姓。他先是用了兩個比喻讓齊宣王陷於矛盾之中，一個比喻是力大到能夠舉起千斤，卻拿不起一根羽毛；另一個比喻是眼睛明亮到可以看清鳥身上的細毛，卻看不見一車柴木。「（孟子）曰：有復於王者曰：『吾力足以舉百鈞，而不足以舉一羽；明足以察秋毫之末，而不見輿薪，則王許之乎？』曰：『否。』」接着孟子說：「今恩足以及禽獸，而功不至於百姓者，獨何與？然則一羽之不舉，為不用力焉；輿薪之不見，為不用明焉；百姓之不見保，為不用恩焉。故王之不王，不為也，非不能也。」意思是，如今您的恩情足以使禽獸受惠，而您的功績不能使百姓沾光，又是為什麼呢？這麼說來，拿不起一根羽毛，是因為不肯用力氣；瞧不見一車柴木，是因為不肯用眼睛；老百姓得不到安撫，是因為王不肯施恩。所以王沒有使天下歸服，是不肯做，而不是不能做。孟子明確要求齊宣王擴而充之不忍之心，「老吾老以及人之老，幼吾幼以及人之幼；天下可運於掌」。孟子引《詩經》加以論證：「《詩》云：『刑于寡妻，至于兄弟，以御于家邦。』言舉斯心加諸彼而已。」意思是，《詩經》說，先給妻子做表率，然後推及於兄弟，繼而推廣到封邑國家。說的無非是把這種好心思推廣到別的方面罷了。孟子告誡齊宣王：「故推恩足以保四海，不推恩無以保妻子。」孟子強調：「古之人所以大過人者，無他焉，善推其所為而已矣。」（〈梁惠王上〉）意思是，古代的聖賢之所以遠遠超過別人，沒有別的奧妙，只是善於推廣他的善行罷了。

　　保民而王的歧途是進行戰爭。孟子對戰爭持否定態度，認為發動戰爭的人應當受到最重的刑罰處置，「爭地以戰，殺人盈野；爭城以戰，殺人盈城，此所謂率土地而食人肉，罪不容於死。故善戰者服上刑」（〈離婁上〉）。當孟子要求推恩於民、施行仁政時，齊宣王說他還有更大的願望，孟子問是不是為了追求感官和物質享受：「為肥甘不足於口與？輕暖不足於體與？抑為采色不足視於目

與？聲音不足聽於耳與？便嬖不足使令於前與？王之諸臣皆足以供之，而王豈為是哉？」齊宣王回答不是追求這些享受。孟子明白齊宣王更大的願望是開疆拓土，稱霸天下，指出這是緣木求魚，不會有好結果，「然則王之所大欲可知已，欲辟土地，朝秦楚，莅中國而撫四夷也。以若所為求若所欲，猶緣木而求魚也」。齊宣王問有這麼嚴重嗎？孟子回答恐怕還要嚴重，而且一定會有禍患，「殆有甚焉。緣木求魚，雖不得魚，無後災。以若所為求若所欲，盡心力而為之，後必有災」。意思是，恐怕比這還嚴重呢。爬到樹上去捕魚，儘管得不到魚，還沒什麼禍患。按照您的做法去尋求慾望的滿足，盡心盡力去做，接着一定有禍患。禍患的原因在於開疆拓土，必然要進行戰爭，而齊國弱小，肯定會失敗，就像鄒人與楚人打仗那樣，鄒人因弱小而失敗。孟子勸告齊宣王不要戰爭，而應施行仁政，「然則小固不可以敵大，寡固不可以敵眾，弱固不可以敵強。海內之地方千里者九，齊集有其一。以一服八，何以異於鄒敵楚哉？蓋亦反其本矣」（〈梁惠王上〉）。

保民而王的關鍵是發政施仁。孟子的政治主張是仁政，認為只有推行仁政，才能治平天下，「君仁，莫不仁；君義，莫不義；君正，莫不正。一正君而國定矣」（〈離婁上〉）。孟子告訴齊宣王，如果實施仁政，天下的人都會跟着您，沒有人能阻擋稱王天下，「今王發政施仁，使天下仕者皆欲立於王之朝，耕者皆欲耕於王之野，商賈皆欲藏於王之市，行旅皆欲出於王之途，天下之欲疾其君者，皆欲赴愬於王。其若是，孰能禦之？」齊宣王問怎樣實施仁政？孟子回答仁政就是要富民和教民。在富民方面，要制民之產。孟子認為老百姓是講實際的，沒有財產，就不會有道德之心；沒有道德之心，就會為非作歹，犯上作亂，「若民，則無恆產，因無恆心。苟無恆心，放辟邪侈，無不為已」。這時，統治者如果處罰老百姓，那是在陷害百姓，有仁德的統治者是不會這樣做的，「及陷於罪，

然後從而刑之，是罔民也。焉有仁人在位，罔民而可為也？」明智的君王是要讓老百姓吃飽穿暖，富裕起來，「是故明君制民之產，必使仰足以事父母，俯足以畜妻子，樂歲終身飽，凶年免於死亡。然後驅而之善，故民之從之也輕」。孟子設想得很具體：「五畝之宅，樹之以桑，五十者可以衣帛矣。雞豚狗彘之畜，無失其時，七十者可以食肉矣。百畝之田，勿奪其時，八口之家可以無飢矣。」在教民方面，要明人倫。「謹庠序之教，申之以孝悌之義，頒白者不負戴於道路矣。七十者衣帛食肉，黎民不飢不寒，然而不王者，未之有也。」（〈梁惠王上〉）朱熹注云：「此章言人君當黜霸功，行王道。而王道之要，不過推其不忍之心，以行不忍之政而已。」（《四書章句集注》）概言之，孟子的政治理想就是仁政與王道。

　　研究孟子的政治理想和追求目標，不禁想起了英國政治哲學家哈耶克的《通向奴役之路》。哈耶克崇尚自願自發秩序，即由人類行為而非人類設計產生的秩序。從這個意義上說，哈耶克是反對設計理想和目標的，「所有通往地獄之路，原先都是準備到天堂去的」；「通往地獄之路，都是由善意鋪成的」；「在我們竭盡全力自覺地根據一些崇高的理想締造我們的未來時，我們卻在實際上不知不覺地創造出與我們一直為之奮鬥的東西截然相反的結果，人們還想象得出比這更大的悲劇嗎？」哈耶克實際是提醒人們，在肯定理想和目標的正面作用的同時，不能忽視其可能產生的負面影響。人類社會需要理想和目標，理想和目標永遠是人類社會發展可以汲取的不竭動力。沒有理想和目標，人類就會失去希望，社會就會停止前進。理想和目標的正面作用與負面影響並存，毫無疑義的是正面作用大於負面影響。同時，必須關注理想和目標的負面影響，盡力在理想與現實、目標與行動之間保持必要的平衡。具體而言，要防止理想發展為狂熱。理想一旦變為狂熱，就會失去理性，演變為不可控制的異己力量，使善良的動機演變為可惡的結局。哈耶克告誡人

們：「從純粹的並且真心實意的理想家到狂熱者只不過一步之遙。」要強化理想和目標的開放性。在實現理想和追求目標的過程中，允許自由討論，鼓勵根據變化了的情況和遇到的新情況進行微調或大的調整，只有「在共同目標對人們並非一種終極目標而是一種能夠用於多種多樣意圖的手段的地方，人們才最可能對共同行動達成共識」。更重要的是，政治理想和目標與人的尊嚴和生命密切相關，這就要求思想家在演繹歷史時，不要忘記是有生命的人組成了歷史；政治家在推動歷史時，不要忘記是人的尊嚴和生命在歷史中行進。如果思想家、政治家們不是像棋盤上下棋那樣，把鮮活的人當作冷冰冰的棋子，而是尊重人、尊重生命，那麼，理想和目標就會有百益而無一害，充滿深情地召喚着人們奔向美好的未來。

民貴君輕

我國傳統政治思想猶如大花園，花木繁多，爭奇鬥豔，其中最豔麗的就是民本思想。民本思想發端於遠古時期，形成於春秋戰國時期，孟子是集大成者。一定意義上說，孟子政治的標誌就是民本思想。二千多年前，孟子能比較正確地認識統治者與民眾的關係，提出「民貴君輕」的政治理念，驚世駭俗，震撼人心，令人感佩莫名。

孟子的民本思想，不是無本之木、無源之水，首先源於孔子的仁學。孔子之「仁」含義豐富，本質卻簡單明瞭，就是「愛人」。愛人在政治領域的體現是愛民，「道千乘之國，敬事而信，節用而愛人，使民以時」（《論語‧學而》）。愛民要惠民和濟民，「博施於民而能濟眾」（《論語‧雍也》）；還要惠而不費，「因民之所利而利之」（《論語‧堯曰》）。孟子的民本思想，是對歷史經驗的總結，尤其是總結桀、紂失去天下的教訓。夏桀是歷史上有記載的第一個

暴君，「桀不務德而武傷百姓，百姓弗堪」（《史記‧夏本紀》）。孟子抨擊夏桀：「〈湯誓〉曰：『時日害喪，予及女偕亡。』民欲與之皆亡，雖有台池鳥獸，豈能獨樂哉？」（〈梁惠王上〉）意思是，〈湯誓〉說，這個夏桀何時消亡，我和你一起去死。老百姓要和他一起去死，縱然他有台池鳥獸，難道能獨自快活嗎？商紂更是殘酷，使得社會矛盾像開了鍋一樣：「如蜩如螗，如沸如羹」（《詩經‧大雅》）。孟子認為，夏桀、商紂失去天下的根本原因在於喪失民心。「桀紂之失天下也，失其民也；失其民者，失其心也。」孟子還總結了周幽王、厲王的行為，告誡統治者：「暴其民甚，則身弒國亡；不甚，則身危國削，名之曰『幽』『厲』，雖孝子慈孫，百世不能改也」（〈離婁上〉）。孟子的民本思想，是對春秋戰國政治的反思。當時，一方面，社會生產力得到了空前發展，而主體是人民羣眾，沒有人民羣眾的創造發明和辛勤勞作，社會生產力就不可能發展；另一方面，諸侯林立，戰爭頻仍，統治者朝不保夕，「弒君三十六，亡國五十二，諸侯奔走不得保其社稷者不可勝數」（《史記‧太史公自序》）。老百姓更是民不聊生，「族類離散，流亡為臣妾」，甚至「刳腹折頤，首身分離，暴骨草澤，頭顱僵僕，相望於境」（《戰國策‧秦策》）。而諸侯的強弱、戰爭的勝負和新舊政權的更替，起決定作用的是民眾和民心向背。無論生產力的發展，還是諸侯間戰爭的勝負，都使孟子意識到民眾的偉力，「天時不如地利，地利不如人和」（〈公孫丑下〉）。孟子的民本思想，有着脈絡清晰的歷史淵源和堅實可靠的現實基礎。

民本源與流

民本是傳統社會極為重要的政治思想，幾乎和國家與政治同時產生，源遠流長，蔚為壯觀。最為經典的表述是：「民惟邦本，本固邦寧。」（《尚書‧五子之歌》）

民本思想最早可追溯到史前傳說和三皇五帝時期，《史記·五帝本紀》記載：黃帝是「神農氏世衰，諸侯相侵伐，暴虐百姓，而神農氏弗能征，於是軒轅乃習用干戈，以征不享，諸侯咸來賓從」；「修德振兵，治五氣，藝五種，撫萬民，度四方」。顓頊「靜淵以有謀，疏通而知事；養材以任地，載時以象天，依鬼神以制義，治氣以教化，絜誠以祭祀」。帝嚳「聰以知遠，明以察微。順天之義，知民之急。仁而威，惠而信，修身而天下服。取地之財而節用之，撫教萬民而利誨之，曆日月而迎送之，明鬼神而敬事之」。帝堯「其仁如天，其知如神」；「九族既睦，便章百姓。百姓昭明，合和萬國」。帝舜「舉八愷，使主后土，以揆百事，莫不時序」；「舉八元，使佈五教於四方，父義、母慈、兄友、弟恭、子孝」。

夏商周三代，尤其殷周之際，不僅有傳說，更有文字可考，民本思想已破土出芽，「殷鑒不遠，在夏后之世」（《詩經·大雅》）。殷鑒就是夏桀無道，導致夏朝滅亡；商紂不借鑒夏桀的教訓，導致商朝滅亡。召公痛切地告誡：「我不可不監於有夏，亦不可不監於有殷。」（《尚書·召誥》）周王朝已提出民本理念，《尚書·康誥》中提到「明德慎刑」「敬德保民」；《酒誥》中提到「人無於水監，當於民監」；《泰誓》中提到「天視自我民視，天聽自我民聽」。我國傳統的民本思想萌生於史前時期，夏商兩朝有了新的發展，而西周則由初淺的感性認識逐漸步入理性認識門檻，這是上古先賢對政治關係最初的認識和思考，又是古代智慧對政治及其運行的直觀感受和切身體會。

先秦時期，民本思想得到了普遍認同。《左傳·桓公六年》記載隨侯與大夫季梁的對話，將神依附於民，具有鮮明的民本意識。當時楚國侵略隨國，以假敗引隨兵追趕。隨侯欲追楚，季梁諫止：「臣聞小之能敵大也，小道大淫。所謂道，忠於民而信於神也。上思利民，忠也；祝史正辭，信也。今民餒而君逞慾，祝史矯舉以

祭，臣不知其可也。」意思是，臣下聽說小國之所以能夠抵抗大國，是小國有道，而大國君王沉溺於私慾。所謂道，就是忠於百姓而取信於神明。上邊的人想到對百姓有利，這是忠；祝史真實不欺地祈禱，這是信。現在百姓飢餓而國君放縱個人享樂，祝史浮誇功德來祭祀，臣下不知怎樣行得通。隨侯回答說，我祭祀豐富，祭品豐富，肯定可以取信於神。季梁則認為：「夫民，神之主也。是以聖王先成民而後致力於神。」在君與民關係方面，《左傳・文公十三年》記載邾文公遷都於繹的故事，邾文公強調先民後君、以君從民，實際就是民本思想，左丘明評價邾文公懂得天命。「邾文公卜遷於繹。史曰：『利於民而不利於君。』邾子曰：『苟利於民，孤之利也。天生民而樹之君，以利之也。民既利矣，孤必與焉。』左右曰：『命可長也，君何弗為？』邾子曰：『命在養民。死之短長，時也。民苟利矣，遷也，吉莫如之！』遂遷於繹。五月，邾文公卒。君子曰：『知命。』」

　　民本思想不僅得到統治階層的認同，而且得到先秦諸子的響應。道家貴無，主張無為而治，卻不否認民眾的作用，認為「貴以賤為本，高以下為基」（《老子・第三十九章》），反對統治者橫徵暴斂，「民之飢，以其上食稅之多，是以飢」（《老子・第七十五章》）。墨家尚賢，主張兼相愛、交相利，卻強調要遵道利民：「故唯毋明乎順天之意，奉而光施之天下，則刑政治，萬民和，國家富，財用足，百姓皆得暖衣飽食，便寧無憂。是故子墨子曰：『今天下之君子，中實將欲遵道利民，本察仁義之本，天之意不可不慎也。』」（《墨子・天志中》）法家講法治，重君王，卻沒有完全忘記民眾，認為強國必須利民：「聖人苟可以強國，不法其故；苟可以利民，不循其禮」（《史記・商君列傳》）。在儒家那裏，民本思想得到了系統而完備的闡述，孔子是首創者，孟子提出了民貴君輕的觀點──「民為貴，社稷次之，君為輕。」（〈盡心下〉）荀子則提

出了民水君舟的觀點——「君者，舟也；庶人者，水也。水則載舟，水則覆舟。」（《荀子・王制》）民貴君輕與民水君舟各有側重，前者強調民眾在國家中的地位，後者重視民眾在歷史中的作用。這些觀點深刻影響了傳統社會的政治統治及其運行軌跡。

　　漢唐時期，實際運用了民本思想。比較而言，漢朝側重於民貴君輕，唐朝更喜歡民水君舟。漢、唐都是藉農民起義之勢而建立起來的王朝，使得漢、唐初年的統治者認識到民眾的力量和民心向背的歷史作用。一方面，運用民本思想實行輕徭薄賦、與民休息的政策，產生了「文景之治」和「貞觀之治」；另一方面，總結歷史經驗，發展完善民本思想。在漢朝，主要是賈誼著有〈過秦論〉，總結亡秦的經驗教訓：「鄙諺曰：『前事之不忘，後之師也。』是以君子為國，觀之上古，驗之當世，參之人事。察盛衰之理，審權勢之宜，去就有序，變化應時，故曠日長久而社稷安矣。」賈誼認為，秦始皇憑一柄利劍，削平六國，一統天下，卻二世而亡，原因在於「取與、攻守不同術也」，取天下可以憑藉武力，守天下不能憑藉武力，而要施行仁義。「然後以六合為家，崤函為宮，一夫作難而七廟隳，身死人手，為天下笑者，何也？仁義不施，攻守之勢異也。」在總結亡秦的經驗教訓中，賈誼肯定了民眾的地位，「聞之於政也，民無不為本也。國以為本，君以為本，吏以為本，故國以民為安危，君以民為威侮，吏以民為貴賤，此之謂民無不為本也」；肯定了民眾的歷史作用，「聞之於政也，民無不為力也。故國以為力，君以為力，吏以為力」。對於戰爭而言，民眾決定勝負，「故夫戰之勝也，民欲勝也；攻之得也，民欲得也；守之存也，民欲存也……故率民而戰，民不欲勝，則莫能以勝矣。故其民之為其上也，接敵而喜，進而不能止，敵人必駭，戰由此勝也。夫民之於其上也，接而懼，必走去，戰由此敗也。故夫災與福，非粹在天也，又在士民也。」對於國家而言，民眾決定興衰存亡，「故夫諸侯者，士民皆愛

之則國必興矣；士民皆苦之則國必亡矣。故夫士民者，國家之所樹而諸侯之本也，不可輕也。」在總結亡秦的經驗教訓中，賈誼告誡統治者：「夫民者，萬世之本也，不可欺。凡居於上位者，簡士苦民者，是謂愚，敬士愛民者，是謂智。夫愚智者，士民命之也。故夫民者，大族也，民不可不畏也。故夫民者，多力而不可適也。嗚呼，戒之哉，戒之哉！與民為敵者，民必勝之」（《賈誼新書·大政上》）。

在唐朝，主要是李世民與魏徵君臣共同總結隋亡的經驗教訓。作為君王，李世民認為隋亡的根本原因在於隋煬帝驕奢淫逸，征伐不止，窮兵黷武，以致民不聊生，揭竿而起，初建的隋朝轉瞬滅亡。李世民常以隋亡自警自戒，貞觀初年，謂侍臣云：「為君之道，必須先存百姓。若損百姓以奉其身，猶割股以啖腹，腹飽而身斃」（《貞觀政要·君道》）。貞觀六年，又謂侍臣云：「天子者，有道則人推而為主，無道則人棄而不用，誠可畏也」（《貞觀政要·政體》）。在「理政得失」的辯論中，李世民拒絕了封德彝等人提出的「任法律，雜霸道」的政治主張，採納了魏徵等人提出的「王道仁政，安撫理國」的治國方略。作為人臣，魏徵則反覆申述載舟覆舟的道理，貞觀十一年，魏徵上疏曰：「怨不在大，可畏惟人，載舟覆舟，所宜深慎，奔車朽索，其可忽乎？」（《貞觀政要·君道》）貞觀六年，魏徵呼應李世民的觀點：「今陛下富有天下，內外清晏，能留心治道，常臨深履薄，國家曆數，自然靈長。臣又聞古語云：『君，舟也，人，水也。水能載舟，亦能覆舟。陛下以為可畏，誠如聖旨」（《貞觀政要·政體》）。貞觀十四年，魏徵上疏曰：「《書》曰：『撫我則后，虐我則仇。』荀卿子曰：『君，舟也，民，水也。水所以載舟，亦所以覆舟。』孔子曰：『魚失水則死，水失魚猶為水也。』故堯舜戰戰栗栗，日慎一日。安可不深思之乎？安可不熟慮之乎？」（《貞觀政要·論禮樂》）史料記載，李世民十分讚賞魏徵的奏疏。由於李世民君臣以隋亡為戒，深知載舟覆舟的道理，遂使

貞觀年間政治穩定，百姓富足，安居樂業，造就了中國歷史上少有的一大治世。

明清之際深化升華了民本思想。當時滿洲貴族入主中原，社會劇烈變動，一些有識之士更為清醒地認識到民眾的力量和歷史作用，甚至提出了民主君客的觀念。其代表人物有黃宗羲、王夫之、顧炎武以及稍後的唐甄和戴震。他們激烈批判封建專制主義，黃宗羲指出，君王把天下視為自己的私產，為害天下：「是以其未得之也，屠毒天下之肝腦，離散天下之子女，以博我一人之產業，曾不慘然。曰：『我固為子孫創業也。』其既得之也，敲剝天下之骨髓，離散天下之子女，以奉我一人之淫樂，視為當然。曰：『此我產業之花息也。』然則為天下之大害者，君而已矣。」黃宗羲責問道：「豈天地之大，於兆人萬姓之中，獨私其一人一姓乎？」（《明夷待訪錄》）唐甄批判君王自尊自貴：「人君之尊，如在天上，與帝同體，公卿大臣罕得進見；變色失容，不敢仰視，跪拜應對，不得比於嚴家之僕隸。於斯之時，雖有善鳴者，不得聞於九天；雖有善燭者，不得照於九淵。臣日益疏，智日益蔽。伊尹、傅說不能誨，龍逢、比干不能諫，而國亡矣。」（《潛書・抑尊》）還罵帝王為賊：「自秦以來，凡為帝王者皆賊也……殺一人而取其匹布斗粟，猶謂之賊，殺天下之人而盡有其布粟之富，而反不謂之賊乎？」（《潛書・室語》）

同時，他們積極倡導民本思想，黃宗羲認為古代社會是民主君客，君是為民服役的。所以，堯想把君位讓給許由，湯想把天下讓給務光，而許由、務光不肯接受，一一逃走。舜雖居天下之位，卻一直想把它讓出去，禹亦不願為君，只是在無可奈何的情況下才接受了禪讓。而後世君王，卻以為天下利害之權皆出於我，以天下之利歸於己，天下之害歸於人，顛倒了民主君客的秩序。「此無他，古者以天下為主，君為客，凡君之所畢世而經營者，為天下也。今也以君為主，天下為客，凡天下之無地而得安寧者，為君也。」

（《明夷待訪錄》）王夫之則從哲學高度論證了民本思想，指出天是理與勢的統一：「孟子於此，看得『勢』字精微，『理』字廣大，合而名之曰『天』」（《讀四書大全說》）。強調「公天下」觀念，「一姓之興亡，私也，而生民之生死，公也」；認為生民之命高於一姓天下之興亡：「天下者，非一姓之私也，興亡之修短有恆數，苟易姓而無原野流血之慘，則輕授他人而民不病。魏之授晉，上雖逆而下固安，無乃不可乎！」（《讀通鑒論》）顧炎武則區分國與天下兩個不同概念，「有亡國，有亡天下，亡國與亡天下奚辨？曰：易姓改號，謂之亡國。仁義充塞，而至於率獸食人，人將相食，謂之亡天下」。主張天下興亡，匹夫有責，「是故知保天下，然後知保其國。保國者，其君其臣，肉食者謀之；保天下者，匹夫之賤，與有責焉耳矣」（《日知錄》）。唐甄認為，國家的基礎是民不是君，君王行兵、食、禮、刑四政，都要依靠民眾，「國無民，豈有四政！封疆，民固之；府庫，民充之；朝廷，民尊之；官職，民養之；奈何見政不見民也」（《潛書·明鑒》）。戴震一生「為民訴上天」，他從批判天理與人欲對立的觀點入手，論證民本思想，認為「國之本，莫重於民」（〈送巡撫畢公歸西安序〉），要求「聖人治天下，體民之情，遂民之欲，而王道備」（《孟子字義疏證》）。

民本與民主

　　孟子的民貴君輕思想，無疑是傳統社會最完備最有震撼力的民本思想，而與民主思想的關係，卻是一個有爭議的話題。有的認為孟子民本思想截然不同於民主思想，陳獨秀指出：「民貴君輕與以人民為主體，由民主之民主政治，絕非一物。」[1] 有的認為屬於民主範

---

1 《陳獨秀文章選編》（上），生活·讀書·新知三聯書店 1984 年版，第 35 頁。

疇，張岱年認為孟子的「民為貴，可以說是民主思想」[1]。有的認為屬於專制範疇，民貴君輕的名言必須放在實行和鞏固宗法專制主義這個前提下理解才能獲得它的本義，才能正確地理解。其內容為「王」是根本，保民是手段，王是為民作主。[2] 有的認為屬於封建君主制範疇，反對封建專制和虐政，「孟子提倡的是君權而不是民權，是君主統治而不是民主政治。這一基本思想在孟子那裏十分明確，他的其他說法應該在與此不相矛盾的情況下才能成立」。[3]

如何理解孟子民本思想與民主思想的關係，首先要對民主思想有一個正確認識。

只有正確認識了民主思想，才能正確地理解民本思想與民主思想的關係。

民主思想源於西方，意指由民作主，而不是為民作主。在西方，民主是歷史的產物，可區分古代民主與現代民主。古代民主是指古希臘城邦民主，其典型是雅典的民主制度，恩格斯指出：「雅典人國家的產生乃是一般國家形成的一種非常典型的例子，一方面，……因為它的形成過程非常純粹，沒有受到任何外來的或內部的暴力干涉，另一方面，因為它使一個具有很高發展形態的國家，民主共和國，直接從氏族社會中產生。」[4] 雅典的民主主要體現在全體公民大會。公民大會是唯一的立法機關，具有人事、行政、執法、軍事、財政以及宗教等多方面的決定權。古希臘政治家伯里克利闡述雅典民主政體的性質和特徵時說：「我們的政治制度之所以稱為民主政治，是因為政權在全體公民手中，而不是在少數人手

1　《張岱年哲學文選》，中國廣播電視出版社 1999 年版，第 35 頁。

2　參見譚鳳蘭、呂文碩〈論孟子民本思想的區別與聯繫〉，載《前沿》2010 年第 18 期。

3　同上

4　《馬克思恩格斯選集》（第四卷），人民出版社 2012 年版，第 134 頁。

中……任何人，只要他能夠對國家有所貢獻，就絕對不會因為貧窮而在政治上湮沒無聞。我們政治生活是自由而公開的……在我們私人生活中，我們是自由而寬恕的，但是在公家的事務中，我們遵守法律。這是因為這種法律使我們心悅誠服。」[1]

現代民主則緣於中世紀英國的議會制度，1215 年的《大憲章》是英國議會制度起點。《大憲章》反映了現代民主的重要原則，即國王必須服從國會的法律、無代表權不納稅以及分權制衡原則。1640年英國革命爆發，1647 年為了建立新議會，在辯論中提出了「人民主權」理念，蘊含着多數決定的原則，從而建構了現代民主的兩項基本原則，這就是分權制衡和多數決定。現代民主的源頭雖然可追溯到古希臘城邦民主，而兩者卻有着重大區別，既有微觀民主與宏觀民主的區別，又有直接民主與間接民主的區別。在美國政治思想家薩托利看來，從古代民主到現代民主是一個漫長的歷史過程，經歷了多個發展環節，「西方文明用二千多年去豐富、調整和明確其價值目標，經歷了基督教信仰、人文主義、宗教改革運動、自然法的天賦權利觀念和自由主義等階段」。[2]

那麼，怎樣認識現代民主呢？現代民主的核心是人民主權思想，即一切權力屬於人民。與此相適應的觀念有：人本身就是目的，而不是達到任何目的的手段；社會的基礎是個人本位而非羣體本位；個人的權利是天賦的，包括各種自由權、財產權和平等權，神聖不可侵犯；人民是最高的主權者，政府的權力由人民定期按一定程序和方式授予，人民有權監督政府，必要時可以收回其所授出的權力；憲法是人民建立政府、約束政府、管理政府的基本依據和

1　劉軍寧編：《民主二十講》，中國青年出版社 2008 年版，第 1 頁。
2　〔美〕喬·薩托利著，馮克利、閻克文譯：《民主新論》，東方出版社 1998 年版，第 314 頁。

最有力的武器；各部分公共權力之間處於互相制約之中；多數決定和保護少數；通過妥協達到雙贏，等等。現代民主的主要載體是代議制度。代議制度是指間接民主，公民通過其代表來治理國家，而不是直接管理全部公共事務。在代議制度中，公民通過選舉出來的代表組成議會，掌握和行使立法與政治權。分權制衡是現代民主的基本結構。分權，就是把政府權力分為立法權、行政權和司法權；制衡，是根據憲法組成立法機關、行政機關和司法機關，由憲法分別授予立法權、行政權和司法權。三個機關具有同等的法律地位，獨立地行使自己的權力。政黨政治是現代民主的重要內容。政黨政治意味着公民可以在不同的黨派之間進行選擇，而不同的政黨及其不同的政治見解和政策方案的存在，也為公民提供了選擇的可能。政黨政治必然發生競爭和對立，只要各個政黨遵循民主政治遊戲規則參政議政，放棄用暴力的手段解決政治上的分歧，政黨政治就不會導致國家分裂和武力對抗，反而會帶來生機和活力、繁榮和穩定。公民權利是現代民主的基石。現代民主強調公民自由地決定自己命運的權利，要求政府必須能夠保障生命權和財產權，必須能夠保障言論自由、信仰自由、結社自由，必須能夠保障自由公平、競爭性的選舉，尊重個人和少數派不可剝奪的權利。

法治是現代民主的保障。法治的實質是要使憲法成為至高無上的權威，成為凌駕於一切人之上的權威，進而來維護和保衞現代民主，保護公民的權利不受到任何人為的侵犯，保障公民限制、監督甚至反對任何統治者的自由。概言之，現代民主是由代議制度、分權制衡、政黨政治、公民權利和法治組成的集合體。

很明顯，孟子的民本思想既不能劃歸古希臘城邦民主範圍，更不能納入現代民主範疇。孟子生活在一個以小農經濟為基礎、以君王集權為核心、以宗法關係為紐帶的傳統社會，他的民本思想不可能是一種論證民眾政治權利的學說，只能以君王統治為起點和歸

宿，主張重視民眾的力量和民心的向背，維持民眾的基本生存條件，進而確保君王統治的長治久安。孟子不可能否定傳統社會的君與民關係，只能調和平衡君與民的關係，在維護君王統治的前提下讓君王的權力儘量小一些，民眾的力量儘量大一些。比較其他思想家，孟子對民眾地位和作用的認識走得最遠，民貴君輕也是傳統社會所能容忍的極限。超出這一極限，孟子就可能被封殺，孟子思想就會被禁錮。朱元璋將孟子搬出文廟，就是一個很好的例證。

　　比較孟子的民本思想與西方民主，完全不可同日而語。具體表現在：（一）理論基礎不同。孟子民本思想的淵源是性善論，「人皆有不忍人之心，先王有不忍人之心，斯有不忍人之政矣」（〈公孫丑上〉）。而西方民主認為統治者不可信任，會為了私利而不斷擴張手中的權力。英國思想家休謨指出：「許多政治家已將下述主張定為一條格言：在設計任何政府體制和確定該體制中的若干制約、監控機構時，必須把每個成員都設想為無賴之徒，並設想他的一切作為都是為了謀求私利，別無其他目標。」[1]（二）權力來源不同。孟子主張「君權天授」，他引用《尚書》加以論證：「《書》曰：『天降下民，作之君，作之師，惟曰其助上帝寵之。四方有罪無罪惟我在，天下曷敢有越厥志？』」（〈梁惠王下〉）意思是，上天降生了民眾，又為他們降生君王，又為他們降生師傅，他們只是幫助天帝愛護人民。四方之內，有罪的我去征討，無罪的我來保護，責任都在我一人，天下有誰敢越過本分為非作歹？而西方民主強調「主權在民」，人民是一切權力的來源；政府是由於人民的委託才獲得了權力，而且必須受到人民的監督。（三）行政性質不同。孟子認為君王和官員是民眾的父母，他們的責任是愛護好百姓，治理好國家，「為民父母，

1　〔英〕大衛・休謨著，張若衡譯：《休謨政治論文選》，商務印書館 1993 年版，第 27 頁。

行政，不免於率獸而食人，惡在其為民父母也？」（〈梁惠王上〉）為民父母是個比喻，卻蘊含「為民作主」的思想。而西方民主主張「由民作主」，認為政府的權力由人民授予，只能按照人民的意志去管理國家，不能代替人民當家作主。（四）約束機制不同。孟子希望通過人治來約束權力，一方面是統治者加強道德修養，用仁義禮智「四心」來約束自己的權力和行為；另一方面是大臣和屬下能夠規勸和諫諍君王的過失，以約束權力運行，「人不足與適也，政不足間也。惟大人為能格君心之非。君仁，莫不仁，君義，莫不義，君正，莫不正。一正君而國定矣」（〈離婁上〉）。而西方民主強調以法治來約束權力，特別是憲法監督和約束政府及其官員的權力。美國經濟學家布坎南指出：「在『民主』一詞之前必須冠以『憲法的』一詞，這樣才能使『民主』一詞在內部堅實的規範辯論中站得住腳。說得更具體、詳細一點，我的論點是，只有在個人自由本身具有價值，同時在有效的政治平等（這是民主發揮作用的原則）得到保證的前提下，『民主』才能具有評價的重大意義，而只有憲法的條文規定能約束或限制集體政治行動的規模和程度，政治平等才能得到保證。」[1]

孟子之民本思想

孟子民本思想的核心是民貴君輕。民貴君輕是傳統社會最美麗的政治花朵，是傳統社會關於君王與民眾、統治者與被統治者關係最清醒的認識，這表明孟子是傳統社會最先進的政治思想家。孟子首次在價值判斷上把民眾放在社稷和君王的前面，既是其性善論的必然結果，又是其政治學說的重要基礎。在孟子看來，民貴君輕，國家才能長治久安，意味着得民心者得天下。反之，就會像桀紂那樣，失民心者失天下。在孟子看來，民貴君輕，老百姓才能安居樂

1　劉軍寧編：《民主二十講》，中國青年出版社 2008 年版，第 307 頁。

業，「是故明君制民之產，必使仰足以事父母，俯足以畜妻子，樂歲終身飽，凶年免於死亡。然後驅而之善，故民之從之也輕」（〈梁惠王上〉）。在孟子看來，民貴君輕，君王與民眾才能同心同德，政通人和，富國強兵。

民貴君輕的邏輯前提在於孟子朦朧認識到了國家的起源，是對公共事務的管理。

而公共事務涉及的都是民眾的切身利益，怎麼能不以民為本呢？傳統社會很少探討國家起源問題，西方社會則作了較多的討論，形成了階級產生國家和契約建立國家的不同觀點。恩格斯指出：「國家是社會在一定發展階段上的產物；國家是承認：這個社會陷入了不可解決的自我矛盾，分裂為不可調和的對立面而又無力擺脫這些對立面。而為了使這些對立面，這些經濟利益相互衝突的階級，不致在無謂的鬥爭中把自己和社會消滅，就需要有一種表面上凌駕於社會之上的力量，這種力量應當緩和衝突，把衝突保持在『秩序』的範圍以內；這種從社會中產生但又自居於社會之上並且日益同社會相異化的力量，就是國家。」[1]社會契約論者認為，人類最初生活在沒有國家和法律的自然狀態中，受自然法支配，享有自然權利。後來由於種種不便，人們就聯合起來訂立契約，建立國家，以便更好地實現自然權利。英國思想家洛克認為，國家的起源在於人們為了保護自己的財產，為了社會的安全、幸福和繁榮，互相簽訂協議，自願放棄一部分自然權利，交由專門的人按照社會一致同意或授權的代表一致同意的規則來行使，「這就是立法和行使權力的原始權利和這兩者之所以產生的緣由，政府和社會本身的起源也在於此」[2]。

1　《馬克思恩格斯選集》（第四卷），人民出版社 2012 年版，第 186–187 頁。
2　〔英〕洛克著，葉啟芳、瞿菊農譯：《政府論》（下篇），商務印書館 1964 年版，第 78 頁。

恩格斯與洛克關於國家起源的理論基礎不同，他們卻共同認可國家具有管理公共事務的職能，國家是運用公共權力對公共事務進行管理。

生活在兩千多年前的孟子，不可能有如此明晰的國家起源認識，卻在想象和猜測中意識到了國家起源的一些基本特徵。在「言必稱堯舜」的過程中，孟子認為君王是那些為廣大民眾而生活和勞作的人，也就是管理公共事務的人。在孟子的想象中，堯所處時代的公共事務，既包括對自然災害的處置，又包括對民眾的教育教化。「當堯之時，天下猶未平，洪水橫流，泛濫於天下，草木暢茂，禽獸繁殖，五穀不登，禽獸逼人，獸蹄鳥跡之道交於中國。」洪水泛濫、禽獸害人等自然災害不是一人一力、一家一戶所能處置的，只有在共同體的範圍內舉眾人之力才能加以消除。「堯獨憂之，舉舜而敷治焉。舜使益掌火，益烈山澤而焚之，禽獸逃匿。禹疏九河，瀹濟、漯而注諸海，決汝、漢，排淮、泗而注之江，然後中國可得而食也。」意思是，堯為此憂慮，選拔舜處理公共事務。舜命令伯益掌管火政，伯益在四野沼澤放火，焚掉草木，禽獸或逃跑或隱藏。禹又疏浚九條河道，疏導濟水和漯水，使之入海；導引汝水和漢水，疏通淮水和泗水，使之流入長江，然後中國就可以種莊稼為生了。對於教育教化，堯選拔后稷教育訓練民眾的農業生產技能，「后稷教民稼穡，樹藝五穀。五穀熟而民人育」。當民眾吃飽穿暖以後，堯擔心沒有教化，會使民眾混同於禽獸，又選拔契對民眾進行道德教化，「人之有道也，飽食、暖衣、逸居而無教，則近於禽獸。聖人有憂之，使契為司徒，教以人倫：父子有親，君臣有義，夫婦有別，長幼有敍，朋友有信」（〈滕文公下〉）。儘管孟子所論是君王，而君王卻是關心共同體和共同利益的那些人，這說明孟子基本把握住了國家的起源及其本質。國家的產生是為了滿足人們共同生存和發展的需要，是為了行使公共權力和管理公共事務。君王是國家的象徵和代表，不言而喻，其職責就是得民、保民，憂

民之憂、樂民之樂。

　　民貴君輕的主要內容在於賦予民眾比較多的權利，有的學者甚至將孟子的民本思想稱為民權論。所謂民權，政治學解釋為主權在民，其理論基礎是自由、平等、博愛。從這個意義上說，孟子並沒有民權思想，他只是在封建宗法等級結構下強調給予民眾更多參與國家管理的機會。

　　孟子認為，在選賢任能方面，民眾應有參與的權力，君王要聽取民眾的意見，只有民眾認可的人，才能為官從政。「左右皆曰賢，未可也；諸大夫皆曰賢，未可也；國人皆曰賢，然後察之。見賢焉，然後用之。」否則，就不能選拔使用。「左右皆曰不可，勿聽；諸大夫皆曰不可，勿聽；國人皆曰不可，然後察之。見不可焉，然後去之。」在司法刑罰方面，民眾應有參與的權力，只有民眾都認為犯罪了，才可以判刑乃至死刑。「左右皆曰可殺，勿聽；諸大夫皆曰可殺，勿聽；國人皆曰可殺，然後察之，見可殺焉，然後殺之。故曰，國人殺之也。」在重大決策方面，民眾既應有參與的權力，也應有選擇的權力，孟子舉了周朝先祖太王遷徙的例子加以說明。當時，太王居於邠地，而狄人入侵，無法躲避。於是，太王召集德高望重的老人一起商量說：「狄人之所欲者，吾土地也。吾聞之也：君子不以其所以養人者害人。二三子何患乎無君？我將去之。」意思是，狄人想要的是我們的土地。我聽說過君子不把那些生養人的東西用來害人。你們何必擔心沒有君主呢？我準備離開這裏。然後決定從邠地遷到岐地居住，「去邠，逾梁山，邑於岐山之下居焉」。民眾是否一起遷徙，由民眾自己決定，結果是大多數人隨着太王離開，少部分留了下來。「邠人曰：『仁人也，不可失也。』從之者如歸市。或曰：『世守也，非身之所能為也。』效死勿去。君請擇於斯二者。」在進行戰爭方面，民眾也應有參與的權利，只有民眾樂意，才能進行戰爭。孟子與齊宣王討論攻伐燕國時說：「取之而

燕民悅，則取之。古之人有行之者，武王是也。取之而燕民不悅，則勿取。古之人有行之者，文王是也。以萬乘之國伐萬乘之國，簞食壺漿以迎王師，豈有他哉？避水火也。如水益深，如火益熱，亦運而已矣。」（〈梁惠王下〉）

　　民貴君輕的矛盾之處在於既有民主因素又有暴力傾向。孟子的民本思想不屬於民主範疇，並不表明其中沒有民主因素和火花。事實上，孟子民本思想中有着眾多的民主因素，閃爍着星星點點的民主火花，尤其表現在對於君王存在的認識。

　　君王可以易位是民主因素。孟子認為，君王如果不稱職，犯錯誤，就應該易位，或者臣下自己離職。當齊宣王問有關公卿之事，孟子回答，有與王室同宗族的公卿，還有與王室不同姓氏的公卿，「有貴戚之卿，有異姓之卿」。「王曰：『請問貴戚之卿。』曰：『君有大過則諫，反覆之而不聽，則易位。』王勃然變乎色。曰：『王勿異也。王問臣，臣不敢不以正對。』」「王色定，然後請問異姓之卿。曰：『君有過則諫，反覆之而不聽，則去。』」（〈萬章下〉）社稷和君王在一定條件下也是可以更換的，「諸侯危社稷，則變置。犧牲既成，粢盛既潔，祭祀以時，然而旱乾水溢，則變置社稷」（〈盡心下〉）。君王之位不能私相授受是民主因素。在與萬章對話中，孟子否定了君王之位的私相授受。「萬章曰：『堯以天下與舜，有諸？』孟子曰：『否，天子不能以天下與人。』」君王的產生需要民眾的認可和接受，是最耀眼的民主因素，似乎有點民主選舉的味道。孟子認為，君王的產生是「天與之，人與之」。所謂人與之，就是要得到民眾的贊同，具體例子是堯傳位於舜的做法，「昔者，堯薦舜於天，而天受之；暴之於民，而民受之；故曰，天不言，以行與事示之而已矣。」天受之是「使之主祭，而百神享之」；民受之是「使之主事，而事治，百姓安之」（〈萬章上〉）。與此同時，孟子的民本思想具有明顯的暴力傾向。孟子認為，對於夏桀、商紂那

樣賊仁賊義的君王，臣下和民眾可以殺掉他；殺掉夏桀、商紂，不是弒君，只是誅一獨夫民賊。「齊宣王問曰：『湯放桀，武王伐紂，有諸？』孟子對曰：『於傳有之。』曰：『臣弒其君，可乎？』曰：『賊仁者謂之「賊」，賊義者謂之「殘」。殘賊之人謂之「一夫」。聞誅一夫紂矣，未聞弒君也。』」（〈梁惠王下〉）在這段話中，孟子不僅肯定了暴力的做法，而且為暴力作了正名。

在兩千多年的傳統社會中，孟子思想中的民主火花，如果能夠形成燎原之勢，那麼，民貴君輕就是民主思想。遺憾的是，孟子思想的民主因素沒有得到重視，幾乎被湮滅，暴力傾向卻得到了發展，不斷被強化；君王的產生沒有沿着民主選舉的方向進化，反而演變為暴力殺戮的循環。從秦朝到清朝，每個朝代最後一任皇帝大多被暴力推翻或殺戮。

政治的核心是權力，人類政治的歷史是一部權力史，是一部權力擴張與制約的歷史。孟子的民本思想說到底是想運用民眾的力量約束君王的權力。在傳統社會，民本思想確實對君王的權力形成了某種約束，尤其是對那些開明清醒的統治者，約束力會更大一些。從總體上分析，民本思想對於君王權力的約束卻是失敗的，傳統社會也就成了封建專制社會。民本思想遠不如民主思想的約束有力且有效，究其原因，一是要回歸對人的認識。美國聯邦黨人麥迪遜認為：「如果人都是天使，就不需要任何政府了。如果是天使統治人，就不需要對政府有任何外來的或內在的控制了。」[1]我們與其認識人為天使，倒不如認識人不是天使，以符合人在社會政治運行中的真實面目，更有利於加強對權力的管理和監督。二是要回歸對權力的認識。法國啟蒙學者孟德斯鳩指出：「一切有權力的人都容易濫用權

---

1 〔美〕漢密爾頓、傑伊、麥迪遜著，程逢如、在漢、舒遜譯：《聯邦黨人文集》，商務印書館 1980 年版，第 265 頁。

力，這是萬古不易的一條經驗。有權力的人使用權力一直到遇有界限的地方才休止。」[1] 我們與其認識權力具有公共性，倒不如認識權力具有擴張性，以符合權力在社會政治運行中的真實本質，更有利於加強對權力的控制和約束。三是要回歸對君王的認識。君王的現代名稱一般為總統、首腦，是一個國家內最有權力的人。作為人，君王可能不是天使，作為權力的行使者，君王可能會濫用權力。我們與其認識君王是神，倒不如認識君王是人，以符合君王在社會政治運行中的真實情況，更有利於加強對君王行使權力的監督和制衡。

仁者無敵

　　孟子政治思想主體由民本、仁政和王道組成。其中，民本是思想前提。戰國時期，諸侯兼併、政權更迭和戰爭勝負，都和民心向背有着密切關係，孟子因而深刻認識到民眾在歷史中的重要作用，即得民心者得天下，失民心者失天下，提出「民貴君輕」觀點，要求統治者保持清醒頭腦，把民眾放在比社稷和君王還重要的位置，以便為政治統治夯實執政基礎；仁政是具體方略。民貴君輕需要有宏觀的政治方略和微觀的行政措施給予落實，孟子提出「發政施仁」的觀點，要求統治者把仁政作為政治方略和行政措施的綱領，綱舉目張，具體化為保民、養民和教民的各種舉措，以確保民眾基本的生存和生活條件；王道是目標理想。面對諸侯爭霸只講武力不講仁義的亂局，孟子提出「以德服人」的觀點，要求統治者高舉仁義大

1　〔法〕孟德斯鳩著，張雁深譯：《論法的精神》（上），商務印書館 1961 年版，第 154 頁。

旗，在走向國家統一的過程中實行王道，摒棄霸道，以贏得人心，平治天下。

民本和王道具有理論色彩，仁政具有實踐品格。仁政是孟子政治思想的關鍵，沒有仁政，孟子的政治思想就可能是空中樓閣，民本和王道就落不到實處。孟子的仁政思想既是治國之道，又是治國之方，目的是幫助統治者鞏固政權，發展壯大力量，進而實現國家統一，給老百姓帶來和平與安寧，「苟行王政，四海之內皆舉首而望之，欲以為君」（〈滕文公下〉）。

超越德治

德治是孔子政治思想的核心，「為政以德，譬如北辰，居其所而眾星共之」。孔子通過比較政與德兩種不同的為政方式，認識到政治統治和社會秩序重建，主要不能靠外力的強制，而應靠人們內心的道德意識和自覺行動，「道之以政，齊之以刑，民免而無恥；道之以德，齊之以禮，有恥且格」（《論語·為政》）。孔子承認政與刑也是治國手段，卻以為德與禮是根本的治國手段。「道之以政」，用法制、禁令和刑罰等強制性手段治國，可以制約民眾外在的行為，而不能養成內心的恥辱感和價值觀；「道之以德」，運用道德的教化和禮樂的規範，可以使社會推崇的倫理意識和道德準則植入人的內心世界，培育良好的人格和行為習慣。治國應從德、禮入手，輔之以政、刑，真正做到標本兼治，長治久安。

在孔子看來，為政以德的典範是古代聖王，他讚揚唐堯：「大哉，堯之為君也！巍巍乎，唯天為大，唯堯則之。蕩蕩乎，民無能名焉。巍巍乎其有成功也，煥乎其有文章！」讚揚虞舜：「舜有臣五人，而天下治。」何晏注釋五人為禹、稷、契、皋陶和伯益（《論語集解》）。讚揚大禹：「禹，吾無間然矣。菲飲食而致孝乎鬼神，惡衣服而致美乎黻冕，卑宮室而盡力乎溝洫。」（《論語·泰伯》）

讚揚周文王、武王和周公:「周監於二代,郁郁乎文哉!吾從周。」
(《論語・八佾》) 在孔子看來,為政以德的關鍵是統治者要內聖外
王。內聖是正己。「季康子問政於孔子。孔子對曰:『政者,正也。
子帥以正,孰敢不正?』」(《論語・顏淵》) 統治者正己,是因為
統治者的德行是價值之源,在社會中發揮着表率作用。「君子之德
風,小人之德草,草上之風,必偃。」(《論語・顏淵》) 外王是愛
民。「道千乘之國,敬事而信,節用而愛人,使民以時。」(《論語・
學而》) 具體內容則為富民、教民。「子適衛,冉有僕。子曰:『庶
矣哉!』冉有曰:『既庶矣,又何加焉?』曰:『富之。』曰:『既富
矣,又何加焉?』曰:『教之。』」在孔子看來,為政以德的目的是
正名,重建社會秩序。如果說正己是修身,那麼,正名則是平治天
下。「子路曰:『衛君待子而為政,子將奚先?』子曰:『必也正名
乎!』」只有正名,才能言順事成,「名不正,則言不順;言不順,
則事不成;事不成,則禮樂不興;禮樂不興,則刑罰不中;刑罰不
中,則民無所措手足。故君子名之必可言也,言之必可行也。君子
於其言,無所苟而已矣!」(《論語・子路》) 正名是建立有序的等
級制度。「齊景公問政於孔子。孔子對曰:『君君,臣臣,父父,子
子。』」(《論語・顏淵》) 意思是,齊景公問孔子為政之事。孔子
回答,做君的要像君的樣子,盡力做到禮;做臣的要像臣的樣子,
盡力做到忠;做父親的要像父親的樣子,盡力做到慈;做兒子的要
像兒子的樣子,盡力做到孝。

　　孟子繼承了孔子的德治思想,主要是:(一)堅持德治原則。
孔子比較德與政兩種不同為政方式,強調道之以德;孟子則比較王
道與霸道,主張以德服人。「以力假仁者霸,霸必有大國;以德行仁
者王,王不待大。湯以七十里,文王以百里。以力服人者,非心服
也,力不贍也;以德服人者,中心悅而誠服也,如七十子之服孔子
也。」(〈公孫丑上〉) 以德服人與道之以德都是要求為政以德。孟

子認為以力服人是暫時的，一旦有機會，就會爆發反抗行為，破壞社會秩序；以德服人才是長久的，人們心悅誠服，自覺自願地接受統治者的價值導向，遵循社會道德倫理規範。（二）堅持同一榜樣。孔子心目中的治國榜樣是堯、舜、禹、湯、文王、武王、周公，治國理想是夏商周三代的做法。「顏淵問為邦。子曰：『行夏之時，乘殷之輅，服周之冕，樂則韶舞。』」（《論語‧衛靈公》）意思是，顏淵問如何治理國家。孔子回答，實行夏代的曆法，乘坐殷代的車子，頭戴周代的禮帽，音樂則用虞舜時代的《韶舞》樂。孟子明確提出了法先王的要求，「遵先王之法而過者，未之有也」（〈離婁上〉）；認為建高台一定要憑藉丘陵，挖深池一定要憑藉沼澤，為政治國一定要效法先王之道。（三）堅持正己正名。孔子把為政之要直接界定為「正也」，主要表現為正名和正己兩個層面，正名是制度化和規範化，恪守社會秩序中不同角色的倫理規範和行為準則；正己則是要求統治者率先垂範，遵守相應的倫理規範和行為準則。孟子也重視正名正己，尤其是統治者的正己對於為政治國的優先性和關鍵作用。「君仁，莫不仁；君義，莫不義；君正，莫不正。一正君而國定矣。」（〈離婁上〉）（四）堅持孝悌為本。《論語‧學而》指出：「其為人也孝弟，而好犯上者，鮮矣；不好犯上，而好作亂者，未之有也。君子務本，本立而道生。孝弟也者，其為仁之本與！」孟子則說：「堯舜之道，孝弟而已矣。」（〈告子上〉）強調「道在邇而求諸遠，事在易而求諸難。人人親其親、長其長，而天下平」。

　　孟子超越了孔子的德治思想，發展出仁政學說：「堯舜之道，不以仁政，不能平治天下」（〈離婁上〉）。仁政與德治的總體精神是同一的，卻是同中有異。差異之一在於政治綱領的表述不同。孔子是為政以德，孟子則是發政施仁。為政以德和發政施仁的內涵都是仁者愛人，但側重點有所不同，為政以德側重在為政主體的行為準則，發政施仁則在為政主體的施政內容；差異之二在於為政治國

的依據不同。孔子強調為政以禮，無論統治者還是被統治者，都要注重行為的規範性，「禮之用，和為貴。先王之道，斯為美，小大由之」（《論語・學而》）。反對越禮、僭禮的行為。「孔子謂季氏：『八佾舞於庭，是可忍也，孰不可忍也？』」（《論語・八佾》）意思是，孔子談起魯國權臣季孫氏時說，季孫氏在自家廟庭中使用只有天子才能用的八列舞隊，他連這種違禮的事都忍心去做，還有什麼事不能忍心去做呢？孟子注重為政以義，強調社會的公正性，「居仁由義，大人之事備矣」（〈盡心上〉）。義既是與利相對立的概念，又是社會公正的概念。孟子要求統治者制民之產，普遍公正地實現民眾的利益，讓民眾不飢不寒，養生喪死無憾，進而做到「有恆產者有恆心」；差異之三在於內聖外王的重點不同。孔子和孟子都主張內聖外王，孔子側重於內聖，要求統治者修身律己，培育君子品格。「子路問君子。子曰：『修己以敬。』曰：『如斯而已乎？』曰：『修己以安人。』曰：『如斯而已乎？』曰：『修己以安百姓。』」（《論語・憲問》）孟子則把重點放在安人和安百姓方面，強調「得天下有道：得其民，斯得天下矣；得其民有道：得其心，斯得民矣；得其心有道：所欲與之聚之，所惡勿施爾也」（〈離婁上〉）。孟子的超越在於把孔子相對抽象的德治理想具體化為仁政方案，有着豐富的政治經濟內容和操作措施。

勞心與勞力

　　孟子之仁政與其「勞心勞力」說密切相關。在孟子看來，社會存在着分工，而最大的分工是勞心者與勞力者。勞心者相當於統治者，勞力者相當於老百姓。從政治角度分析，勞心者與勞力者在社會運行中有着不同的職能，勞心者管理勞力者，勞力者受勞心者管理，勞力者負責養活勞心者。「或勞心，或勞力。勞心者治人，勞力者治於人；治於人者食人，治人者食於人，天下之通義也。」（〈滕

文公下〉）孟子把勞心稱為大人之事，勞力稱為小人之事，試圖通過區分勞心與勞力，為統治者實行仁政提供依據，那就是按照分工，既然勞力者養活了勞心者，統治者就要履行好職責，善待老百姓。孟子對齊宣王說：「為肥甘不足於口與？輕暖不足於體與？抑為采色不足視於目與？聲音不足聽於耳與？便嬖不足使令於前與？王之諸臣皆足以供之。」（〈梁惠王上〉）言下之意，就是告誡齊宣王，你的物質條件都已滿足了，你的職責就是關心民眾的生活，治理好國家。孟子是在批駁農家學派許行否定社會分工原則時，闡述和論證勞心者與勞力者分工的必要性。范文瀾認為，孟子的勞心勞力說具有重要意義，「孟子一生辯論，影響最大的在於闢楊墨，但有較多進步意義的卻在闢許行」。[1]

　　孟子勞心勞力說源於孔子。孔子沒有區分勞心與勞力，卻有着明顯的勞心勞力思想。《論語·子路》記載樊遲向孔子請教學種莊稼，孔子回答「吾不如老農」；請教學種蔬菜，孔子回答「吾不如老圃」。當樊遲離開後，孔子說：「小人哉，樊須也！上好禮，則民莫敢不敬；上好義，則民莫敢不服；上好信，則民莫敢不用情。夫如是，則四方之民襁負其子而至矣，焉用稼？」在孔子那裏，小人一詞在與君子對立時為貶義，意指缺乏道德之人和平庸淺薄之人；有時是中性的，意指庶民百姓。朱熹注云：「小人，謂細民，孟子所謂小人之事者也」；「禮、義、信，大人之事也」（《四書章句集注》）。孔子稱樊遲為小人，沒有貶義，也不是輕視農業生產和庶民百姓，只是認為社會有分工，種莊稼和蔬菜是庶民百姓的工作，而讀書人應學習為官從政的道理和知識，謀求大道，不謀求衣食，「君子謀道不謀食。耕也，餒在其中矣；學也，祿在其中矣。君子憂

1　范文瀾：《中國通史》，人民出版社 1978 年版，第 237 頁。

道不憂貧」（《論語·衛靈公》）。比較勞心與勞力，孔子一生都致力於勞心的事業：一方面，表現在他贊同「學而優則仕」的觀點，希望自己能夠為官從政，周遊列國無非是期盼為君王所用，實現其治人的政治抱負。當然，孔子是有政治理想的，「如有用我者，吾其為東周乎？」（《論語·陽貨》）為理想而做官是政治家，為做官而做官是政客，為謀私利而做官是貪官污吏，孔子屬於政治家。另一方面，表現在孔子從事的教育事業，內容上重視為政的教育，「子以四教：文、行、忠、信」（《論語·述而》）。文指六經，行指道德品行，忠是忠心，信是誠信，都是為官從政所應具備的才能和修養。在學生評價上，十分注重為官從政的才能。當魯國大臣問仲由、子貢和冉求的情況，孔子認為仲由做事果斷，子貢通達事理，冉求有才能，都適合做官，「季康子問：『仲由可使從政也與？』子曰：『由也果，於從政乎何有？』曰：『賜也，可使從政也與？』曰：『賜也達，於從政乎何有？』曰：『求也，可使從政也與？』曰：『求也藝，於從政乎何有？』」（《論語·雍也》）孟子在繼承孔子思想的基礎上，明確提出了勞心與勞力的概念，完善發展了勞心勞力思想。

孟子正確認識了社會分工的重要意義。社會分工是人類最普遍的現象，意指人們分別從事各種不同而又互相補充的工作。英國經濟學家亞當·斯密有句名言：「請給我以我所要的東西吧，同時，你也可以獲得你所要的東西。」[1] 分工不僅存在於人類社會發展的不同歷史階段，而且存在於人類社會各個領域。分工是歷史前進的動力，不僅促進了生產力的提高和發展，而且促進了社會的進步和繁榮。人類社會最早的分工是自然分工。自從人類告別動物界之後，

---

1 〔英〕亞當·斯密著，郭大力、王亞南譯：《國富論》（上卷），商務印書館 1996 年版，第 1314 頁。

首先是人自身的分工，即手與足執行不同的功能。接着是基於性別差異的分工，男人負責打獵、捕魚、作戰及製作相應的工具；女人做飯、紡織、縫紉，負責製備食物和衣服。某種意義上說，自然的分工還不是真正的分工，真正的分工是社會生產的分工。在人類早期，社會生產的分工就有畜牧業、手工業和商業先後從農業分離出來，成為專門的部門和行業。更重要的分工是體力與腦力的分工，體力勞動創造物質生產和生活資料，腦力勞動創造精神產品和管理社會公共事務。西方柏拉圖的理想國分工是：第一等級為哲學王和執政者，第二等級是武士，第三等級是農民、商人和手工藝人。中國管仲的分工是讀書人、農民、手工藝人和商人，「士農工商四民者，國之石民也」（《管子·小匡》）。

孟子是在承認四民分工的前提下，通過批駁農家學派許行否定分工來闡述分工的意義。在〈滕文公下〉中，先是陳相向孟子轉述許行「與民並耕而食，饔飧而治」的觀點，認為君王應與百姓一同耕作，自己做飯而又管理國家，滕國國君做不到，就不算是賢君。「陳相見孟子，道許行之言曰：『滕君則誠賢君也。雖然，未聞道也。賢者與民並耕而食，饔飧而治。今也滕有倉廩府庫，則是厲民而自養也，惡得賢？」接着孟子反問，許子穿的衣服、戴的帽子、用的飯鍋和農具都是自己製作的嗎？陳相給予了否定回答。「孟子曰：『許子必種粟而後食乎？』曰：『然。』『許子必織布而後衣乎？』曰：『否。許子衣褐。』『許子冠乎？』曰：『冠。』曰：『奚冠？』曰：『冠素。』曰：『自織之與？』曰：『否。以粟易之。』曰：『許子奚為不自織？』曰：『害於耕。』曰：『許子以釜甑爨，以鐵耕乎？』曰：『然。』『自為之與？』曰：『否，以粟易之。』」於是，孟子批駁否定分工的言論：「以粟易械器者，不為厲陶冶；陶冶亦以械器易粟者，豈為厲農夫哉？且許子何不為陶冶，舍皆取諸其宮中而用之？何為紛紛然與百工交易？何許子之不憚煩？」意思是，農夫用糧食

交換農具和器皿，不算殘害了陶匠和鐵匠。陶匠和鐵匠用他們的農具和器皿交換糧食，難道這是殘害農夫嗎？而且許子為什麼自己不燒陶、打鐵？不肯做到所有的東西都是從自己家裏取用？為什麼忙忙叨叨地與各種工匠交換？為什麼許子這麼不怕麻煩？在孟子與陳相的對話中，孟子認為，如果沒有分工，怎能治理國家？「從許子之道，相率而為偽者也，惡能治國家？」

　　孟子意識到腦力勞動與體力勞動的分工。人們一般把社會分工偏限在經濟層面，更多關注經濟門類的分工，對於人類社會發展進步而言，更有意義的分工則是社會層面的分工，是腦力與體力的分工，恩格斯認為：「這種分工的基礎是，從事單純體力勞動的羣眾同管理勞動、經營商業和掌管國事以及後來從事藝術和科學的少數特權分子之間的大分工。」[1] 腦力能夠超越既有的經驗和知識，是創造性勞動，具有體力勞動無法比擬的優勢。腦力勞動既包括科學藝術活動，又包括社會管理活動，而政治統治和公共管理是最高層次的管理活動，為人類社會進步提供至關重要的安全保障和穩定平衡的運行機制。孟子所說的勞心，主要指政治統治和公共管理活動。孟子認為，在勞心與勞力的社會分工中，勞心者所起的作用更大，為官從政貢獻更大。「公孫丑曰：『《詩》曰：『不素餐兮。』君子之不耕而食，何也？』孟子曰：『君子居是國也，其君用之，則安富尊榮；其子弟從之，則孝悌忠信。『不素餐兮』，孰大於是？』」（〈盡心上〉）意思是，公孫丑說，《詩經》說「不白吃飯啊」。君子不耕種而得食，這是為什麼？孟子回答，君子居住在一個國家，國君任用他，這個國家便會安寧、富足、尊貴、榮耀，少年子弟跟隨他，便會孝順父母，敬愛兄長，忠實守信。不白吃飯啊，還有比這更大

---

1 《馬克思恩格斯選集》（第三卷），人民出版社 1972 年版，第 221 頁。

的貢獻嗎？

　　孟子重視分工和勞心者的作用，還可從他與彭更的對話中得到印證。當彭更以「士無事而食，不可也」，來否定勞心者的社會作用時，孟子本着「通功易事，以羨補不足」的社會交換和協作原則，說明農民與木匠、車工之間分工的需要，勞力者與「為仁義」的勞心者之間分工的需要。「子不通功易事，以羨補不足，則農有餘粟，女有餘布；子如通之，則梓匠輪輿皆得食於子。於此有人焉，入則孝，出則悌，守先王之道，以待後之學者，而不得食於子。子何尊梓匠輪輿而輕為仁義者哉？」孟子還強調勞心者因有功於社會才得食的，勞心者得食不是食志，而是食功。「曰：『梓匠輪輿，其志將以求食也；君子之為道也，其志亦將以求食與？』曰：『子何以其志為哉？其有功於子，可食而食之矣。且子食志乎？食功乎？』曰：『食志。』曰：『有人於此，毀瓦畫墁，其志將以求食也，則子食之乎？』曰：『否。』曰：『然則子非食志也，食功也。』」（〈滕文公下〉）

　　孟子強調勞心者的社會責任。從社會分工分析，孟子所說的勞心者既包括統治者及其成員，又包括當時的知識分子；從孟子舉例中分析，他所說的勞心者既包括好的勞心者又包括不好的勞心者，但孟子只讚賞好的勞心者，似乎只有好的勞心者才是勞心者，他們的特點是憂國憂民。孟子說唐堯憂天下未平，憂民眾沒有生產技能，憂民眾沒有人倫，憂找不到接班人。「放勛曰：『勞之來之，匡之直之，輔之翼之，使自得之，又從而振德之。』聖人之憂民如此，而暇耕乎？」意思是，堯說，役使百姓，糾正百姓，幫助百姓，使百姓獲得自己的本性，又加以栽培和引導。聖人為老百姓憂慮到了這種地步，哪裏還有閒工夫來種莊稼？孟子說堯舜治理天下以不得人才為憂。「堯以不得舜為己憂，舜以不得禹、皋陶為己憂。夫以百畝之不易為己憂者，農夫也。分人以財謂之惠，教人以

善謂之忠，為天下得人者謂之仁。是故以天下與人易，為天下得人難。」孟子認為堯舜把心思都放在了憂天下、憂人才，而沒有放在種莊稼。「堯、舜之治天下，豈無所用其心哉？亦不用於耕耳。」孟子說大禹治水繁忙，連家都不回，哪裏顧得上種莊稼，「當是時也，禹八年於外，三過其門而不入，雖欲耕，得乎？」（〈滕文公下〉）孟子明確區分好的勞心者與不好的勞心者，對於那些壞到極點的勞心者，孟子主張推翻他的統治；對於那些不關心民眾疾苦，沒有盡到責任的勞心者，孟子主張罷免他的王位。在與齊宣王的對話中，孟子顯然認為，君王對於自己國家是有責任的，如果沒有盡到責任，就應該被撤換或引咎辭職。

孟子之仁政思想

如果說孔子思想的核心是仁，講的是為人之道和人生哲學，那麼，孟子思想的核心則是仁政，講的是為君之道和政治理論。「王如施仁政於民，省刑罰，薄稅斂，深耕易耨。壯者以暇日修其孝悌忠信，入以事其父兄，出以事其長上，可使制梃以撻秦楚之堅甲利兵矣。」（〈梁惠王上〉）孟子仁政思想的形上根據是性善論，仁政思想的指導原則是仁義論。所謂仁義，就是統治者把不忍人之心擴而充之。仁政思想的政治基礎是民本論，仁政思想的現實要求是恆產論。儒家強調重義輕利，見利思義，先義後利，而對於民眾而言，孟子的恆產論卻暗含着先利後義的觀點，這是理解孟子仁政思想的入門方法，從而使得仁政思想不僅是治國理念，而且是治國方法；不僅是治國規劃，而且是治國方略；不僅具有理想色彩，而且具有現實可操作性。

孟子仁政思想的榜樣是先王之治。在孟子看來，先王之治就是施行仁政，反之就會失去天下，「三代之得天下也以仁，其失天下也以不仁。國之所以廢興存亡者亦然」。在孟子看來，堯舜是施

行仁政的最高典範,「規矩,方圓之至也;聖人,人倫之至也。欲為君,盡君道;欲為臣,盡臣道。二者皆法堯舜而已矣。不以舜之所以事堯事君,不敬其君者也;不以堯之所以治民治民,賊其民者也。孔子曰:『道二,仁與不仁而已矣。』」君道的重要內容是要選賢任能,讓仁者在位,而任用不仁者,則會傷害老百姓,「惟仁者宜在高位。不仁而在高位,是播其惡於眾也」。而臣道則是恭和敬,不要賊其君,「《詩》曰:『天之方蹶,無然泄泄。』泄泄猶沓沓也……故曰:責難於君謂之恭,陳善閉邪謂之敬,吾君不能謂之賊」(〈離婁上〉)。意思是,《詩經》上說,上天正在震動,不要這樣多話。多話,就是喋喋不休……所以說,要求君主克服困難,這叫恭;陳述美善的道理而抑制謬論,這叫敬;以為自己的君主不能行善,這叫賊。

在孟子看來,文王施行仁政的措施很具體,涉及耕地、俸祿、稅收和刑罰:「昔者文王之治岐也,耕者九一,仕者世祿,關市譏而不征,澤梁無禁,罪人不孥」。而文王施行仁政最關注的是困難羣眾:「老而無妻曰鰥,老而無夫曰寡,老而無子曰獨,幼而無父曰孤。此四者,天下之窮民而無告者。文王發政施仁,必先斯四者。《詩》云:『哿矣富人,哀此煢獨。』」(〈梁惠王下〉)文王還善養年老者:「制其田里,教之樹畜,導其妻子使養其老。五十非帛不暖,七十非肉不飽。不暖不飽,謂之凍餒。文王之民無凍餒之老者,此之謂也。」正因為文王施行仁政,吸引大量仁人和民眾百姓的歸附,為建立周王朝奠定了基礎,「伯夷辟紂,居北海之濱,聞文王作,興曰:『盍歸乎來?吾聞西伯善養老者。』太公辟紂,居東海之濱,聞文王作,興曰:『盍歸乎來?吾聞西伯善養老者。』天下有善養老,則仁人以為己歸矣」(〈盡心上〉)。

孟子仁政思想的主要內容是制民之產。在孟子看來,制民之產的目標是讓老百姓能夠養家餬口。「是故明君制民之產,必使仰足

以事父母，俯足以畜妻子，樂歲終身飽，凶年免於死亡。然後驅而
之善，故民之從之也輕。」（〈梁惠王上〉）在孟子看來，制民之產
先要分配田地給民眾百姓，具體做法是採用井田制，以防止暴君污
吏隨意侵佔民眾的土地。「夫仁政，必自經界始。經界不正，井地
不均，穀祿不平，是故暴君污吏必慢其經界。經界既正，分田制祿
可坐而定也。」意思是，仁政一定要從劃分田界做起。劃分田界如
果不公正，井田就分得不均勻，作為俸祿的穀物田租也就收得不公
平，所以暴君污吏一定把劃分田界當兒戲。田界如果劃得公正，分
發田地、訂立俸祿制度，就可以輕易辦妥了。

　　關於井田制，商代甲骨文已有田字，上古社會的土地制度可能
是採取方塊的井田形式而存在的。孟子詳細敍述了井田制，他認為
夏朝的井田是每家五十畝，殷朝是七十畝，周朝是一百畝，「夏后
氏五十而貢，殷人七十而助，周人百畝而徹。」其中貢、助、徹是
三代井田不同的稅制名稱。孟子給滕國設計的井田制是先區分勞
心者和勞力者，稱之為君子與野人。「夫滕，壤地褊小，將為君子
焉，將為野人焉。無君子，莫治野人；無野人，莫養君子。」勞力
者是每家分配一百畝私田，八家共一百畝公田，先幹公活，再幹
私活，「方里而井，井九百畝，其中為公田。八家皆私百畝，同養
公田。公事畢，然後敢治私事」。勞心者則另加五十畝田，以供祭
祀之用，「卿以下必有圭田，圭田五十畝」。孟子還描繪實行井田
制後安樂祥和的社會氛圍：「死徙無出鄉，鄉田同井，出入相友，
守望相助，疾病相扶持；則百姓親睦。」（〈滕文公下〉）意思是，
老死或搬家，也不離開本鄉，鄉里同一井田的人家，出入相伴，
防盜禦寇互相幫助，有病互相照料，於是老百姓就會彼此親愛，
相處和睦。

　　在孟子看來，制民之產就是要讓老百姓吃飽穿暖，尤其是老有
所養，「五畝之宅，樹之以桑，五十者可以衣帛矣；雞豚狗彘之畜，

無失其時，七十者可以食肉矣」；「百畝之田，勿奪其時，八口之家可以無飢矣」；「七十者衣帛食肉，黎民不飢不寒，然而不王者，未之有也」（〈梁惠王上〉）。孟子在稱讚文王治岐時，也描述了類似的情景，說明孟子念茲在茲的是「七十者衣帛食肉，黎民不飢不寒」，充分展示了孟子仁政思想的人性光輝。

孟子仁政思想的重要保障是減輕稅負。稅收與國計民生息息相關，於國計而言，唐代楊炎說：「財賦者，邦國之本，如生人之喉命，天下治亂輕重繫焉」（〈言天下公賦奏〉）。於民生而言，西方有句格言：「人一生中唯一確定的事情就是死亡和稅收。」[1] 稅賦輕重直接關係天下治亂和民生疾苦。在孟子看來，減輕稅負是富民的重要措施，「易其田疇，薄其稅斂，民可使富也」（〈盡心上〉）。具體做法是只抽取十分之一的稅收，夏朝的稅制為貢，商朝為助，周朝為徹，「其實皆什一也」（〈滕文公下〉）。如有多個稅種，只能徵收其中一種，否則會造成百姓餓死、父子離散，「有布縷之征，粟米之征，力役之征。君子用其一，緩其二。用其二而民有殍，用其三而父子離」（〈盡心下〉）。

在孟子看來，稅負與選賢任能有着同等重要的地位。選賢任能有利於吸引優秀人才為官從政，「尊賢使能，俊傑在位，則天下之士皆悅，而願立於其朝矣」。而減輕稅負，一是能吸引商人來經商，「市廛而不征，法而不廛，則天下之商皆悅，而願藏於其市矣」。意思是，做生意的，只抽取貨倉稅而不徵貨物稅，或連貨倉稅也不收，那天下的商人都會高興，而樂意把貨物存放在他的市場上。二是能吸引遊客來旅遊，「關市譏而不征，則天下之旅皆悅，而願出於其路矣」。三是能吸引農民來耕地種莊稼，「耕者助

---

1 〔美〕本傑明‧富蘭克林著，張星、一帆等譯：《富蘭克林文集》，西南財經大學出版社 1997 年版，第 278 頁。

而不稅，則天下之農皆悅，而願耕於其野矣」。四是能吸收百姓來居住，「廛無夫里之布，則天下之民皆悅，而願為之氓矣。」意思是，人們居住的地方，不收雇役錢和懲罰性的稅，天下的老百姓都會高興，而樂意來僑居。孟子認為君王如能選賢任能，又能減輕稅負，那就是「天吏」，即上天派遣的官員，就能無敵於天下，稱王於天下。「信能行此五者，則鄰國之民仰之若父母矣。率其子弟，攻其父母，自生民以來未有能濟者也。如此，則無敵於天下。無敵於天下者，天吏也。然而不王者，未之有也。」（〈公孫丑上〉）

在孟子看來，徵稅和確定稅率要區分大國和小國，小國稅率可低一些，少徵稅，大國則要高一些，多徵稅。魏國官員白圭問孟子，他打算「二十而取一」，只抽百分之五的稅，是否可行。孟子回答，像貉一樣的小國是可以的，因為它除糜子外，各種穀類都不生長，沒有城牆、房屋、祖廟和饗宴，也沒有各種衙署和官吏，只抽百分之五就足夠了。「夫貉，五穀不生，惟黍生之。無城郭、宮室、宗廟、祭祀之禮，無諸侯幣帛饔飧，無百官有司，故二十而取一而足也。」而對中原大國來說，稅率為百分之五是不夠的。「今居中國，去人倫，無君子，如之何其可也？陶以寡，且不可以為國，況無君子乎？」（〈告子下〉）意思是，如今在中原國家，摒棄人倫，不要官吏，怎麼能行呢？做陶器的太少，尚且不能夠治理好國家，何況沒有官員呢？由此可見，孟子在減輕稅負方面是清醒的，沒有迂遠而闊於事情。

孟子仁政思想的重要目的是教化民眾。在孟子看來，恆產只是手段，恆心才是目的，恆產是為了幫助民眾百姓養成恆心，懂得人倫和仁義禮智。從這個意義上說，對於民眾百姓，先利後義是手段，目的仍然是見利思義。孟子認為沒有恆產，老百姓連自己都不可能養活，怎麼有閒工夫學習禮義呢？「今也制民之產，仰不足以

事父母，俯不足以畜妻子，樂歲終身苦，凶年不免於死亡；此惟救死而恐不贍，奚暇治禮義哉？」在孟子看來，老百姓養成恆心，就能遵法守紀，不會犯罪和為非作歹，「苟無恆心，放辟邪侈，無不為已」（〈梁惠王上〉）。恆心還是區分人與動物的標誌和界線，「由是觀之，無惻隱之心，非人也；無羞惡之心，非人也；無辭讓之心，非人也；無是非之心，非人也」（〈公孫丑上〉）。

在孟子看來，無恆產肯定無恆心，有恆產也不會自然而然地生長出恆心。只有教育教化，才能培育恆心。孟子認為堯舜時代就重視教育教化工作，「人之有道也，飽食、暖衣、逸居而無教，則近於禽獸。聖人有憂之，使契為司徒，教以人倫：父子有親，君臣有義，夫婦有別，長幼有敘，朋友有信。放勛曰：『勞之來之，匡之直之，輔之翼之，使自得之，又從而振德之。』」孟子強調，夏商周三代都重視教育教化工作，「設為庠序學校以教之。庠者，養也；校者，教也；序者，射也。夏曰校，殷曰序，周曰庠；學則三代共之，皆所以明人倫也。人倫明於上，小民親於下。有王者起，必來取法，是為王者師也」（〈滕文公下〉）。孟子要求齊宣王制民之產後，就要認認真真辦學校，開展教育教化工作，「謹庠序之教，申之以孝悌之義，頒白者不負戴於道路矣」（〈梁惠王上〉）。孟子還把教育教化看作是贏得民心的重要方法，甚至認為教育教化重於政治手段和制民之產，「仁言不如仁聲之入人深也，善政不如善教之得民也。善政，民畏之；善教，民愛之。善政得民財，善教得民心」（〈盡心上〉）。

「仁者無敵」聽起來令人激動，但仁者真的能無敵嗎？孟子思想在當時被認為是迂遠而闊於事情，沒有被統治者所接受，仁者無敵自然也沒有被接受，這說明仁者是不能無敵的，如能無敵，那統治者早已趨之若鶩，對孟子頂禮膜拜，而稱王於天下。如果這樣理解仁者無敵的思想，那可能是短視的。仁者無敵抽象地說，涉及精

神與物質的關係,按時尚的說法,則涉及軟實力與硬實力的關係。美國政治學者約瑟夫・奈首創「軟實力」概念,引起全球關注。現在一般理解,軟實力相對於經濟、軍事等硬實力而言,是指一個國家的文化、價值觀念、社會制度等影響自身發展潛力和感召力的因素。軟實力類似於孟子仁者的概念,離開經濟、軍事實力而大談仁者無敵,肯定是軟弱無力的,而且會貽笑大方。仁者能否無敵,與硬實力密切相關。兩者可能是線性關係,仁者能否無敵,完全取決於硬實力,這好比打仗,交戰雙方中一方力量明顯強於對方,又有仁者的名號,就一定能夠戰勝另一方;兩者也可能是非線性關係,仁者能否無敵,不完全取決於硬實力。國與國之間、民族與民族之間,無論強國還是弱國,無論大民族還是小民族,只靠經濟和軍事實力是不可能真正征服另一個國家和民族的。約瑟夫・奈指出:「同化性實力就是要讓別國追求你的追求,軟實力的來源是文化吸引力、意識形態和國際制度。」[1] 從這個意義上說,仁者真能無敵,孟子的思想具有永恆價值。

以德服人

仁政是孟子特有的政治術語,王道則是孟子成熟的政治標誌。王道與仁政互為聯繫,互為因果,異名而同實,王道就是仁政,以仁政為具體內容和治國方略;仁政就是王道,以天下歸於王道而平治為目的。比較而言,王道側重於平天下,仁政側重於治天下;在治天下過程中,王道是仁政之始,仁政是王道之果。

---

1 〔美〕約瑟夫・奈著,鄭志國等譯:《美國霸權的困惑》,世界知識出版社 2002 年版,第 10 頁。

　　孟子認為，平治天下存在着不同的路線，一條是王道路線，君王信仰道德，以德行仁，重視民眾和民心。王道是得天下的路線，「得天下有道：得其民，斯得天下矣；得其民有道：得其心，斯得民矣；得其心有道：所欲與之聚之，所惡勿施爾也」（〈離婁上〉）。另一條是霸道路線，君王崇尚暴力，以力假仁，重視戰爭和開疆拓土。霸道即使得到天下，也可能失去天下。「孟子曰：『不仁哉梁惠王也！仁者以其所愛及其所不愛，不仁者以其所不愛及其所愛。』公孫丑問曰：『何謂也？』『梁惠王以土地之故，糜爛其民而戰之，大敗，將復之，恐不能勝，故驅其所愛子弟以殉之。是之謂以其所不愛及其所愛也。』」（〈盡心下〉）還有一條路線，孟子沒有明說，實際是亡國和失天下的路線。「齊宣王問曰：『湯放桀，武王伐紂，有諸？』孟子對曰：『於傳有之。』曰：『臣弒其君，可乎？』曰：『賊仁者謂之「賊」，賊義者謂之「殘」。殘賊之人謂之「一夫」。聞誅一夫紂矣，未聞弒君也。』」（〈梁惠王下〉）對於不同的治國路線，孟子推崇王道，批評霸道，反對亡國和失天下的路線。

王道淵源

　　王道思想的淵源可追溯到上古時期，最初的王與道是相互獨立的兩個概念，王指君王，約在夏商時代出現；道先為路，後為行事準則，約出現在西周時期。《尚書‧洪範》首見王道概念：「無偏無陂，遵王之義；無有作好，遵王之道；無有作惡，遵王之路。無偏無黨，王道蕩蕩；無黨無偏，王道平平；無反無側，王道正直。會其有極，歸其有極。」鄭玄注「會其有極」為「謂君也，當會聚有中之人以為臣也」；「歸其有極」為「謂臣也，當就有中之君而事之」（《天文七政論》）。由此可知，王道是一種君與臣的政治行事準則，必須無偏無黨，才能平直浩蕩。一般認為，夏商周三代尤其建國之初，實行的是王道制度和理念。有的學者甚至認為：「在中國

歷史上，『王道』實行的開端，是炎黃聯盟。當初，打得難分難解的炎、黃兩族最終結盟，就是因為他們都已開始農業定居，繼續打下去，不僅農業生產難以照常進行，也將導致周邊民族趁機進攻中原。其後，夏、商、周三代，也都以這樣的『王道』作為聯盟存在的基礎。」[1]

公元前 771 年，周平王東遷，周王室衰微，意味着歷史進入了春秋時期，王道變成了霸道，錢穆指出：「及平王東遷，以弒父嫌疑，不為正義所歸附，而周室為天下共主之威信掃地以盡，此下遂成春秋之霸局。」[2]春秋時期，五霸雄起，戰亂不已，《左傳》上有記錄的戰爭約 500 次。春秋之後是戰國時期，七國爭雄，亂局更甚，計有較大規模的戰爭 185 次。二程認為：「孔子之時，周室雖微，天下猶知尊周之為義，故《春秋》以尊周為本。至孟子時，七國爭雄，天下不復知有周，而生民塗炭已極。」（《二程遺書》）顧炎武的描述更具體：「如春秋時，猶尊禮重信，而七國則絕不言禮與信矣；春秋時，猶宗周王，而七國則絕不言王矣；春秋時，猶嚴祭祀，重聘享，而七國則無其事矣；⋯⋯春秋時，猶有赴告策書，而七國則無有矣。邦無定交，士無定主，此皆變於一百三十三年之間。」（《日知錄》）

史書記載了春秋戰國信奉霸道的歷史。最為典型的是《史記·商君列傳》記載商鞅遊說秦孝公。一般認為，商鞅是法家人物，崇尚的是霸道，而商鞅入秦，卻是帶着帝道、王道和霸道三套治國方略。首次呈現的是帝道，秦孝公一邊聽一邊打瞌睡，聽不進去，事後還遷怒於推薦商鞅的寵臣景監。「孝公既見衞鞅，語事良久，

1　程念祺：〈「王道」政治的理想是如何被毀棄的〉，載於《南方周末》2015 年 4 月 22 日。

2　錢穆：《國史大綱》，商務印書館 2010 年版，第 49 頁。

孝公時時睡，弗聽。罷而孝公怒景監曰：『子之客妄人耳，安足用邪！』景監以讓衛鞅。衛鞅曰：『吾說公以帝道，其志不開悟矣。』」第二次呈現的是王道，秦孝公仍聽不進去。「後五日，復求見鞅。鞅復見孝公，益愈，然而未中旨。罷而孝公復讓景監，景監亦讓鞅。鞅曰：『吾說公以王道而未入也。請復見鞅。』」第三次呈現的是霸道，秦孝公給予了肯定。「鞅復見孝公，孝公善之而未用也。罷而去。孝公謂景監曰：『汝客善，可與語矣。』鞅曰：『吾說公以霸道，其意欲用之矣。誠復見我，我知之矣。』」商鞅再見秦孝公，倆人相談甚歡。「衛鞅復見孝公。公與語，不自知膝之前於席也，語數日不厭。」當景監問秦孝公為什麼高興時，商鞅回答：「吾說君以帝王之道比三代，而君曰：『久遠，吾不能待。且賢君者，各及其身顯名天下，安能邑邑待數十百年以成帝王乎？』故吾以強國之術說君，君大說之耳。然亦難以比德於殷周矣。」

　　比較幽默的是《左傳·僖公二十二年》記載宋襄公的泓水之戰。公元前 638 年初冬，宋襄公領兵攻打鄭國，鄭國向楚國求救。楚國派軍隊向宋國國都發起進攻。宋襄公從鄭國撤退，雙方軍隊相遇於泓水之地。宋軍已經佈好陣勢，而楚軍正在渡河，司馬目夷勸宋襄公趁機發動進攻，宋襄公沒有同意。「冬十一月己巳朔，宋公及楚人戰於泓。宋人既成列，楚人未既濟。司馬曰：『彼眾我寡，及其未既濟也，請擊之。』公曰：『不可。』」楚軍渡過河後，還沒有排列好陣勢，目夷又勸宋襄公進攻楚軍，宋襄公還是沒有同意。「既濟而未成列，又以告。公曰：『未可。』」等到楚軍排好陣勢，宋軍才加以進攻，結果大敗，宋襄公也受了重傷。「既陳而後擊之，宋師敗績。公傷股，門官殲焉。」宋襄公之所以在形勢有利的情況下不肯進攻楚軍，是因為宋襄公想遵循王道，堅持公平交戰，恪守傳統的戰爭禮儀；即使身負重傷，受到舉國上下批評，也不改悔。「國人皆咎公。公曰：『君子不重傷，不禽二毛。古之為軍也，

不以阻隘也。寡人雖亡國之餘，不鼓不成列。』」意思是，宋國人都責怪襄公被戰敗，宋襄公卻辯解說，君子不兩次傷害敵人，不擒捉頭髮花白的敵人。古代的作戰，不靠關塞險阻取勝。寡人雖然是殷商亡國的後裔，不進攻沒有擺好陣勢的敵人。

今人對宋襄公的做法嘲笑為多，古人卻很是褒獎，《春秋公羊傳》認為：「故君子大其不鼓不成列，臨大事而不忘大禮。有君而無臣。以為文王之戰，亦不過此也」。司馬遷說：「襄公既敗於泓，而君子或以為多，傷中國闕禮義，褒之也，宋襄之有禮讓也。」（《史記·宋微子世家》）董仲舒指出：「故善宋襄公不厄人，不由其道而勝，不如由其道而敗。春秋貴之，將以變習俗而成王化也。」（《春秋繁露》）無論褒獎還是嘲笑，都不能改變宋襄公失敗的事實，都不能改變春秋戰國時期大欺小、強凌弱的霸道格局。

面對王道衰落、霸道崛起的春秋亂局，孔子首先奮起，一方面總結升華西周的禮樂文化，另一方面批判反思現實的霸道政治，進而將歷史性的禮樂概念提煉為價值性的王道理念。孔子沒有用過王道概念，而王道思想確實源自孔子。「是以孔子明王道，干七十餘君，莫能用，故西觀周室，論史記舊聞，興於魯而次春秋，上記隱，下至哀之獲麟，約其辭文，去其煩重，以制義法，王道備，人事浹。」（《史記·十二諸侯年表》）在孔子看來，王道是先王之道，意指古代先王的治國之道。孔子評價齊魯兩國政治時說：「齊一變至於魯，魯一變至於道。」（《論語·雍也》）朱熹注云：「道則先王之道也。」（《四書章句集注》）在孔子看來，王道的本質是中庸，「中庸之為德也，其至矣乎！民鮮久矣」（《論語·雍也》）。儒家通過中庸，把古代「無偏無陂」或「無黨無偏」的君王之道轉化成普遍入世而具有道德價值的中庸之道。中庸是治國之道，「堯曰：咨！爾舜！天之曆數在爾躬。允執其中，四海困窮，天祿永終」（《論語·堯曰》）。中庸是君子之道，「質勝文則野，文勝質則史。文質

彬彬，然後君子」(《論語‧雍也》)。中庸是處世之道，「君子有三變：望之儼然，即之也溫，聽其言也厲」(《論語‧子張》)。在孔子看來，王道的內容是仁與禮。仁在人生領域是倫理價值，具體取向是愛人。「樊遲問仁。子曰：『愛人。』」(《論語‧顏淵》)在政治領域是先王之道，也就是中庸之道。子張問怎樣處理好政事，孔子回答是「尊五美」，即「君子惠而不費，勞而不怨，欲而不貪，泰而不驕，威而不猛」(《論語‧堯曰》)。仁與禮互相聯繫，互為表裏，是不可分割的整體。「人而不仁，如禮何？人而不仁，如樂何？」(《論語‧八佾》)禮是社會秩序和道德規範，對於個人而言，要克己復禮，做到「非禮勿視，非禮勿聽，非禮勿言，非禮勿動」。對於政治而言，要糾正禮崩樂壞，重建社會等級秩序。「齊景公問政於孔子。孔子對曰：『君君，臣臣，父父，子子。』公曰：『善哉！信如君不君，臣不臣，父不父，子不子，雖有粟，吾得而食諸？』」(《論語‧顏淵》)禮也是先王之道。「禮之用，和為貴。先王之道，斯為美，小大由之。有所不行，知和而和，不以禮節之，亦不可行也。」(《論語‧學而》)

王道與霸道

王道不僅是儒家的理念，也是先秦諸子比較普遍的觀點。在禮崩樂壞的社會環境中，先秦諸子都經歷了社會無序所帶來的生離死別，都感受了無窮無盡戰爭所造成的痛苦無奈，都希望找到一種辦法去恢復社會穩定和重建社會秩序，那就是王道思想。儘管先秦諸子王道的內容差異甚大，表述不盡相同，或聖王或聖人或王者，卻都以堯、舜、禹、湯、文、武等先王來代言其觀點，視王道為經世致用的根本道理。《呂氏春秋》認為，先秦諸子是「見王治之無不貫」。莊子則從反面說明王道思想的普遍存在：「是故內聖外王之道，暗而不明，鬱而不發，天下之人各為其所欲焉以自為方。悲

夫，百家往而不反，必不合矣！」（《莊子・天下》）意思是，所以
內聖外王之道，晦暗不明，窒塞不通，天下人都認為自己所追求的
就是追求。可悲啊！各家學派越走越遠，不能返歸正道，必然不合
於追求。具體而言，道家的王道是聖人之治，無為而無不為，「是
以聖人之治，虛其心，實其腹，弱其志，強其骨，常使民無知無
欲。使夫智者不敢為也。為無為，則無不治」（《老子・第三章》）。
墨家是聖王之道，兼相愛、交相利，「故君子莫若欲為惠君、忠
臣、慈父、孝子、友兄、悌弟，當若兼之，不可不行也，此聖王之
道，而萬民之大利也」（《墨子・兼愛下》）。法家是聖王貴法而不
貴仁義，「故曰：仁者能仁於人，而不能使人仁；義者能愛於人，
而不能使人愛。是以知仁義之不足以治天下也。聖人有必信之性，
又有使天下不得不信之法。所謂義者，為人臣忠，為人子孝，少長
有禮，男女有別，非其義也，餓不苟食，死不苟生。此乃有法之常
也。聖王者，不貴義而貴法，法必明，令必行，則已矣」（《商君
書・畫策》）。先秦諸子如此推崇王道，無非是想建立一種獨立於
現實君王權力的政治原則，既能對現實君王形成一定的約束，又能
號召大家來建設一個符合道義的社會秩序，以構築天下一統、王權
獨尊，上下有序、尊卑有別的局面。雖然先秦諸子都信奉王道，而
形成完整思想體系的卻是儒家，真正對後世產生重大影響的也是儒
家。自漢宣帝明確提出「霸王道雜之」的漢家制度之後，王霸之辯
始終是傳統社會的政治主題，而理解王霸問題的方法和路徑基本侷
限於先秦儒家論述的範圍。

　　孔子之後，孟子和荀子從不同方面繼承發展了王道思想，形成
了自己的王道論。尤其是孟子，將先王之道升華為有自身規定性的
王道概念，依據德與力的矛盾對立，認為以德服人為王道，以力服
人為霸道，極力推崇王道，總體反對霸道。荀子依據義、信、權謀
三個範疇，推崇王道，肯定霸道，否定權謀，「故用國者，義立而

王，信立而霸，權謀立而亡。——三者明主之所謹擇也，仁人之所務白也」（《荀子·王霸》）。比較而言，孟子與荀子的王道論存在着較大差異，前者的形上依據是人性善，趨於理想化，後者的依據是人性惡，逼近現實性；孟子重義，排斥治國之道中的功利主義因素，荀子言利，沒有否定治國之道中的功利主義因素；孟子是二分法，只區分了王道與霸道，簡單明瞭，對後世的影響更大，荀子是三分法，劃分了王道、霸道與權謀，相對複雜，對後世的影響不如孟子。

關於王道。在孟子看來，王道是講仁義，行仁政，即使像商湯和周文王那樣的小國，也能統一天下，「以德行仁者王，王不待大。湯以七十里，文王以百里」（〈公孫丑上〉）。講仁義，就要反對功利，《孟子》一書記載了孟子與時人三次義利之辯，其中二次是圍繞王道開展的辯論。一次是與梁惠王辯論什麼是治國的指導思想，梁惠王主張以利治國，孟子強調仁義治國。「孟子見梁惠王。王曰：『叟！不遠千里而來，亦將有以利吾國乎？』孟子對曰：『王！何必曰利，亦有仁義而已矣。』」孟子認為如果君王帶頭講利，則會刺激整個統治階層乃至社會成員都來講利，進而造成互相爭鬥，危害國家。「王曰：『何以利吾國？』大夫曰：『何以利吾家？』士庶人曰：『何以利吾身？』上下交征利而國危矣。」（〈梁惠王上〉）另一次是與弟子陳代辯論用什麼方式實現王道思想，陳代認為可以用「枉道」的方式，推行王道路線，「不見諸侯，宜若小然。今一見之，大則以王，小則以霸。且《志》曰『枉尺而直尋』，宜若可為也」。孟子則舉例說明王道理想與實現王道的方式是統一的，實現王道必須走「正道」而非「枉道」。「昔齊景公田，招虞人以旌，不至，將殺之。志士不忘在溝壑，勇士不忘喪其元。孔子奚取焉？取非其招不往也。如不待其招而往，何哉？且夫枉尺而直尋者，以利言也。如以利，則枉尋直尺而利，亦可為與？」（〈滕文公下〉）意

思是，從前齊景公打獵，用旌旗召喚管獵場的人，那人不來，齊景公要殺他。有志之士不怕棄屍溝壑，勇敢的人不怕丟腦袋。孔子贊同他什麼？就是贊同這點：違背禮的召喚，他不去。假如不等待人家的召喚就去，那算什麼？況且所謂委屈一尺而伸張八尺，這是根據功利來說的。如果以功利為根據，那麼，委屈八尺伸張一尺而有利，也可以做嗎？

孟子認為王道不僅要求統治者施行仁政，而且要求統治者率先垂範，「以德服人者，中心悅而誠服也，如七十子之服孔子也」（〈公孫丑上〉）。孟子甚至認為，為政者的身體素質、智力水平和知識積累都無關大局，最重要的是要有良好的道德品質。孟子聽說魯國要讓樂正子執政，高興得睡不着覺。「魯欲使樂正子為政。孟子曰：『吾聞之，喜而不寐。』」孟子高興的原因不在於樂正子的剛強、智慧和謀略，而在於樂正子具有好善的道德人品。「公孫丑曰：『樂正子強乎？』曰：『否。』『有知慮乎？』曰：『否。』『多聞識乎？』曰：『否。』『然則奚為喜而不寐。』曰：『其為人也好善。』」好善則會吸引優秀人才，否則就會阻礙優秀人才。「好善優於天下，而況魯國乎？夫苟好善，則四海之內皆將輕千里而來告之以善。夫苟不好善，則人將曰：『訑訑，予既已知之矣。』訑訑之聲音顏色距人於千里之外。」如果不能聚集優秀人才，那麼就會引來阿諛奉承之徒。「士止於千里之外，則讒諂面諛之人至矣。與讒諂面諛之人居，國欲治，可得乎？」（〈告子下〉）意思是，士人在千里以外止步，那麼喜歡進讒言和當面阿諛奉承的人就會到來。同這些人一起相處，想要把國家治理好，能辦到嗎？

荀子與孟子都講王道，都有義的概念，而內容卻有着細微的差異。孟子講仁義，重視道德教化，強調王道政治中的人心自覺，荀子講禮義，注重禮制規範，強調王道政治中的外在約束。在荀子看來，王道的榜樣是商湯和周武王，「故曰：以國齊義，一日而

白，湯武是也。湯以亳，武王以鄗，皆百里之地也，天下為一，諸侯為臣，通達之屬，莫不從服，無它故焉，以濟義矣」。王道的另一個榜樣是孔子，「仲尼無置錐之地，誠義乎志意，加義乎身行，箸之言語，濟之日，不隱乎天下，名垂乎後世」。王道要求君王以義治國，不得無罪殺人，不得犧牲別人的利益來獲得天下，「挈國以呼禮義，而無以害之，行一不義，殺一無罪，而得天下，仁者不為也」。要求君臣共同遵守禮義法度，「擽然扶持心國，且若是其固也。之所與為之者，之人則舉義士也；之所以為佈陳於國家刑法者，則舉義法也；主之所極然帥羣臣而首向之者，則舉義志也」。意思是，君王對禮義像磐石那樣堅定不移，並用來約束自己的意願，把國家治理好。與他一道從事政治的人，都遵循禮義；頒佈的國家法律條文，都嚴格遵守禮義的規定；君王率領羣臣急切追求的目標，都是與禮義相一致的。荀子認為，以義治國，國泰民安，「如是，則下仰上以義矣，是綦定也。綦定而國定，國定而天下定」（《荀子·王霸》）。

關於霸道。在孟子看來，霸道表面上也講仁義，實質是崇尚暴力，靠政治經濟軍事等實力去征服他人，「以力假仁者霸，霸必有大國」。霸道不可能征服人心，「以力服人者，非心服也，力不贍也」（〈公孫丑上〉）。言外之意是以力稱霸者，儘管可以強國卻也容易亡國，儘管可以擴大領土卻也容易失去領土。孟子尊王賤霸的態度是鮮明的，當齊宣王詢問春秋五霸的事情，孟子則予以拒絕，還故意強調沒有聽說過齊桓公和晉文公。「齊宣王問曰：『齊桓、晉文之事可得聞乎？』孟子對曰：『仲尼之徒無道桓文之事者，是以後世無傳焉，臣未之聞也。無以，則王乎？』」（〈梁惠王上〉）這表明孟子非常純粹，他渴望平治天下，卻否定為了目的而不擇手段。在他心目中，治天下是王道實現的過程，須臾不能離開王道。荀子正好相反，他崇尚王道，也肯定霸道，「非本政教也，非致隆高

也，非綦文理也，非服人之心也，向方略，審勞佚，謹畜積，修戰備，齵然上下相信，而天下莫之敢當」（《荀子·王霸》）。

荀子與孟子霸道的差異還在於荀子的關鍵詞是信，而孟子則是力；荀子明確霸道最大的特徵是君王個人的德行還不夠完善，「德雖未至也，義雖未濟也，然而天下之理略奏矣」，而孟子卻沒有指明行使霸道的君王是否有德行。在荀子看來，霸道的典型是春秋五霸，「故齊桓、晉文、楚莊、吳闔閭、越勾踐，是皆僻陋之國也，威動天下，強殆中國，無它故焉，略信也。是所謂信立而霸也」。霸道重視誠信，既對老百姓立法誠信，又對其他國家結盟誠信，「刑賞已諾信乎天下矣，臣下曉然皆知其可要也。政令已陳，雖睹利敗，不欺其民」。荀子認為講誠信，能夠做到富國強兵，威名震動天下，「如是，則兵勁城固，敵國畏之；國一綦明，與國信之。雖在僻陋之國，威動天下，五伯是也」（《荀子·王霸》）。

關於權謀。孟子沒有專門論述權謀，卻有着豐富的亡國思想。在孟子看來，失去民心，就會失去天下，「桀紂之失天下也，失其民也；失其民者，失其心也。得天下有道：得其民，斯得天下矣；得其民有道：得其心，斯得民矣；得其心有道：所欲與之聚之，所惡勿施爾也」。不施仁政，也會失去天下，「三代之得天下也以仁，其失天下也以不仁。國之所以廢興存亡者亦然，天子不仁，不保四海；諸侯不仁，不保社稷；卿大夫不仁，不保宗廟；士庶人不仁，不保四體。今惡死亡而樂不仁，是猶惡醉而強酒」。暴政虐民，更會失去天下，「暴其民甚，則身弒國亡；不甚，則身危國削，名之曰『幽』『厲』，雖孝子慈孫，百世不能改也。《詩》云：『殷鑒不遠，在夏后之世。』此之謂也」（〈離婁上〉）。

荀子則明確提出了權謀概念，與王道、霸道並列為治國方法。在荀子看來，權謀的教訓是齊閔王、孟嘗君，他們以權謀治理齊國，「非以修禮義也，非以本政教也，非以一天下也，綿綿常以結

引馳外為務」。權謀治國的特點是唯利是圖，欺詐民眾謀求小利，欺詐盟國謀求大利，上下左右互相欺騙，「挈國以呼功利，不務張其義，齊其信，唯利之求，內則不憚詐其民，而求小利焉；外則不憚詐其與，而求大利焉，內不修正其所以有，然常欲人之有。如是，則臣下百姓莫不以詐心待其上矣，上詐其下，下詐其上，則是上下析也。如是，則敵國輕之，與國疑之，權謀日行，而國不免危削，綦之而亡」。權謀治國的結果必然像齊閔王、孟嘗君那樣身死國亡，「及以燕趙起而攻之，若振槁然，而身死國亡，為天下大戮」。荀子認為後世總結經驗教訓，要引齊國為鑒，「後世言惡則必稽焉。是無它故焉，唯其不由禮義而由權謀也」（《荀子・王霸》）。

孟子之王道思想

王道是儒家的政治理想和道德追求，表達了儒家對於「實然」政治生活的反思和「應然」政治生活的選擇。孟子對於王道夢寐以求，終身追求，其周遊列國是為了王道，其著書立說還是為了王道。孟子之王道思想充滿道德內容和浪漫色彩，雖然不能行之於世，卻是無比純正渾厚，猶如茫茫大海中的燈塔，召喚和吸引着傳統社會的政治人物向它靠近，沿着正確的航道前行。孟子之王道思想把歷史發展描述為周而復始呼喚王者的歷史，雖然具有明顯的唯心因素和想象成分，卻表明了對王道的堅定信心，「五百年必有王者興，其間必有名世者。由周而來，七百有餘歲矣。以其數，則過矣；以其時考之，則可矣」（〈公孫丑下〉）。孟子之王道思想賦予了每個人的社會責任——都可以像堯舜一樣推行王道，「舜何人也？予，何人也？有為者亦若是」（〈滕文公下〉）。尤其是孟子對於自己信心滿滿，當仁不讓，「如欲平治天下，當今之世，舍我其誰也？」（〈公孫丑下〉）雖然有些誇張，卻是一個男子漢、大丈夫應有的氣概。孟子之王道思想內容豐富，周正圓滿。

　　孟子之王道是先王之道。在先秦諸子觀念中，王道源自於先王之道，孟子也不例外，「我非堯舜之道不敢以陳於王前」（〈公孫丑下〉）。孟子心目中的先王不是平庸之王，更不是桀紂之類暴君，而是堯舜禹湯文武。

　　在孟子看來，先王之道是孝悌。「堯舜之道，孝弟而已矣。」（〈告子下〉）舜是大孝，把孝悌看得比王位還重要。「天下大悅而將歸己，視天下悅而歸己，猶草芥也，惟舜為然。不得乎親，不可以為人。不順乎親，不可以為子。舜盡事親之道而瞽瞍底豫，瞽瞍底豫而天下化，瞽瞍底豫而天下之為父子者定，此之謂大孝。」（〈離婁上〉）瞽瞍為舜的父親，底豫是高興快樂，即舜的父親高興快樂。孟子重視孝悌，是因為在儒家思想中，孝悌是仁心和治國的根基。「其為人也孝弟，而好犯上者，鮮矣；不好犯上，而好作亂者，未之有也。君子務本，本立而道生。孝弟也者，其為仁之本與！」（《論語・學而》）在孟子看來，先王之道是仁政。「堯舜之道，不以仁政，不能平治天下。」（〈離婁上〉）具體而言，堯開啟了仁政的先河，他憂天下未平，百姓不得安寧，選拔舜來治國理政，「當堯之時，天下猶未平，洪水橫流，泛濫於天下。草木暢茂，禽獸繁殖，五穀不登，禽獸逼人，獸蹄鳥跡之道交於中國。堯獨憂之，舉舜而敷治焉」。堯憂百姓沒有生產技能，不能養活自己，選拔后稷為農師，教老百姓種莊稼，「后稷教民稼穡，樹藝五穀。五穀熟而民人育」。堯憂百姓沒有仁義道德，選拔契為司徒，對老百姓進行教育教化，「人之有道也，飽食、暖衣、逸居而無教，則近於禽獸。聖人有憂之，使契為司徒，教以人倫：父子有親，君臣有義，夫婦有別，長幼有敍，朋友有信」（〈滕文公下〉）。文王是施行仁政的榜樣，他實行井田制，關卡和市場不收稅，處罰罪犯不連累妻兒，尤其是關心鰥寡孤獨等貧弱羣體。「昔者文王之治岐也，耕者九一，仕者世祿，關市譏而不征，澤梁無禁，罪人不孥。老而無妻

曰鰥，老而無夫曰寡，老而無子曰獨，幼而無父曰孤。此四者，天下之窮民而無告者。文王發政施仁，必先斯四者。《詩》云：『哿矣富人，哀此煢獨。』」（〈梁惠王下〉）在孟子看來，先王之道是君臣有道，各盡其職。「規矩，方圓之至也；聖人，人倫之至也。欲為君，盡君道；欲為臣，盡臣道。二者皆法堯舜而已矣。不以舜之所以事堯事君，不敬其君者也；不以堯之所以治民治民，賊其民者也。」君道是講仁義，正自身，定國家，「君仁，莫不仁；君義，莫不義；君正，莫不正。一正君而國定矣」。臣道是講恭敬，促進君王行仁義，否則就是賊臣，「責難於君謂之恭，陳善閉邪謂之敬，吾君不能謂之賊」（〈離婁上〉）。

孟子之王道是仁心與仁政結合之道。在孟子看來，王道是仁心與仁政的有機統一體，只有仁心與仁政結合在一起，才能平治天下，「人皆有不忍人之心。先王有不忍人之心，斯有不忍人之政矣。以不忍人之心，行不忍人之政，治天下可運之掌上」（〈公孫丑上〉）。

王道的形上依據是人性本善，「人性之善也，猶水之就下也。人無有不善，水無有不下」（〈告子上〉）。孟子舉孩子掉入井的例子以證明人性本善，認為如果一個小孩要掉入井裏，任何人都會自然而然地產生驚駭惻隱的心情，而沒有任何功利的目的，「所以謂人皆有不忍人之心者，今人乍見孺子將入於井，皆有怵惕惻隱之心，非所以內交於孺子之父母也，非所以要譽於鄉黨朋友也，非惡其聲而然也」（〈公孫丑上〉）。孟子還以齊宣王以羊換牛去祭祀的故事，說明齊宣王人性本善，積極加以鼓勵。「王笑曰：『是誠何心哉！我非愛其財，而易之以羊也，宜乎百姓之謂我愛也。』曰：『無傷也，是乃仁術也，見牛未見羊也。君子之於禽獸也，見其生，不忍見其死；聞其聲，不忍食其肉。是以君子遠庖廚也。』」（〈梁惠王上〉）王道的主要途徑是擴充善心。正因為人性善和有不忍人

之心，君王們才會有向善的可能，才會在統治過程中施王道和行仁政。孟子極力推動君王們把不忍人之心推而廣之，以安撫天下，孝敬父母，「凡有四端於我者，知皆擴而充之矣，若火之始然，泉之始達。苟能充之，足以保四海；苟不充之，不足以事父母」（〈公孫丑上〉）。孟子還把擴充不忍人之心的過程看作是推恩的過程，「老吾老，以及人之老；幼吾幼，以及人之幼。天下可運於掌。《詩》云：『刑于寡妻，至于兄弟，以御于家邦。』言舉斯心加諸彼而已。故推恩足以保四海，不推恩無以保妻子」。王道的具體內容是施行仁政：一是要經濟上惠民。孟子認為，民眾百姓有恆產才有恆心。二是要政治上保民。孟子認為，民眾是一個國家的根本，社稷為民而立，君王則是在民眾和社稷之後才產生的，並且「民為貴，社稷次之，君為輕」（〈盡心下〉）。孟子以周朝先祖太王遷國為例，說明只要保有民眾百姓，即使失去珠寶、馬匹和土地，國家也會重新興盛發展起來，「去邠，逾梁山，邑於岐山之下居焉。邠人曰：『仁人也，不可失也。』從之者如歸市」（〈梁惠王下〉）。三是要文化上教民。孟子認為，君王幫助民眾解決了溫飽之後，就要加強教育教化，培育人倫之心，「謹庠序之教，申之以孝悌之義，頒白者不負戴於道路矣。七十者衣帛食肉，黎民不飢不寒，然而不王者，未之有也」（〈梁惠王上〉）。

　　孟子之王道是一統天下之道。孟子是國家統一論者，「孟子見梁襄王，出，語人曰：『望之不似人君，就之而不見所畏焉。卒然問曰：天下惡乎定？』吾對曰：『定於一。』」當梁襄王問怎樣才能統一天下呢？在孟子看來，不喜歡殺人的君王能夠統一天下，「不嗜殺人者能一之」。孟子以天旱苗枯時下雨作比喻來加以說明：「天下莫不與也。王知夫苗乎？七八月之間旱，則苗槁矣。天油然作雲，沛然下雨，則苗浡然興之矣。其如是，孰能禦之？」孟子充滿信心地說：「如有不嗜殺人者，則天下之民皆引領而望之矣。誠如是，民

歸之，由水之就下，沛然誰能禦之？」（〈梁惠王上〉）意思是，如果有不喜歡殺人的君王，天下的老百姓就都會伸長脖子盼望他了。果真如此，老百姓歸服他，就像水往低處流，那盛大的水勢誰能阻擋得住？

在孟子看來，以德行仁的君王能夠統一天下，其代表是商湯和文王。孟子反對戰爭，「春秋無義戰」（〈盡心下〉），卻不反對統一國家的戰爭，他從地域的角度強調，商湯是以七十里地奪取天下：「臣聞七十里為政於天下者，湯是也。未聞以千里畏人者也。《書》曰：『湯一征，自葛始。』天下信之，東面而征，西夷怨；南面而征，北狄怨，曰：『奚為後我？』民望之，若大旱之望雲霓也。」商湯征戰，能夠以地域小而奪取天下，關鍵在於行仁政，即使在戰爭期間，也不忘為仁義之師。「歸市者不止，耕者不變，誅其君而弔其民，若時雨降，民大悅。《書》曰：『徯我后，后來其蘇。』」（〈梁惠王下〉）意思是，商湯的征伐一點也不騷擾百姓，做生意的照樣行商，種莊稼的照樣下地，湯殺掉暴君而撫恤百姓，就像降了及時雨，老百姓很高興。《尚書》說：等着我們的王，王來了我們就復活。孟子以時間的角度指出，只要行文王之政，七年之內就可奪取天下。「伯夷辟紂，居北海之濱，聞文王作，興曰：『盍歸乎來！吾聞西伯善養老者。』太公辟紂，居東海之濱，聞文王作，興曰：『盍歸乎來！吾聞西伯善養老者。』二老者，天下之大老也，而歸之，是天下之父歸之也。天下之父歸之，其子焉往？諸侯有行文王之政者，七年之內，必為政於天下矣。」（〈離婁上〉）

在孟子看來，善待戰敗國的君王能夠統一天下。史書記載：公元前 314 年，齊宣王趁燕國發生內亂的機會，派將軍匡章帶了「五都之兵」和「北地之眾」大舉攻燕，打敗了燕國。可是，不久燕國發生了叛亂，即「燕人畔」。孟子分析原因是齊國沒有善待燕國的老百姓，而是殘酷統治，激起老百姓反抗，引來諸侯合謀救

燕，「若殺其父兄，繫累其子弟，毀其宗廟，遷其重器，如之何其
可也？天下固畏齊之強也，今又倍地而不行仁政，是動天下之兵
也」。孟子勸告齊宣王趕快停止暴虐行為，「王速出令，反其旄倪，
止其重器，謀於燕眾，置君而後去之，則猶可及止也」（〈梁惠王
下〉）。

　　孟子之王道是與民同享之道。在孟子看來，與民同享包括與
民同樂和與民同憂，只有與民同憂樂，才能贏得民心，得到民眾擁
護，進而平治天下。「樂民之樂者，民亦樂其樂；憂民之憂者，民
亦憂其憂。樂以天下，憂以天下，然而不王者，未之有也。」（〈梁
惠王下〉）然而，孟子所處時代是統治者暴虐，民不聊生，「今也
制民之產，仰不足以事父母，俯不足以畜妻子，樂歲終身苦，凶年
不免於死亡」；更有甚者，率獸食人，「庖有肥肉，廄有肥馬，民
有飢色，野有餓莩，此率獸而食人也。獸相食，且人惡之；為民父
母，行政，不免於率獸而食人，惡在其為民父母也？」因此，實行
王道，先要與民同憂，從惠民開始，讓民眾百姓生活無虞，衣食無
憂，養生喪死無憾。「不違農時，穀不可勝食也；數罟不入洿池，魚
鱉不可勝食也；斧斤以時入山林，材木不可勝用也。穀與魚鱉不可
勝食，材木不可勝用，是使民養生喪死無憾也。養生喪死無憾，王
道之始也。」（〈梁惠王上〉）

　　王道不僅要與民同憂，還要與民同樂。與民同樂，要尊重民
意。在選賢任能方面，要聽取民眾意見。孟子認為選賢任能會讓卑
賤者居於尊貴者之上，疏遠者居於親近者之上，不能不謹慎行事。
「國君進賢，如不得已，將使卑逾尊，疏逾戚，可不慎與？」謹慎
的方法就是注重民意，「左右皆曰賢，未可也；諸大夫皆曰賢，未可
也；國人皆曰賢，然後察之。見賢焉，然後用之。左右皆曰不可，
勿聽；諸大夫皆曰不可，勿聽；國人皆曰不可，然後察之。見不可
焉，然後去之」。在司法刑罰方面，要聽取民眾意見。孟子十分尊

重生命，認為即使為了得到天下，也不能濫殺無辜，「行一不義，殺一不辜，而得天下，皆不為也」。不濫殺無辜的辦法也是注重民意，「左右皆曰可殺，勿聽；諸大夫皆曰可殺，勿聽；國人皆曰可殺，然後察之。見可殺焉，然後殺之。故曰，國人殺之也。如此，然後可以為民父母」。與民同樂，才能使百姓歸服，稱王天下。齊宣王喜愛音樂，孟子告誡不要獨樂樂，而要與人樂樂，不要少樂樂，而要眾樂樂。「曰：『獨樂樂，與人樂樂，孰樂？』曰：『不若與人。』曰：『與少樂樂，與眾樂樂，孰樂？』曰：『不若與眾。』」人樂樂與眾樂樂，就能使民眾百姓與君王同樂同憂。「今王鼓樂於此，百姓聞王鐘鼓之聲、管籥之音，舉欣欣然有喜色而相告曰：『吾王庶幾無疾病與，何以能鼓樂也？』今王田獵於此，百姓聞王車馬之音，見羽旄之美，舉欣欣然有喜色而相告曰：『吾王庶幾無疾病與，何以能田獵也？』此無他，與民同樂也。」孟子認為：「今王與百姓同樂，則王矣。」（〈梁惠王下〉）

　　研讀孟子之王道思想，不能不想到儒家王道思想的歷史命運。儒家王道思想美妙絕倫，令無數志士仁人心嚮往之，頂禮膜拜，而在現實政治中卻命運不佳，屢屢碰壁。他們在世時，日子都不好過。孔子為了宣揚先王之道，率領弟子周遊列國，結果是「累累若喪家之狗」；孟子力倡王道，被視為「迂遠而闊於事情」，於世多有不合；荀子承認霸道，底色仍然是王道，只能空懷入世之志，無奈終老於蘭陵。更弔詭的是，先秦時期，凡是崇尚霸道的君王，都能稱霸爭雄，以致一統天下；先有春秋五霸，後有戰國七雄，最後秦始皇橫掃六合，併吞六國，海內為一。而信任王道的君王大都以失敗告終，試圖推行王道的滕文公和宋偃王沒有成功，效法堯舜禪讓的燕王噲死於戰亂。這涉及對政治權力的基本認識，政治權力是道德的外化還是力量的對比？從本質上說，政治權力是力量對比關係，不是道德外化形式。在以講實力為主的政治領域，王道雖然美

好，道德令人嚮往，卻不能實現平治天下的事功。換言之，道德在政治面前常顯得無力，道德的擔當並不能解決政治問題，誠如馬克思所言：「批判的武器當然不能代替武器的批判，物質的力量只能用物質力量來摧毀。」[1]那麼，政治領域是不是可以不講道德呢？答案也是否定的。政治領域必須講道德，無論是平天下還是治天下，都應是德與力的有機結合，都應在王道觀照下不廢棄霸道，這樣才能搞好政治，治國安邦。從人類文明發展的大方向和長鏡頭而言，卻是應當把王道、德政放在政治的優先位置，從而表明人類還是有希望的。套用一句時髦的歌詞：生活不僅是眼前的苟且，還有詩和遠方。

君臣之道

　　政治統治是一項系統工程，既有外部聯繫又有內部聯繫，外部聯繫主要是君與民的關係，內部聯繫則是君與臣的關係。在對外聯繫方面，君與臣是有機整體，作為政治統治的主體，與民眾構成主體與客體、統治者與被統治者的矛盾關係；而在政治統治內部，君與臣則是不同的角色，有着不同的職責，兩者是一對矛盾，構成上下級、領導與服從的關係。一般認為，君是位高權重者，臣是位卑權輕者，君領導臣，臣服從君，共同組成統治者階層。按照外因與內因的辯證分析，君與民關係屬於政治統治的外因，君與臣關係屬於政治統治的內因，內因是矛盾的主要方面，外因通過內因起作用。從這個意義上說，在政治統治中，君與臣的關係重於統治者

1　《馬克思恩格斯選集》（第一卷），人民出版社 1995 年版，第 9 頁。

與民眾的關係，只有處理好君與臣的關係，才能協調好君與民的關係，進而保持政治統治有序進行，社會運行和諧穩定。作為政治思想家，孟子不僅關注君與民的關係，而且重視君與臣的關係。在君與民方面，形成了性善、民本、仁政和王道理論，鼓勵君王「以不忍人之心，行不忍人之政，治天下可運之掌上」（〈公孫丑上〉）。在君與臣方面，形成了君臣之道，倡導君臣「二者皆法堯舜而已矣」（〈離婁上〉）。

君臣探源

　　君與臣是傳統社會最高秩序的代表，是傳統文化最重要的一對關係，也是傳統政治倫理思想的重要議題。蕭公權指出：「先秦政治思想已具體於春秋戰國之前，儒道墨法之學乃因襲而非創造。」[1] 歷史進入文明社會以來，形成了君、臣、民的基本結構，民是社會的細胞，沒有民，就沒有君與臣，也沒有文明社會；君王從原始社會的氏族族長，部落聯盟的軍事、政治、宗教首領的世襲化逐步演變而來，相伴而來的是臣，沒有君就沒有臣。甲骨文中已有君與臣的會意字，《說文解字》釋「君」為「尊也，從尹口，口以發號」；段玉裁注曰：「尊也，此羊祥也、門聞也、戶護也、髮拔也之例。從尹口，尹，治也。」君是指掌管治理和發號施令的尊貴之人。臣為「牽也，事君者。象屈服之形」。楊樹達認為：「臣之所以受義於牽者，蓋臣本俘虜之稱……囚俘人數不一，引之者必以繩牽之，名其事則曰牽，名其所牽之人，則曰臣矣。」[2] 臣最初是屈服於君的罪隸、俘虜和奴僕，後來逐步演進為統治階層內部與君相對應、地位低於君的各級官僚的泛稱。

1　蕭公權：《中國政治思想史》，遼寧教育出版社 1998 年版，第 5 頁。
2　楊樹達：《積微居小學金石論叢》，科學出版社 1955 年版，第 77 頁。

先秦文獻對君臣的起源及其演變作過解釋，《周易·序卦傳》認為先有自然界，後有人類社會；人類社會先由男女兩性結合而成夫婦，為人倫之始；由夫婦產生父母與子女，形成源於先天的純粹自然血緣親情的家庭倫理關係，衍生出家族或宗族關係，進而生發出後天的具有政治社會屬性的君臣倫理關係，「有天地然後有萬物，有萬物然後有男女，有男女然後有夫婦，有夫婦然後有父子，有父子然後有君臣，有君臣然後有上下，有上下然後禮義有所錯」。《管子·君臣下》認為人類社會有過一個崇尚暴力的自然狀態，由智者和賢人帶領大家建立國家，走出自然狀態，進入文明社會，「古者未有君臣上下之別，未有夫婦妃匹之合，獸處羣居，以力相征。於是智者詐愚，強者凌弱，老幼孤獨不得其所。故智者假眾力以禁強虐，而暴人止。為民興利除害，正民之德，而民師之。是故道術德行出於賢人。其從義理，兆形於民心，則民反道矣。名物處違是非之分，則賞罰行矣。上下設，民生體，而國都立矣。是故國之所以為國者，民體以為國；君之所以為君者，賞罰以為君」。管子的認識類似於西方社會契約論者，差異在於社會契約論認為國家的起源是共同體成員簽訂契約，讓渡部分權力，建立公共權力，而管子則認為是由智者與賢人建立公共權力，從而造成了東西方法治與人治兩種不同的治國路線。

君臣在堯舜時期似已存在，《孟子·滕文公下》第四章的記載，說明堯舜時期已有君臣，堯之時，堯是君王，舜為敷治，后稷為農師，契為司徒，均為大臣；舜之時，舜為君王，禹治水，益掌火，皋陶為司法，都是大臣。完善定型的君臣關係及其相應理念形成於西周時期。王國維認為，中國政治與文化變革最劇烈的是在殷、周之際：「殷周間之大變革，自其表言之，不過一姓一家之興亡與都邑之移轉；自其裏言之，則舊制度廢而新制度興，舊文化廢而新文化興。又自其表言之，則古聖人之所以取天下及所以守之者，若

無以異於後世之帝王；而自其裏言之，則其制度文物與其立制之本
意，乃出於萬世治安之大計，其心術與規摹，迥非後世帝王所能
夢見也。」[1]西周建立了以嫡長子繼承制為核心的血緣宗法分封制度
和與之匹配的禮樂制度，「周人制度之大異於商者，一曰『立子立
嫡』之制，由是而生宗法及喪服之制，並由是而有封建子弟之制，
君天子臣諸侯之制；二曰廟數之制；三曰同姓不婚之制。此數者，
皆所以綱紀天下。其旨則在納上下於道德，而合天子、諸侯、卿、
大夫、士、庶人以成一道德之團體」[2]。這表明西周的宗法分封和禮
樂制度構成了中國血緣倫理政治的基本特徵，奠定了傳統社會政治
的總體格局。作為政治核心的君臣關係，西周在宗法分封的大框架
下，既建構了居於國中的周天子與地方諸侯之間的君臣關係，又建
構了天子、諸侯、公卿、大夫、士之間的層級式、體系化的君臣關
係。「到了周代，為了穩固君王的權威，統治者『以九儀之命，正邦
國之位』，上自諸侯，下到一般官吏，分為卿、大夫、士等九個等
級，由此構成了對君王的層層服從。君王權威的確立，等級關係的
認定，以及典章制度的健全，說明我國的君王制到了周代，已擺脫
了原始的初級階段，進而形成一種完備嚴密的國家形態。正因為如
此，孔子才對它倍加讚賞。」[3]

　　春秋戰國時期，周天子的共主地位已失，與地方諸侯間的君臣
關係名存實亡，禮樂征伐不是來自天子，而是出自諸侯；周天子、
諸侯王、卿大夫以至於大夫之家臣等各個層級內的君臣關係混亂，
失禮、違禮、僭禮現象層出不窮，孟子描述道：「世衰道微，邪說
暴行有作，臣弒其君者有之，子弒其父者有之」（〈滕文公下〉）。

1　王國維：《觀堂集林》（外二種），河北教育出版社 2003 年版，第 232 頁。
2　同上
3　楊慶存：《傳承與創新──中國古代文化研究》，復旦大學出版社 2003 年版，
　　第 39 頁。

君臣關係的混亂，必然導致社會政治的亂局。先秦諸子為了拯救亂世，在把目光集中於政治領域的同時，進一步把目光聚焦於君臣關係，形成了各自不同的君臣觀。

墨家堅持「兼相愛、交相利」，認為春秋戰國亂局的原因在於人們自愛自利，臣子不效忠君王。「當察亂何自起？起不相愛。臣子之不孝君父，所謂亂也。子自愛，不愛父，故虧父而自利；弟自愛，不愛兄，故虧兄而自利；臣自愛，不愛君，故虧君而自利，此所謂亂也。」在墨子看來，君王要鼓勵人們相愛，禁止人們互相仇恨。「故聖人以治天下為事者，惡得不禁惡而勸愛？故天下兼相愛則治，交相惡則亂。故墨子曰：『不可以不勸愛人者，此也。』」（《墨子·兼愛》）君王的重要職責是尚賢。尚賢是墨子的重要思想，認為國家貧困、刑政混亂，在於君王不尚賢。「是在王公大人為政於國家者，不能以尚賢事能為政也。是故國有賢良之士眾，則國家之治厚；賢良之士寡，則國家之治薄。故大人之務，將在於眾賢而已。」（《墨子·尚賢》）墨子建議君臣之間要兼相愛，實現君慈臣孝。「若使天下兼相愛，愛人若愛其身，猶有不孝者乎？視父兄與君若其身，惡施不孝？猶有不慈者乎？視弟子與臣若其身，惡施不慈？故不孝不慈亡。」（《墨子·兼愛》）意思是，假若天下都能相親相愛，愛別人就像愛自己，還能有不孝的嗎？看待父親、兄弟和君王像自己一樣，怎麼會做出不孝的事呢？還會有不慈愛的嗎？看待弟弟、兒子和臣下像自己一樣，怎麼會做出不慈愛的事呢？所以不孝不慈都沒有了。

道家堅持無為而治，強調君無為而臣有為，目的是「為無為，則無不治」。老子是道家創始人，建立了道家君臣觀的框架。老子關注君王，常以聖人喻之，他把治理國家的水平分為四個等級，認為最高水平是把國家治理好了，老百姓卻不知道君王的存在，「太上，不知有之；其次，親而譽之；其次，畏之；其次，侮之」（《老

子·第十章》）。水是老子最喜歡的喻象，認為水的品格接近於道。君王要像水一樣，為而不爭。水滋養萬物而不據為己，不爭先於人，「上善若水。水善利萬物而不爭，處眾人所惡，故幾於道。居善地，心善淵，與善仁，言善信，正善治，事善能，動善時。夫唯不爭，故無尤」（《老子·第八章》）。像水一樣，貴柔守弱。水的特徵是柔弱，而柔弱勝剛強，「天下莫柔弱於水，而攻堅強者莫之能勝。以其無以易之。弱之勝強，柔之勝剛，天下莫不知，莫能行」（《老子·第七十八章》）。像水一樣，謙卑居下，「江海之所以能為百穀王者，以其善下之，故能為百穀王。是以聖人欲上民，必以言下之；欲先民，必以身後之」（《老子·第六十六章》）。意思是，江海之所以能成為百川之王，是因為它善於自處於低下，所以能成為百川之王。所以想要處於人民之上，就要以言辭對人民表示謙下；想要處於人民之前，就要把自身放在人民後面。

莊子繼承了老子的思想，主張君王遵循無為原則，「故君子不得已而臨莅天下，莫若無為。無為也，而後安其性命之情」。莊子發展了老子的思想，比較全面闡述了君道與臣道，認為君道是天道，臣道是人道，君臣之道差異很大，「有天道，有人道。無為而尊者，天道也；有為而累者，人道也。主者，天道也；臣者，人道也。天道之與人道也，相去遠矣，不可不察也」（《莊子·在宥篇》）。具體而言，君無為而臣有為，「上無為也，下亦無為也，是下與上同德；下與上同德則不臣。下有為也，上亦有為也，是上與下同道；上與下同道則不主。上必無為而用天下，下必有為為天下用，此不易之道也。」君簡約而臣詳細，「本在於上，末在於下；要在於主，詳在於臣。」君安靜而臣動作，「故帝王聖人休焉。休則虛，虛則實，實則倫矣。虛則靜，靜則動，動則得矣。靜則無為，無為也，則任事者責矣」（《莊子·天道篇》）。意思是，所以帝王聖人要捨棄。聖人捨棄俗慮，就虛空了。虛空，就能充實了。充

實，順道而行，道就備了。帝王守靜而捨棄政務，就無為了。自身無為，大臣就能承擔責任，放手工作。道家的君臣之道玄妙深遠，一般被稱為帝王之術，「道家者流，蓋出於史官，歷記成敗存亡禍福古今之道，然後知秉要執本，清虛以自守，卑弱以自持，此君人南面之術也」（《漢書・藝文志・諸子略》）。

法家堅持法治，「不別親疏，不殊貴賤，一斷於法，則親親尊尊之恩絕矣」（《司馬談・論六家要指》）。韓非子是法家集大成者，認為君臣是利害算計關係，「臣盡死力以與君市，君垂爵祿以與臣市。君臣之際，非父子之親也，計數之所出也。君有道，則臣盡力而奸不生；無道，則臣上塞主明而下成私」（《韓非子・難一》）。

韓非子強調尊王卑臣，君王要有威勢，不可失去威勢，否則會身死國亡，「勢重者，人君之淵也。君人者，勢重於人臣之間，失則不可復得也。簡公失之於田成，晉公失之於六卿，而邦亡身死」（《韓非子・喻老》）。尊王卑臣，在中央與地方的關係上要專制集權，「事在四方，要在中央。聖人執要，四方來效。虛而待之，彼自以之。四海既藏，道陰見陽。左右既立，開門而當。勿變勿易，與二俱行。行之不已，是謂履理也」（《韓非子・揚權》）。韓非子主張賞罰是君王的主要手段：「賞罰者，邦之利器也，在君則制臣，在臣則勝君。君見賞，臣則損之以為德；君見罰，臣則益之以為威。人君見賞，而人臣用其勢；人君見罰，而人臣乘其威。故曰：『邦之利器，不可以示人。』」（《韓非子・喻老》）言下之意，就是要君王緊握賞罰兩柄利器，以利於更好地治國馭臣。韓非子要求君王以術來控制臣子。所謂術，一方面是循名責實的考核手段，據以行賞施罰和任職授官，「術者，因任而授官，循名而責實，操殺、生之柄，課羣臣之能者也」（《韓非子・定法》）。另一方面是潛御羣臣的權術，《韓非子・七術》列舉君王對付臣子的七種辦法，這就是「眾端參觀」，考察眾臣的言行；「必罰明威」，有罪必罰，維護

君威;「信賞盡能」,有功必賞,激勵臣子為君王效勞;「一聽責下」,逐一、逐個地考察羣臣;「疑詔詭使」,用詭詐之術、虛假詔令對付臣子;「挾知而問」,以探清隱情;「倒言反事」,故意正話反說,以辨別真偽。由此可見,法家是用對立的眼光看待君臣關係,君王為了駕馭羣臣可以不擇手段,令人不寒而栗。

孔子之君臣觀

先秦諸子都討論過君臣問題,形成比較完整思想的是儒家和法家,對後世產生較大影響的也是儒家和法家,統治者處理君臣關係一般是「陽儒陰法」,而能夠在大庭廣眾面前宣講倡導的只有儒家。儒家的君臣觀陽光積極,給人以正氣正義的力量。

孔子是儒家君臣觀的開創者,最大貢獻是在君臣關係中嵌入道和忠的觀念,「士志於道,而恥惡衣惡食者,未足與議也」(《論語 · 里仁》)。道的觀念提出,既為評價君王提供了標準,有道的是好君王,無道的是壞君王;又促進了道與勢、德與位的分離,君王有勢與位,士大夫有道與德,士大夫可以憑藉道與德,抗衡君王的勢與位,道勢兩分對於約束和限制君王的權力及其擴張濫用有着積極意義。孔子承認君王是國家的象徵和社會整體利益的代表,是社會結構中不可或缺的重要組成部分,「孔子三月無君,則皇皇如也」(〈滕文公下〉)。孔子的君臣觀是要維護和鞏固君王的統治地位,「天下有道,則禮樂征伐自天子出;天下無道,則禮樂征伐自諸侯出」(《論語 · 季氏》)。而維護和鞏固的前提是君王有道,如果君王無道,孔子沒有提出易位的思想,卻認為可以離他而去,不為無道君王服務,「天下有道則見,無道則隱」(《論語 · 泰伯》)。忠的觀念提出,實際是承認君臣之間為上下級和領導與服從的關係。人類進入文明社會以來,古今中外都認同君臣之間是上下級和領導與服從的關係。《論語》一書言及「忠」字約有 18 處,所涉及

的範圍很廣，有回答如何事君、待友的；有談論如何行政、治國的；有探討如何成仁、做人的。究其要者，絕大部分屬於倫理道德範疇，意指真誠、盡心竭力，「吾日三省吾身：為人謀而不忠乎？與朋友交而不信乎？傳不習乎？」（《論語・學而》）只有一處與君王有聯繫，表示忠君的內容，「君使臣以禮，臣事君以忠」（《論語・八佾》）。對於君臣關係而言，忠指明了臣的職業操守和應該遵守的行為規範。

研讀孔子君臣觀，首先要區分孔子之忠與董仲舒的「三綱」之忠。據文獻考查，西周之前的甲骨文、金文中沒有忠字，《詩經》中也找不到忠字，忠作為臣對君的職業準則是孔子的提煉概括，忠的觀念在傳統社會中產生了重大而深刻的影響。傳統社會的政治制度是一個由集權帝制向絕對專制演進的過程，周谷城認為，經過春秋戰國時代，到秦漢時形成集權帝制，這是統一許多部族的結果。到宋太祖消除藩鎮以後，絕對專制乃完全確立，它到清時達到最高峰。[1] 伴隨着政治制度的演進，忠的觀念也由單純的忠誠變成了愚忠，由一般的道德範疇變成了「三綱」之一，由理性服從變成了盲目服從，由行為規範變成了絕對命令，在一些明清小說戲曲中甚至是「君教臣死，臣不死不忠；父教子亡，子不亡不孝」。

在孔子那裏，臣忠的觀念是理性的，君臣是相對平等而不是絕對服從的主僕關係，臣忠的前提是君禮，如果君對待臣無禮，那麼臣對於君也可以不忠。而且，臣對於君還有道的規範，「以道事君」（《論語・先進》）；禮的規範，「事君以禮」；敬的規範，「事君，敬其事而後其食」（《論語・衛靈公》）。意思是，侍奉君王，要恭敬嚴肅地辦事，有了功績之後，再談論俸祿的事情。這說明孔子忠的

1　周谷城：《中國政治史》，中華書局 1982 年版，第 214 頁。

觀念是開放的，沒有愚忠的因子，也不會必然演進為愚忠。在孔子之忠演變為「三綱」之忠過程中，荀子負有責任，他主張君王集權和地位之尊，「君者，國之隆也，父者，家之隆也。隆一而治，二而亂。自古及今，未有二隆爭重，而能長久者」（《荀子‧致士》）。由此引申出君要制臣和臣要受制於君的觀念，「羣眾未懸，則君臣未立也。無君以制臣，無上以制下，天下害生縱欲」（《荀子‧富國》）。意思是，人羣沒有等級差別，那麼君王與臣下的關係就不能確立。沒有君王來統制臣子，沒有上級來控制下級，那麼天下的禍害就會因為各人的為所欲為而不斷發生。在這過程中，韓非子起了關鍵作用，他把荀子尊君的思想提升到事物法則和運行規律的高度，勾勒了「三綱」的雛形：「臣事君，子事父，妻事夫。三者順則天下治，三者逆則天下亂，此天下之常道也」（《韓非子‧忠孝》）。董仲舒完成了忠的轉變，正式提出了「三綱」學說，即君為臣綱，父為子綱，夫為妻綱，「王道之三綱，可求於天。天出陽為暖以生之，地出陰為清以成之」（《春秋繁露‧基義》）。董仲舒之後，以「三綱」為圭臬的君臣關係始終主導着傳統社會的政治運行，成為古代中國人頭上一片揮之不去的陰雲。宋明理學把「三綱」看成是天理良知和人之本性，客觀上強化君王的絕對專制，「宇宙之間，一理而已。天得之而為天，地得之而為地，而凡生於天地之間者，又各得之而為性。其張之為三綱，其紀之為五常，蓋皆此理之流行，無所適而不在」（《朱文公文集‧讀大紀》）。譚嗣同猛烈批判「三綱」尤其是君為臣綱，「二千年來君臣一倫，尤為黑暗否塞，無復人理」（《仁學》）。

　　君子是孔子對君臣的共同要求。在孔子看來，無論君王還是臣子，他們都是人，做官先做人，而做人的目標是君子。君子是孔子的理想人格，具備了仁、智、勇的優秀品質，「君子道者三，我無能焉：仁者不憂，知者不惑，勇者不懼」（《論語‧憲問》）。在孔

子看來，君臣都要修身。君子不是先天生成的，而是後天培育的，不是自然而然長成的，而是艱苦修煉的結果。「自天子以至於庶人，壹是皆以修身為本。其本亂，而末治者否矣。其所厚者薄，而其所薄者厚，未之有也。」（〈大學〉）只有加強修身，才能成為君子；只有把人做好了，才能做好君王和好臣子。「子路問君子。子曰：『修己以敬。』曰：『如斯而已乎？』曰：『修己以安人。』曰：『如斯而已乎？』曰：『修己以安百姓。修己以安百姓，堯舜其猶病諸？』」（《論語·憲問》）在孔子看來，君臣都要正己，以身作則，率先垂範。「季康子問政於孔子。孔子對曰：『政者，正也。子帥以正，孰敢不正？』」（《論語·顏淵》）君王只有正己，才能端正臣子的行為，君臣都能正己，才能端正百姓的行為。「苟正其身矣，於從政乎何有？不能正其身，如正人何？」意思是，如果自身正了，對於從政還有什麼困難呢？如果不能使自身端正，怎麼能使別人端正呢？君臣只有正己，老百姓才能遵守國家頒佈的政令和規章制度，否則就會不遵守政令和不執行規章制度。「其身正，不令而行；其身不正，雖令不從。」（《論語·子路》）孔子重視君臣正己，還因為統治者的行為具有導向作用和風向標的功能，是德政的組成部分，比刑罰還管用。「季康子問政於孔子曰：『如殺無道，以就有道，何如？』孔子對曰：『子為政，焉用殺？子欲善而民善矣。君子之德風，小人之德草，草上之風，必偃。』」（《論語·顏淵》）

　　好禮是孔子對君王的要求。「上好禮，則民莫敢不敬；上好義，則民莫敢不服；上好信，則民莫敢不用情。夫如是，則四方之民繦負其子而至矣。」（《論語·子路》）孔子重禮，原因在於禮是關於人與自然、人與社會、人與人關係的規範，也是君臣關係的規範。「非禮，無以節事天地之神也；非禮，無以辨君臣上下長幼之位也；非禮，無以別男女父子兄弟之親、昏姻疏數之交也。」（《禮記·哀公問》）在孔子看來，君王好禮，首先要正名，名正才能言順。「子

路曰：『衞君待子而為政，子將奚先？』子曰：『必也正名乎！』」
正名就是維護社會秩序，遵守禮儀規矩。「齊景公問政於孔子。孔
子對曰：『君君、臣臣，父父、子子。』」（《論語．顏淵》）君有君
道，臣有臣道，父有父道，子有子道，大家都安守本分，天下就安
定太平。君王好禮，自己必須守禮，才能讓老百姓遵守禮治。「子
曰：『居上不寬，為禮不敬，臨喪不哀，吾何以觀之哉？』」（《論
語．八佾》）尤其是君臣關係，更要守禮，君臣各安其位，各盡其
職，共同致力於仁道，以安百姓。君王好禮，關鍵是選賢任能，舜
有禹、稷、契、皋陶和伯益五個賢臣，就治理好了國家，周武王有
十個治臣，就打敗了商紂王。「舜有臣五人，而天下治。武王曰：
『予有亂臣十人。』孔子曰：『才難，不其然乎？唐虞之際，於斯為
盛。』」

選賢任能，要用人以德。一個人如果有才無德，即使像周公
那樣的大才，也不值得稱道。「子曰：『如有周公之才之美，使驕
且吝，其餘不足觀也已。』」（《論語．泰伯》）選賢任能，要用人
舉直。只有選任了正直的人為官，老百姓才會擁護。「哀公問曰：
『何為則民服？』孔子對曰：『舉直錯諸枉，則民服；舉枉錯諸直，
則民不服。』」（《論語．為政》）選賢任能，要用人如器。用人如
器，是要發揮所長，不要求全責備。孔子評價仲由果斷，端木賜豁
達，冉求多才多藝，他們都有條件為官從政。「季康子問：『仲由可
使從政也與？』子曰：『由也果，於從政乎何有？』曰：『賜也可使
從政也與？』曰：『賜也達，於從政乎何有？』曰：『求也可使從政
也與？』曰：『求也藝，於從政乎何有？』」（《論語．雍也》）選賢
任能，要用人識察。全面考察一個人的道德品行，做到知人善任。
「眾惡之，必察焉；眾好之，必察焉。」（《論語．衞靈公》）考察
的重要方法是視、觀、察：「視其所以，觀其所由，察其所安，人焉
廋哉？人焉廋哉？」（《論語．為政》）意思是，看一個人為了什麼

做事情，觀察一個人做事情時所採用的方式方法，考核一個人安心於做什麼事情。那麼，這個人哪裏能夠隱藏自己的真正面目呢？

以道事君是孔子對臣子的要求。孔子把臣子分為大臣與具臣。「季子然問：『仲由、冉求，可謂大臣與？』子曰：『吾以子為異之問，曾由與求之問。所謂大臣者，以道事君，不可則止。今由與求也，可謂具臣矣。』」（《論語・先進》）在孔子看來，大臣是以道事君，能夠按照道義原則輔佐君王，若君不從則離開；具臣則有一定的才能，像仲由「千乘之國，可使治其賦也」，冉求「千室之邑，百乘之家，可使為之宰也」（《論語・公冶長》），也有一定的原則性，「弒父與君，亦不從也」（《論語・先進》）。然而，仲由、冉求還不能做到以道事君。孔子批評冉求和仲由不能以大義阻止季氏專權征伐：「今由與求也，相夫子，遠人不服，而不能來也；邦分崩離析，而不能守也；而謀動干戈於邦內。」（《論語・季氏》）意思是，現在，仲由和冉求你們兩個人輔助季氏，遠方的人不歸服，而不能招來他們；國內民心離散，你們不能保全，反而策劃在國內使用武力。在孔子看來，以道事君比忠君重要，這實際是仁與忠的關係。比較孔子評價管仲與令尹子文，可以看出仁與忠不是一個層次上的概念，而是仁高於忠，忠隸屬於仁，從一個側面說明孔子之忠沒有後來愚忠的因子。管仲原為齊國公子糾的臣子，後來在宮廷政變中，公子糾被其弟公子小白殺死。管仲不但沒有為公子糾殉節，反而做了公子小白的臣子，輔佐公子小白成為春秋時代最著名的霸主，這就是齊桓公。子路認為管仲不能算仁者，孔子卻認為管仲是個仁者。「子路曰：『桓公殺公子糾，召忽死之，管仲不死。』曰：『未仁乎？』子曰：『桓公九合諸侯，不以兵車，管仲之力也。如其仁，如其仁。』」（《論語・憲問》）令尹子文是楚國的宰相，多次任宰相，多次被罷免，任宰相時，令尹子文沒有喜悅；罷免官職後，令尹子文也沒有抱怨。子張認為，令尹子文可算個仁者了，孔

子卻認為他是忠誠，而沒有達到仁者的標準。「子張問曰：『令尹子文三仕為令尹，無喜色；三已之，無慍色。舊令尹之政，必以告新令尹。何如？』子曰：『忠矣。』曰：『仁矣乎？』曰：『未知，焉得仁？』」（《論語・公冶長》）在孔子看來，以道事君之道就是仁。「子張問仁於孔子。孔子曰：『能行五者於天下，為仁矣。』『請問之』。曰：『恭、寬、信、敏、惠。恭則不侮，寬則得眾，信則人任焉，敏則有功，惠則足以使人。』」（《論語・陽貨》）為官從政者要弘揚仁道。「士不可以不弘毅，任重而道遠。仁以為己任，不亦重乎？死而後已，不亦遠乎？」（《論語・泰伯》）為了仁道，甚至可以獻出自己的生命。「子曰：『志士仁人，無求生以害仁，有殺身以成仁。』」（《論語・衛靈公》）

孟子之君臣觀

孟子繼承發展了孔子的君臣思想，明確提出了君道與臣道的觀念。從君臣觀內容分析，孟子與孔子是一致的，他們都主張維護君王的統治地位，承認君臣是上下級和領導與服從關係。同時，他們都主張君王要講仁義，自我約束；臣子要以道事君，盡職盡力；君臣人格要平等，相互關係要相對平衡。

孟子君臣觀與孔子的差異，主要不是內容而是形式，就是孔子溫和，孟子激進。在對待君王的態度上，孔子是溫良恭儉讓。「子禽問於子貢曰：『夫子至於是邦也，必聞其政。求之與？抑與之與？』子貢曰：『夫子溫良恭儉讓以得之。』」（《論語・學而》）邢昺注曰：「敦柔潤澤謂之溫，行不犯物謂之良，和從不逆謂之恭，去奢從約謂之儉，先人後己謂之讓。」（《論語注疏》）孟子則不然，「說大人，則藐之，勿視其巍巍然」（〈盡心下〉）。在言語上，孔子幾乎不言君王的缺點，有時還為君王掩飾錯誤，魯昭公娶了同姓的吳女，顯然違背了「同姓不婚」的周禮，陳司敗問魯昭公是否

知禮，孔子回答知禮。陳司敗對孔子的弟子說：「吾聞君子不黨，君子亦黨乎？君取於吳，為同姓，謂之吳孟子。君而知禮，孰不知禮？」孔子聽聞後表示歉意，「丘也幸，苟有過，人必知之」（《論語·述而》）。孟子不會掩飾君王的錯誤，甚至會罵君王。罵梁惠王：「不仁哉梁惠王也！」（〈盡心下〉）罵梁襄王：「孟子見梁襄王，出，語人曰：『望之不似人君，就之而不見所畏焉。』」（〈梁惠王上〉）在行動上，孔子對於君王的召見，很興奮，不等駕好車就急急忙忙地趕過去。「君命召，不俟駕行矣。」（《論語·鄉黨》）孟子則先看君王的態度，君王尊重，他就去；君王不尊重，他就不去。「孟子將朝王，王使人來曰：『寡人如就見者也，有寒疾，不可以風。朝，將視朝，不識可使寡人得見乎？』對曰：『不幸而有疾，不能造朝。』」（〈公孫丑下〉）

　　君臣觀在《孟子》一書中佔有較大篇幅，其內容不外乎君道與臣道，榜樣是堯舜，實質是仁義。「規矩，方圓之至也；聖人，人倫之至也。欲為君，盡君道；欲為臣，盡臣道。二者皆法堯舜而已矣。不以舜之所以事堯事君，不敬其君者也；不以堯之所以治民治民，賊其民者也。孔子曰：『道二，仁與不仁而已矣。』」（〈離婁上〉）曾國藩認為：「《孟子》七篇，言君道者甚多，而莫要於『修其身而天下平』一語；言臣道者甚多，而莫要於『大人格君心之非』一語。」[1]「修其身而天下平」，出自〈盡心下〉：「言近而指遠者，善言也；守約而施博者，善道也。君子之言也，不下帶而道存焉。君子之守，修其身而天下平。人病舍其田而芸人之田——所求於人者重，而所以自任者輕。」孟子在這段話中闡述了內聖外王的道理，內聖是外王的基礎，外王是內聖的顯現；君王要加強修身，嚴於律

1　周殿富編譯：《曾刻孟子要略譯注》，安徽人民出版社 2013 年版，第 242 頁。

己，實現內聖，才能善言善道，做到外王平治天下。「大人格君心之非」，出自〈離婁上〉：「人不足與適也，政不足與間也。唯大人為能格君心之非。君仁，莫不仁；君義，莫不義；君正，莫不正。一正君而國定矣。」孟子一方面強調君王在國家中的作用，君正則國定，君不正則國亂；另一方面指明了臣子的重要職責是糾正君王的錯誤、不足。君臣相處，一般不會有矛盾，只有當思想認識和決策意見不一致時，尤其是君王犯錯誤時，才會產生矛盾。面對矛盾，臣子可以採用逢迎、沉默和諫諍三種不同方法，孟子鼓勵臣子採用諫諍的方法，阻止和糾正君王犯錯誤。君王犯錯誤，不僅危害自身，更是危害國家和老百姓，為臣的明知君王犯錯而不諫止，實質是助紂為虐，罪莫大焉。修其身而天下平，是從內心防止君王犯錯；大人格君心之非，是從外部阻止君王犯錯，兩者的目的是一致的。孟子據此全面論述和展示其君臣觀的豐富內容。

關於君道。君道的本質是如何治民的問題，像堯之道那樣治民，是正確的，否則，就是殘害百姓。在孟子看來，堯之道治民，君王要有仁心，「先王有不忍人之心，斯有不忍人之政矣。以不忍人之心，行不忍人之政，治天下可運之掌上」（〈公孫丑上〉）。對於先王的不忍人之心，孟子區別了兩種情況，一種是天性，另一種是修身而得，「堯、舜，性者也。湯、武，反之也」。無論哪一種不忍人之心，其內容和形式都是一致的。「動容周旋中禮者，盛德之至也。哭死而哀，非為生者也。經德不回，非以干祿也。言語必信，非以正行也。君子行法，以俟命而已矣。」（〈盡心下〉）意思是，舉止儀容無不合於禮，這是德行深厚到了極點。哭死者而悲哀，不是為了給活人看的。依據道德而行，不去違禮，不是為了謀求官職。言語一定要真實，不是為了讓人知道行動端正。君子按法度做事，去等待命運的安排罷了。

堯之道治民，君王要推恩於天下。孟子認為君王治國要把仁心

推而廣之，擴而充之，「凡有四端於我者，知皆擴而充之矣，若火之始然，泉之始達。苟能充之，足以保四海；苟不充之，不足以事父母」（〈公孫丑上〉）。當齊宣王以羊易牛去祭祀，顯示出不忍之心，孟子鼓勵他把不忍之心從禽獸推恩於百姓，指出這不是能不能的問題，而是為不為的問題。「今恩足以及禽獸，而功不至於百姓者，獨何與？然則一羽之不舉，為不用力焉；輿薪之不見，為不用明焉；百姓之不見保，為不用恩焉。故王之不王，不為也，非不能也。」孟子要求把不忍之心從自己的長輩和孩子推恩於別人的長輩和孩子。「老吾老，以及人之老；幼吾幼，以及人之幼。天下可運於掌。《詩》云：『刑于寡妻，至于兄弟，以御于家邦。』言舉斯心加諸彼而已。故推恩足以保四海，不推恩無以保妻子。」（〈梁惠王上〉）孟子希望把不忍之心從親情推恩於天下萬事萬物。「君子之於物也，愛之而弗仁；於民也，仁之而弗親。親親而仁民，仁民而愛物。」（〈盡心上〉）

堯之道治民，君王要施仁政。「王如施仁政於民，省刑罰，薄稅斂，深耕易耨，壯者以暇日修其孝悌忠信，入以事其父兄，出以事其長上。」（〈梁惠王上〉）孟子認為施仁政是得民心，得民心則能得天下和保天下。得民心要制民之產，保證老百姓衣食無虞。得民心要取民有制，不能隨心所欲，讓老百姓負擔過重，「是故賢君必恭儉禮下，取於民有制」（〈滕文公下〉）。意思是，所以英明的君王一定嚴肅而節儉，對下級有禮，向百姓徵稅有一定的制度。得民心還要謹庠序之教，教育教化百姓明人倫，「謹庠序之教，申之以孝悌之義，頒白者不負戴於道路矣。七十者衣帛食肉，黎民不飢不寒，然而不王者，未之有也」（〈梁惠王上〉）。

關於臣道。臣道的本質是如何事君的問題，像舜之道那樣事君，是正確的，否則，就是不敬其君，違背臣道。在孟子看來，舜之道事君，臣子要志於仁，幫助君王行正道。「君子之事君也，務

引其君以當道，志於仁而已。」（〈告子下〉）志於仁是要求臣子具有良好的道德品質，以道德優勢平衡君王的位勢。「彼以其富，我以吾仁；彼以其爵，我以吾義。吾何慊乎哉？」（〈公孫丑下〉）孟子舉了賢者事君的不同態度和做法：「居下位，不以賢事不肖者，伯夷也。五就湯，五就桀者，伊尹也。不惡污君，不辭小官者，柳下惠也。」意思是，身處卑賤的地位，不以自己賢能之身侍奉無德之君，這是伯夷；五次前往商湯那裏，又五次前往夏桀那裏的，是伊尹；不厭惡污濁之君，不拒絕做個小官的人是柳下惠。伯夷、伊尹、柳下惠事君的態度和做法不同，而本質卻是相同的，就是為臣者在任何時候、任何情況下都要堅持原則，秉持仁義。「三子者不同道，其趨一也。一者何也？曰：仁也。君子亦仁而已矣，何必同？」（〈告子下〉）

舜之道事君，臣子要做大人和天民，至少以安定國家為榮，不能以侍奉君王為樂。「有事君人者，事是君則為容悅者也。有安社稷臣者，以安社稷為悅者也。有天民者，達可行於天下而後行之者也。有大人者，正己而物正者也。」（〈盡心上〉）尤其要反對為臣者沒有道德原則，一味逢迎君王的好惡。「長君之惡其罪小，逢君之惡其罪大。今之大夫皆逢君之惡，故曰：今之大夫，今之諸侯之罪人也。」（〈告子下〉）

舜之道事君，臣子要敢於格君心之非，批評和糾正君王錯誤的理念及其做法。格君心之非，是一個根據君王的不同錯誤和品行，逐步推進的過程。首先是諫諍，「君有過則諫」。當君王不聽諫諍和不改正錯誤時，孟子在與齊宣王的對話中提出兩種辦法，一種是廢棄君王，另一種是自己離職。對於貴戚之卿而言，可以廢棄君王。「王曰：『請問貴戚之卿。』曰：『君有大過則諫，反覆之而不聽，則易位。』」對於異姓之卿而言，自己可以離職。「請問異姓之卿。曰：『君有過則諫，反覆之而不聽，則去。』」（〈萬章下〉）在《孟

子》一書中，實際上還有一種辦法，這就是伊尹放逐商王太甲，讓他思過悔過，然後重新回到王位。「太甲顛覆湯之典刑，伊尹放之於桐，三年，太甲悔過，自怨自艾，於桐處仁遷義，三年，以聽伊尹之訓己也，復歸於亳。」（〈萬章上〉）格君心之非的極端做法，就是可以用暴力推翻暴君。「齊宣王問曰：『湯放桀，武王伐紂，有諸？』孟子對曰：『於傳有之。』曰：『臣弒其君，可乎？』曰：『賊仁者謂之「賊」，賊義者謂之「殘」。殘賊之人謂之「一夫」。聞誅一夫紂矣，未聞弒君也。』」（〈梁惠王下〉）

　　關於君臣關係。君與臣要以仁義相處，而不能以利相處。「為人臣者懷仁義以事其君，為人子者懷仁義以事其父，為人弟者懷仁義以事其兄，是君臣、父子、兄弟去利，懷仁義以相接也，然而不王者，未之有也。」（〈告子下〉）在孟子看來，懷仁義相處的君臣，是有為之君與不召之臣的關係。「故將大有為之君，必有所不召之臣，欲有謀焉，則就之。其尊德樂道，不如是，不足與有為也。」意思是，所以想要大有作為的君王，一定有他的不能召見的臣子。如果有事要商量，就主動到臣子那裏去。君王尊重道德喜歡道義，如果達不到這個程度，是不足以和他一道有所作為的。商湯與伊尹、齊桓公與管仲是有為之君和不召之臣的關係，他們之間不是簡單的領導與服從的關係，有為之君尊重不召之臣，不召之臣保持相對的獨立性，兩者是互相學習、各盡其職的關係，「故湯之於伊尹，學焉而後臣之，故不勞而王；桓公之於管仲，學焉而後臣之，故不勞而霸」（〈公孫丑下〉）。商湯、桓公忘記了君王的權勢，伊尹、管仲樂於道義，君臣相遇，風雲際會，否則，不相見，也不為臣。「古之賢王好善而忘勢。古之賢士何獨不然？樂其道而忘人之勢，故王公不致敬盡禮，則不得亟見之。見且由不得亟，而況得而臣之乎？」（〈盡心上〉）

　　懷仁義相處的君臣，是亦師亦臣的關係，孟子以子思為例，

說明讀書人與君王是師生關係，而不是師友關係。魯穆公多次見子思，認為君王與讀書人是朋友關係。「古千乘之國以友士，何如？」子思不高興地說：「古之人有言曰：事之云乎？豈曰友之云乎？」意思是，古人的話，說的是君王以讀書人為師，哪裏是說和他交友。讀書人與君王在位勢上是君臣關係，而在道德道義上卻只能是師生關係。「以位，則子，君也；我，臣也；何敢與君友也？以德，則子事我者也，奚可以與我友？」（〈萬章下〉）

懷仁義相處的君臣，是互相平等、互盡義務的關係，而不是盲從愚忠的關係。依君王的表現而言，君臣既可以是手足關係，又可以是犬馬關係，還可以是土芥關係。「君之視臣如手足，則臣視君如腹心；君之視臣如犬馬，則臣視君如國人；君之視臣如土芥，則臣視君如寇仇。」（〈離婁下〉）孟子的論述使封建帝王很不滿意，據說朱元璋讀到「君之視臣如土芥，則臣視君如寇仇」時，說這不是臣子該說的話，遂把孟子撤出文廟。後來雖然恢復配享，仍命儒臣砍掉 85 條孟子原文，編了《孟子節文》，規定科舉考試不得用已刪的條文命題。

孔孟之君臣觀，說到底是在維護君王地位的基礎上為了限制君王的權力，而不是為了擴張放大君王的權力。按照孔孟的設想，一方面是君王自身約束權力，君王加強修身，保民愛民，能夠從道德素質和思想認識上約束權力。另一方面靠臣子的力量約束，臣子以道事君，敢於格君心之非，從外部約束君王的權力。歷史表明，孔孟之君臣觀在理論上是有價值的，而在實踐上卻軟弱無力，很難真正約束君王的權力。君王是人，要吃五穀雜糧，就有可能得病；君王有七情六慾，就可能讓情慾勝過理性，墜入非理性非道德的深淵。依靠君王自身，不可能有效地約束住權力。臣子與君王在位勢上存在着明顯的不對等，不管君王多麼明智，臣子都不可能做到知無不言，言無不盡；不管臣子多麼勇敢，在利益、家人和生命受到

威脅的情況下，總會心存畏懼，有所顧忌。羅素明確指出：「使人服從的權力與使人發號施令的動力同樣真實而普遍地存在，它根源於恐懼。」[1]依靠臣子的力量，也不可能有力地約束權力。真正能夠有力有效約束權力的是現代民主制度。現代民主制度約束權力的理念很簡單，這就是權力必須分散，不能集權；國家權力一般分為立法權、行政權和司法權，互相之間必須平等，互相之間應有制衡。人類文明經過幾千年探索，終於找到了可行的約束政治權力之路，這就是民主與法治、分權與制衡，這應當成為全人類的共識和普遍遵循的社會政治法則。

1　丁一凡編：《權力二十講》，天津人民出版社 2008 年版，第 259 頁。

大丈夫 ◈

修身 ◈

教育 ◈

母愛 ◈

人格論

大丈夫精神

　　任何思想文化的終極目的，都是塑造理想人格。一般而言，先秦儒家思想由政治

　　學說、倫理學說和人格學說構成，三者互相聯繫、密不可分。政治學說言治國之道，孔子主張德治，孟子突出仁政，實質都是「道之以政，齊之以刑，民免而無恥；道之以德，齊之以禮，有恥且格」（《論語·為政》）。倫理學說言基於血緣親情基礎之上的人倫之道，孔子講孝悌，孟子明人倫，「父子有親，君臣有義，夫婦有別，長幼有敘，朋友有信」（〈滕文公下〉）。人格學說言理想狀態中的人格，孔子提出聖人、君子人格，孟子發展出大丈夫精神，都重視修身，以實現內聖外王。儒家把治國之道納入血緣倫理關係之中。「其為人也孝弟，而好犯上者，鮮矣；不好犯上，而好作亂者，未之有也。君子務本，本立而道生。孝弟也者，其為仁之本與！」（《論語·學而》）倫理道德律令則通過理想人格加以展示。「君子有九思：視思明，聽思聰，色思溫，貌思恭，言思忠，事思敬，疑思問，忿思難，見得思義。」（《論語·季氏》）儒家塑造的理想人格，首先要規範君王，目的卻是為了政治統治和治國安邦。「子路問君子。子曰：『修己以敬。』曰：『如斯而已乎？』曰：『修己以安人。』曰：『如斯而已乎？』曰：『修己以安百姓。修己以安百姓，堯舜其

猶病諸！』」（《論語・憲問》）

　　因此，政治是儒家思想的起點和終點，血緣倫理是儒家思想的基礎，理想人格是儒家思想的保障。只有理想人格，才能修己以安百姓，鞏固和維護以血緣親情為核心的社會秩序。從這個意義上說，理想人格是儒家思想的命門所在。自孟子之後，儒家思想的發展與變動，或在政治領域，或在倫理領域，而理想人格則逾千載而彌堅，一直保持穩定。

　　人格一詞是舶來品。古代漢語中沒有人格一詞，只有人性和品格的概念。中文中的人格一詞是近代從日文中引進的，而日文的人格一詞則源於英文的意譯，英文人格一詞則源於拉丁語。拉丁語的人格最初是指演員在舞台上戴的面具，類似於中國京劇的臉譜。舞台上的不同面具扮演不同角色，表現不同的人物性格。後來心理學引申其含義，認為在人生的大舞台上，人也會根據社會角色的不同來變換面具，面具是人格的外在表現，人格是面具後面的真實自我。現代心理學一般認為：人格是人類獨有的，由先天獲得的遺傳素質與後天環境互相作用而形成的，能代表人類靈魂本質及個性特點的性格、氣質、品德、信仰、良心等方面的綜合體。哲學的研究則比較宏觀，認為人格是指人之為人的資格，是對人的本質規定，馬克思指出：「人的本質不是單個人所固有的抽象物，在其現實性上，它是一切社會關係的總和。」[1]人格論中國古代雖無人格一詞，卻有豐富的人格思想；先秦儒家雖無心理學知識，卻從哲學上探討了人格，「仁也者，人也。合而言之，道也」（〈盡心下〉）。仁是儒家思想的核心，也是儒家理想人格的本質規定。孔子和孟子都是依據仁的範疇，推演出和建構起儒家的理想人格。在孟子那裏，大丈

---

1 《馬克思恩格斯選集》（第一卷），人民出版社 1995 年版，第 60 頁。

夫是理想人格的精神內涵，浩然之氣是理想人格的主要標誌，反求諸己是形成理想人格的路徑依賴。

孔子之君子論

孔子的理想人格是聖人和君子，而仁是聖人和君子的全部內容，聖人和君子是仁的理想載體。「顏淵問仁。子曰：『克己復禮為仁。一日克己復禮，天下歸仁焉。為仁由己，而由人乎哉？』顏淵曰：『請問其目。』子曰：『非禮勿視，非禮勿聽，非禮勿言，非禮勿動。』」（《論語·顏淵》）從這段對話可知，仁既是聖人和君子內聖克己的內容，又是外王復禮的內容，貫通於儒家的政治、倫理和人格學說。孔子提出了聖人和君子兩種理想人格，而《論語》很少論及聖人，也沒有直接言說聖人的具體品格。在孔子看來，聖人是一個集中了各種美好倫理道德的理想人物，是社會倫理道德的最高境界，人們可以敬仰憧憬，卻難以企及，即使堯舜也沒有完全達到聖人的標準。「子貢曰：『如有博施於民而能濟眾，何如？可謂仁乎？』子曰：『何事於仁！必也聖乎！堯舜其猶病諸！』」（《論語·雍也》）孔子從來沒有承認自己是聖人，其中有謙虛的成分，卻是內心的真實寫照。「若聖與仁，則吾豈敢？抑為之不厭，誨人不倦，則可謂云爾已矣。」孔子還經常歎息見不到聖人，能夠見到君子就心滿意足了。「聖人，吾不得而見之矣。得見君子者，斯可矣。」（《論語·述而》）

由於聖人人格在現實社會難以實現，退而求其次，孔子強化了君子人格。《論語》一書「聖人」「聖者」「聖」的概念僅出現過 6 次，而「君子」出現了一百餘次。孔子認為，君子是既理想又現實的人格，是通過修身可以達到的人格境界。作為哲學和倫理範疇，君子寄託着孔子太多的人生理想。《論語》有 4 處是孔子直接回答弟子提問來描繪君子的面貌；有 7 處是用數字來描述君子的形象；還有

君子與小人比較，以反襯君子的可貴人格。君子面貌與形象相輔相成，君子與小人相反相成，多視角、全方位地展示了君子應該具備的內在素質和外在風貌。

　　孔子是怎樣直接回答弟子的提問呢？第一處認為，君子是一個謹言敏行、誠信守諾的人。「子貢問君子。子曰：『先行其言，而後從之。』」（《論語・為政》）第二處認為，君子是一個內省不疚、不憂不懼的人。「司馬牛問君子。子曰：『君子不憂不懼。』曰：『不憂不懼，斯謂之君子已乎？』子曰：『內省不疚，夫何憂何懼？』」（《論語・顏淵》）孔子在這段話中強調的是，一個人無論做人做事，在內心反省自己時，覺得沒有可愧疚的言行，就是達到了君子的標準。第三處認為，君子是一個既重視自我修身又重視社會責任的人，即「修己以敬」「修己以安人」「修己以安百姓」。第四處認為，君子是一個具備了「智、清、勇、藝、禮」的人。「子路問成人。子曰：『若臧武仲之知，公綽之不慾，卞莊子之勇，冉求之藝，文之以禮樂，亦可以為成人矣。』」在孔子那裏，成人即完美的人，與君子是同一序列的概念，可作君子理解。這段話的意思是，像魯國大夫臧武仲那麼有智慧，孟公綽那麼清心寡慾，卞莊子刺虎那麼勇敢，以及冉求那麼多才多藝，加上高度的禮樂修養，就可算是成人了。然而，孔子認為這個要求太高了，很難做到，隨即補充道：「今之成人者何必然？見利思義，見危授命，久要不忘平生之言，亦可以為成人矣」（《論語・憲問》）。由此可知，見利思義、臨危不懼、誠實守信，是君子人格最基本的要求；君子人格是可以分出層次的，實現君子人格是一個長期努力、逐步完善的過程。

　　《論語》是如何用數字來描述君子的形象呢？第一處是孔子對子產說：「有君子之道四焉：其行己也恭，其事上也敬，其養民也惠，其使民也義。」（《論語・公冶長》）子產是鄭穆公之孫，春秋時期著名的政治家。孔子談到子產時，認為子產具備了恭、敬、

惠、義四種合乎君子之道的品行。第二處是曾子生了病，孟敬子來慰問，曾子強調君子要在神情、臉色和言辭三個方面嚴格要求自己：「鳥之將死，其鳴也哀；人之將死，其言也善。君子所貴乎道者三：動容貌，斯遠暴慢矣；正顏色，斯近信矣；出辭氣，斯遠鄙倍矣。籩豆之事，則有司存」（《論語·泰伯》）。第三處是孔子說：「君子道者三，我無能焉：仁者不憂，知者不惑，勇者不懼。」（《論語·憲問》）這段話比較全面地反映了孔子對於君子品格的認識，具備了「仁、智、勇」的人，才算是一個真正的君子。第四處是孔子說：「君子有三戒：少之時，血氣未定，戒之在色；及其壯也，血氣方剛，戒之在鬥；及其老也，血氣既衰，戒之在得。」孔子是在告誡人們，追求君子人格，需要用人的一生去努力，而不是一朝一夕的興之所至，也不是一時一事的權宜之計。第五處是孔子說：「君子有三畏：畏天命，畏大人，畏聖人之言。」（《論語·季氏》）這段話與前一段話互相聯繫、內在統一，前一段話所誡在事，這段話所畏在心。於事有所誡，於心也要有所畏。在孔子看來，作為君子，可以不憂不惑不懼，卻不能沒有敬畏之心，否則就會無法無天。第六處是「君子有九思」，在眼見、耳聽、臉色、外貌、言語、辦事等方面，對君子的外在表現和內心追求提出了道德修養規範。第七處是「子夏曰：『君子有三變：望之儼然，即之也溫，聽其言也厲。』」（《論語·子張》）子夏從另一個視角描述君子的形象，也是作為一個君子應當留給他人的主觀感受。通過幾組數字的引述和分析，可以勾勒出孔子心目中的君子形象，核心是「仁、智、勇」；日常的行為規範是「九思」；邊界是於事有所戒懼，於心有所敬畏；為官從政、建立事功時，要躬行「恭、敬、惠、義」，做到喜怒哀樂不形於色，給人的印象是莊重、可親和嚴厲。

　　君子與小人的差別在哪裏呢？在心胸方面，「君子坦蕩蕩，小人長戚戚」（《論語·述而》）。君子的胸懷是寬廣的，無論順境還

是逆境，都能做到樂觀豁達；小人的心胸是狹隘的，總是怨天尤人，心裏裝滿了憂愁、苦悶和痛苦。君子與小人對待人的態度不同，「君子成人之美，不成人之惡；小人反是」（《論語·顏淵》）。處理人際關係不同，「君子易事而難說也。說之不以道，不說也；及其使人也，器之。小人難事而易說也。說之雖不以道，說也；及其使人也，求備焉」。意思是，君子容易與他共事，卻難以討他喜歡。用不正當的方式討他喜歡，他是不會喜歡的。但他在使用人的時候，能夠知人善任，用其所長。小人則難以與他共事，卻容易討他喜歡。用不正當的方式去討他喜歡，他也會喜歡的。而他在用人的時候，總是對人百般刁難，求全責備。日常生活中的表現不同，「君子泰而不驕，小人驕而不泰」（《論語·子路》）。在義和利方面，「君子喻於義，小人喻於利」（《論語·里仁》）。義與利是衡量君子與小人的重要標準，君子想問題辦事情，只考慮按照道德的要求該不該做，而不問是否有利可圖；小人則不然，只考慮是否有利可圖，而不問道德上是否可行。孔子還認為義是君子的重要品質。「君子義以為質，禮以行之，孫以出之，信以成之。君子哉！」（《論語·衛靈公》）孔子不反對利，卻反對不義之利，「不義而富且貴，於我如浮雲」（《論語·述而》）。孔子認為遇到困境時，最能判別君子與小人。有一次孔子帶弟子到陳國時斷了糧，跟隨的人都餓病了，沒有人走得動。子路不高興地問，君子也會陷入困境嗎？孔子回答：「君子固窮，小人窮斯濫矣。」（《論語·衛靈公》）在和與同方面，「君子和而不同，小人同而不和」（《論語·子路》）。君子之和，既是大家一起團結共事、互相協調，又能求同存異，允許保持不同的個性，允許存在不同看法，允許發表不同意見；小人之同，是以利益為紐帶，搞小圈子，同流合污，一旦利益缺失，就會互相拆台，檢舉揭發，樹倒猢猻散。具體表現在工作中，君子以忠信道義團結人，小人則是結黨營私，「君子周而不比，小人比而

不周」(《論語・為政》)。遇到問題時,君子不推諉,反省自己,小人則反其道而行,「君子求諸己,小人求諸人」(《論語・衞靈公》)。通過比較君子與小人,反襯了君子的高大偉岸,更加豐富充實了君子形象。

繼承與發展

孟子繼承了孔子的人格理想,既繼承了聖人人格,又繼承了君子人格。孟子「道性善,言必稱堯舜」(〈滕文公下〉),注重成就理想人格的普遍平等性,認為普通人也能達到聖人的境界,「人皆可以為堯舜」(〈告子下〉)。原因在於堯舜與普通都是人,沒有什麼特殊之處,「聖人之於民,亦類也」(〈公孫丑上〉)。普通人只要善於向聖人學習,努力擴充自己的善良本性,就可以成為像堯舜一樣的聖人,「子服堯之服,誦堯之言,行堯之行,是堯而已矣。子服桀之服,誦桀之言,行桀之行,是桀而已矣」(〈告子下〉)。孟子認為聖人是做到仁和智的人,「學不厭,智也;教不倦,仁也。仁且智,夫子既聖矣」(〈公孫丑上〉)。孟子不僅認為孔子是聖人,而且擴大了聖人的範圍,把伯夷、伊尹、柳下惠都納入聖人序列:「伯夷,聖之清者也;伊尹,聖之任者也;柳下惠,聖之和者也;孔子,聖之時者也。孔子之謂集大成。集大成也者,金聲而玉振之也」(〈萬章下〉)。

孟子與孔子一樣,更加重視君子人格,「君子所以異於人者,以其存心也。君子以仁存心,以禮存心。仁者愛人,有禮者敬人。愛人者,人恆愛之;敬人者,人恆敬之」(〈離婁下〉)。君子是儒家真正倡導的理想人格,也是傳統社會心嚮往之並積極加以實踐的人生目標。

孟子不僅繼承了孔子的理想人格,而且發展完善了孔子的理想人格,為理想人格提供了性善依據。孔子注意到了人性問題,提出

「性相近也，習相遠也」（《論語‧陽貨》）的觀點，卻沒有展開論述，也沒有與其他觀點聯繫起來，似乎遊離於理論體系之外，既不能論證其他觀點，也不能從其他觀點中推導出來。孟子則全面探討人性問題，建構了著名的性善論，形成為孟子學說的顯著標誌和全部思想的基礎。

在孟子看來，人性具有同一性，就像口對於味道，有相同的嗜好；耳對於聲音，有相同的聽覺；眼對於顏色，有相同的美感，那麼心或人性，也就有同樣的本質規定，這就是理與義。差別在於味道、聲音、顏色是物質的同一，而心和人性、理和義，則是精神的同一。精神的同一在於人性本善，性善的內容是仁義禮智，這是與生俱來的，「惻隱之心，人皆有之；羞惡之心，人皆有之；恭敬之心，人皆有之；是非之心，人皆有之。惻隱之心，仁也；羞惡之心，義也；恭敬之心，禮也；是非之心，智也。仁義禮智，非由外鑠我也，我固有之也，弗思耳矣」（〈告子上〉）。

性善論為儒家的理想人格奠定了牢固基礎，惻隱之心使人自覺向善，為實現理想人格築牢了根基；羞惡之心使人產生恥感，嚮往高潔，為實現理想人格提供了動力；恭敬之心使人立身嚴正，不卑不亢，為實現理想人格打造了防護機制；是非之心使人能識真偽、別善惡、辨美醜，為實現理想人格樹立了判斷和選擇的標準。人性本善是理想人格的內在根據，理想人格是人性本善的必然趨勢，無怪乎，二程認為：「孟子有大功於世，以其言性善也」（《四書章句集注》）。

孟子不僅在理論上發展完善了孔子的理想人格，而且在精神氣質和風格魅力上補充完善了孔子的理想人格。總體而言，孔子的理想人格是溫文爾雅，「質勝文則野，文勝質則史。文質彬彬，然後君子」（《論語‧雍也》），欠缺陽剛之氣，而孟子的理想人格補充了勇猛精進，「我善養吾浩然之氣」（〈公孫丑下〉）。

　　究其原因，孔子與孟子在對待權力的態度上存在差異，孔子是敬畏權力，這就是畏大人，實質是敬畏權力，敬畏在高位的人。孟子則反之，而是藐視權力，「說大人，則藐之，勿視其巍巍然」（〈盡心下〉）。孔子之敬畏與孟子之藐視，反映了孔子側重於促進理想人格的溫和品質，孟子側重於推動理想人格的豪邁氣概。在對待君王的行為上存在差異，孔子是謹慎小心，《論語‧鄉黨》較多記載孔子上朝和見君王的言行，上朝是異常的小心謹慎，見君王是屏住呼吸，甚至有些緊張。孟子正相反，顯示出人格獨立尊嚴，〈公孫丑下〉記載：孟子將去朝見齊王，齊王卻以病為由勉強召見，孟子感到不尊重，也以病為由不應召，第二天卻去東郭氏家，表示自己沒病。孟子以王者師自居，告知齊王應以師禮待之，登門求教。在對待君臣關係的認識上存在差異，孔子只說了一句「君使臣以禮，臣事君以忠」（《論語‧八佾》）。孟子則認為君臣關係如何，取決於君對臣的態度，慷慨激昂說了三種不同的組合關係：「君之視臣如手足，則臣視君如腹心；君之視臣如犬馬，則臣視君如國人；君之視臣如土芥，則臣視君如寇仇」（〈離婁下〉）。

　　孟子也是在比較中樹立其理想人格，完善其大丈夫形象。與孔子相比，孟子比較範圍更為寬廣，首先比較了賤丈夫、小丈夫。在孟子看來，賤丈夫是經商的貪利之人，是那種陷溺於利益之中，知利而不知義的卑鄙之人，有的是為了一己私利而不顧別人生存發展的惡人。「古之為市也，以其所有易其所無者，有司者治之耳。有賤丈夫焉，必求龍斷而登之，以左右望而罔市利。」意思是，古人做生意，拿自己所有的交換自己所無的，有專門的部門管理這種交易。而賤丈夫在市場上一定要找個絕高而斷的山岡登上去，左顧右盼來網羅整個集市的利益。對於賤丈夫，不僅要在道德上給予譴責，而且在管理上要加以懲罰，課以重稅。「人皆以為賤，故從而征之。征商自此賤丈夫始矣。」值得注意的是，孟子在貶斥賤丈夫

時，竟能提出具有現代經濟意義的壟斷概念，不能不佩服其思想的超前和深邃。在孟子看來，小丈夫是為官的庸俗之人，心胸狹隘，受不了委屈；一旦受了委屈，諫議不被君王採納，就表現出不高興而發怒，匆匆離職而去。「予豈若是小丈夫然哉？諫於其君而不受，則怒，悻悻然見於其面，去則窮日之力而後宿哉？」孟子認為自己不是小丈夫，嚮往為官從政是為了平治天下。當孟子得不到齊王重用離開後，齊國的尹士指責孟子不明智，來齊國的動機是為了個人利益：「不識王之不可以為湯、武，則是不明也；識其不可，然且至，則是干澤也。千里而見王，不遇故去，三宿而後出晝，是何濡滯也？士則茲不悅。」孟子辯駁道，他來見齊王，是希望得到齊王重用，能夠採納其治國之道；與齊王想法不一致，不得已而離開，也是慢慢地離開。慢慢地離開，不是為了求個人的富貴和功名，而是希望齊王迴心轉意，能夠重用自己。「千里而見王，是予所欲也；不遇故去，豈予所欲哉？予不得已也。予三宿而出晝，於予心猶以為速，王庶幾改之！王如改諸，則必反予。夫出晝，而王不予追也，予然後浩然有歸志。予雖然，豈舍王哉！」孟子很自負，認為如果得到齊王重用，他不僅能使齊國的百姓安寧，而且能使天下的百姓安寧。「王如用予，則豈徒齊民安？天下之民舉安。」（〈公孫丑下〉）

〈離婁下〉還以講故事的形式，塑造「齊良人」的形象，給人以猥瑣無比的感覺，甚於賤丈夫和小丈夫；與大丈夫相比，簡直是天上地下，渺小低賤。某種意義上說，大丈夫一詞是相對於女性而言的，意指在女性面前要有男子漢的樣子，敢於承擔責任，勇於奮發進取。而齊良人在妻妾面前的表現多荒唐而無恥，可憐而可恨。故事的大意是，齊良人有一妻一妾，他經常外出吃飽喝足回來，告知妻妾是富貴人家宴請吃飯。妻子對此很懷疑，有一次就跟蹤他，結果發現自己的丈夫是在墓地向別人乞食，回來後告知其妾，兩人很失望，相擁而泣。孟子嘲諷齊良人，在於其貪圖口腹之慾，不識

大體：「飲食之人，則人賤之矣，為其養小以失大也。飲食之人無有失也，則口腹豈適為尺寸之膚哉？」（〈告子上〉）孟子嘲諷齊良人，更因為齊良人乞討墓地的殘羹剩飯，毫不知羞恥：「卒之東郭墦間，之祭者，乞其餘；不足，又顧而之他，此其為饜足之道也。」齊良人還對妻妾欺騙撒謊，卻不知羞恥。孟子特別反感無恥之人：「人不可以無恥，無恥之恥，無恥矣。」（〈盡心上〉）

　　孟子之「大丈夫」源於評論縱橫家，縱橫家也是大丈夫的比較對象。春秋戰國時期，縱橫家不是一個學術流派，而是從事外交活動的一個獨特的謀士羣體。縱橫家的祖師爺是鬼谷子，代表人物有蘇秦、張儀以及公孫衍等。在戰國紛爭的局勢下，他們運用縱橫術周旋於諸侯國之間，弱肉強食，爭霸吞併，「縱者，合眾弱以攻一強也；橫者，事一強以攻眾弱也」（《韓非子·五蠹》）。他們奔走遊說，搖脣鼓舌，聳動視聽，隨機應變，投君主之所好；他們毫無是非原則，朝秦暮楚，事無定一主，反覆無常，設計謀劃多從個人的政治利益出發。學縱橫之術的景春在孟子面前誇耀他們是大丈夫。「景春曰：『公孫衍、張儀豈不誠大丈夫哉？一怒而諸侯懼，安居而天下熄。』」孟子給予了批駁，認為公孫衍、張儀之流根本稱不上大丈夫，只能算作「以順為正」的妾婦。「是焉得為大丈夫乎？子未學禮乎？丈夫之冠也，父命之；女子之嫁也，母命之，往送之門，戒之曰：『往之女家，必敬必戒，無違夫子！』以順為正者，妾婦之道也。」（〈滕文公下〉）意思是，公孫衍、張儀哪裏稱得上大丈夫呢？你沒學過禮嗎？男子舉行冠禮的時候，父親訓導他；女子出嫁的時候，母親訓導她，送她到門口，告誡說：到了夫家，一定要恭敬，一定要警惕，不要違背丈夫。把順從當作正道，這是婦女的原則。孫奭疏曰：「孟子之所以引此妾婦而言者，蓋欲以此妾婦比之公孫衍、張儀也，以其二人非大丈夫耳。蓋以二人為六國之亂，期合六國之君，希意導言，靡所不至。而當世之若讒毀稱譽，

言無不聽，喜怒可否，勢無不行。雖一怒而諸侯懼，安居而天下
熄，未免夫從人以順為正者也。是則妾婦之道如此也，豈足為大丈
夫乎？」（《孟子注疏》）

孟子之人格論

人格是一個複雜的概念。20 世紀 30 年代，美國心理學家高爾
頓・奧爾波特在《人格：一種心理學的解釋》中梳理了 50 種有關人
格的定義。儘管人格的定義很多，很難統一認識，而抽象地看，人
格卻很簡單，只有兩種人格，一種為個人人格，意指人所具有的與
他人相區別的獨特而穩定的思維方式和行為風格。另一種為集體人
格，瑞士心理學家榮格指出：「一切文化最後都沉澱為人格，不是歌
德創造了浮士德，而是浮士德創造了歌德。」[1] 集體人格，從民族的
角度，可稱為文化人格；從思想流派的角度，可稱為理想人格。集
體人格是某一社會、某個民族和某種文化中人們最為推崇的人格模
型，集中體現了社會民族和文化發展長期積澱的基本特徵和價值
標準，可以離開人的肉體、離開人所處的社會條件，而獨立地存
在於民族的精神之中。理想人格，指的是理想中的人格狀態，是
一種超越現實人格的人格，是一種想要追求而又很難達到的人格
境界。對於中華民族而言，集體人格就是君子；對於儒家學說而
言，理想人格就是君子。從這個意義上說，孟子的理想人格仍然是
君子。在孟子心目中，君子是天地間的完人，君子人格是所有人學
習的目標和榜樣，「夫君子所過者化，所存者神，上下與天地同流」
（〈盡心上〉）。

孟子提出並闡述了大丈夫概念，但很少使用大丈夫概念，更

1　劉國彬、楊德友譯：《榮格自傳：回憶・夢・思考》，三聯書店 2009 年版，第
　　25 頁。

多的是使用君子概念。據統計，在《孟子》一書中，君子概念使用了 82 次，賢的概念使用了 72 次，聖的概念使用了 47 次，而大丈夫概念只用了 3 次，並集中於與景春的對話之中。而且，大丈夫概念在日常生活中的使用有着很大侷限。難以在日常生活中使用的概念，不能成為獨立的人格。理想人格是矛盾的統一體，內容豐富卻是平衡的，尤其是矛盾着的內容更應該平衡，一旦打破平衡，理想人格就難以存在，不可能成為人生嚮往的目標。孔子推崇君子的溫和性格，卻沒有忘記陽剛之氣。「三軍可奪帥也，匹夫不可奪志也」（《論語‧子罕》）；「志士仁人，無求生以害仁，有殺身以成仁」（《論語‧衞靈公》）；「可以託六尺之孤，可以寄百里之命，臨大節而不可奪也，君子人與？君子人也」（《論語‧泰伯》）。大丈夫只強調陽剛之氣，缺乏溫和元素補充，不能夠成為理想人格。集體人格只有涵蓋所有人，才能成為一個民族、一種文化追求的人生目標。迄今為止，人類社會都是由男女兩性共同構成的世界。人類社會既不能沒有男性，也不能沒有女性，而大丈夫實際是對男性而言，很難涵蓋和融納女性；即使就男性而言，大丈夫也只是一種類型，不能成為集體人格。

任何一門學科的概念，尤其哲學上的概念，必須是抽象概括，不能是形象比喻，而大丈夫實際上是一個形容詞，不能成為文化人格。有的學者正確地指出：大丈夫「與其說是孟子所建構的理想人格模式，毋寧說是孟子建構其理想人格體系的基本精神氣質，這種精神氣質貫穿於孟子理想人格理論的各個層次」。[1] 作為精神氣質，孟子的大丈夫有着豐富的人格內容。孟子在批駁縱橫家為妾婦之道後，明確提出自己的大丈夫概念：「居天下之廣居，立天下之正位，

1　邰漢明：《儒家哲學智慧》，吉林人民出版社 2005 年版，第 94 頁。

行天下之大道。得志，與民由之；不得志，獨行其道。富貴不能
淫，貧賤不能移，威武不能屈，此之謂大丈夫」（〈滕文公下〉）。
孟子的大丈夫論斷不長，只有 52 個字，卻全面展示了大丈夫的精神
內涵和形象特徵。

「居天下之廣居，立天下之正位，行天下之大道」，言的是大丈
夫的精神內涵，朱熹注云：「廣居，仁也；正位，禮也；大道，義也」
（《四書章句集注》）。仁、禮、義是儒家的思想核心，也是孔子、
孟子反覆強調的倫理道德規範。在孔子看來，仁者愛人，統攝其他
道德品格。實際上，仁是君子人格的高度抽象，君子人格內聚着仁
的全部品格。當樊遲問仁時，孔子回答：「居處恭，執事敬，與人
忠。雖之夷狄，不可棄也」（《論語·子路》）。子張問仁時，「孔子
曰：『能行五者於天下，為仁矣。』請問之。曰：『恭、寬、信、敏、
惠。恭則不侮，寬則得眾，信則人任焉，敏則有功，惠則足以使
人』」（《論語·陽貨》）。孔子自己則說：「剛毅、木訥近仁。」（《論
語·子路》）禮是社會秩序和行為規範，「非禮，無以節事天地之神
也；非禮，無以辨君臣上下長幼之位也；非禮，無以別男女父子兄
弟之親、昏姻疏數之交也」（《禮記·哀公問》）。義是君子的本質
規定和行為準則，「君子之於天下也，無適也，無莫也，義之與比」
（《論語·里仁》）。

孟子則在孔子的基礎上把義與仁並列，納入君子人格和大丈夫
精神之中：「言非禮義，謂之自暴也；吾身不能居仁由義，謂之自
棄也。仁，人之安宅也；義，人之正路也。曠安宅而弗居，舍正路
而不由，哀哉！」（〈離婁上〉）孟子還把仁義禮智看成是與生俱來
的天賦道德萌芽：「君子所性，仁義禮智根於心，其生色也睟然，見
於面，盎於背，施於四體，四體不言而喻。」（〈盡心上〉）王夫之
認為，名符其實的大丈夫要做到仁無不覆，禮無不協，義無不審。
「其居則天下之廣居也，涵四海萬民於一心，使各遂其所，仁無不

覆也。所立則天下之正位，定民彝物則之常經，而允執其中，禮無不協也。所行則天下之大道，酌進退辭受之攸宜，而率禮不越，義無不審也。」（《四書訓義》）

「得志，與民由之；不得志，獨行其道」，言的是大丈夫的處境。趙岐注曰：「得志行正，與民共之。不得志，隱居獨善其身，守道不回也。」（《孟子注疏》）大丈夫一生既可能居於順境，也可能處於逆境，無論居廟堂之高，還是處江湖之遠，大丈夫一以貫之的行為，就是要堅守道義，遵道而行。所謂得志，是居於順境和廟堂之高的時候，要與老百姓同憂樂，造福於百姓；不得志，則是處於逆境和江湖之遠的地方，要獨善其身，不能自暴自棄，也不能怨天尤人。道是儒家的核心價值和終極信念，孔子要求「篤信好學，守死善道。危邦不入，亂邦不居。天下有道則見，無道則隱」（《論語·泰伯》）。孟子比孔子激進，認為在天下無道的時候還要奮發進取，甚至可以獻出生命，這是大丈夫精神為君子人格注入陽剛之氣，「天下有道，以道殉身；天下無道，以身殉道；未聞以道殉乎人者也」（〈盡心上〉）。余英時認為，道對於傳統社會讀書人具有重要意義，是知識分子人格獨立的標誌，「『哲學的突破』以前，士固定在封建關係之中而後有職事；他們並沒有一個更高的精神憑藉可恃以批評政治社會、抗禮王侯。但『突破』以後，士已發展了這一精神憑藉，即所謂『道』。有了道之後，此時『士』的特徵已顯然不在其客觀身份，而在其以『道』自任的精神」[1]。

「富貴不能淫，貧賤不能移，威武不能屈」，言的是大丈夫的精神境界。朱熹注曰：「淫，蕩其心也。移，變其節也。屈，挫其志也。」（《四書章句集注》）對應於仁、禮、義三個道德規範，對應

1　余英時：《士與中國文化》，上海人民出版社 2003 年版，第 88 頁。

於居仁、立禮、行義三種生命實踐，孟子分別提出了「富貴」「貧賤」和「威武」三種人生境況。面臨富貴、貧賤、威武，人之常情是對於富貴，容易淫蕩其心，沉溺於慾望之中而不能自拔；對於貧賤，容易慕富貴而改其志向，變其節操；對於威武，容易害怕安危存亡而屈膝變節，苟全性命。就大丈夫而言，真正的考驗是富貴、貧賤和威武三種人生境況，能夠做到不淫、不移、不屈的，才是真正的大丈夫。大丈夫真正的標誌，不是其精神內涵，也不是其人生處境，而是「三不」境界，在任何情況下都能保持自己的獨立人格，都不改變自己的堅定志向。「故士窮不失義，達不離道。窮不失義，故士得己焉；達不離道，故民不失望焉。古之人，得志，澤加於民；不得志，修身見於世。窮則獨善其身，達則兼善天下。」（〈盡心上〉）孫奭把「三不」變成了「三不足」，「雖使富貴，亦不足以淫其心；雖貧賤，亦不足以移易其行；雖威武而加之，亦不足以屈挫其志：夫是乃得謂之大丈夫也」（《孟子注疏》）。

孟子的大丈夫有着鮮明的人格特徵。具體表現為：（一）自信自尊的高尚氣節。在孟子看來，面對權力和威勢，大丈夫要保持獨立、尊嚴和平等的人格。「成覸謂齊景公曰：『彼，丈夫也；我，丈夫也；吾何畏彼哉？』顏淵曰：『舜，何人也？予，何人也？有為者亦若是。』」（〈滕文公下〉）孟子對平等甚至有點敏感，認為凡是不平等的，都應當加以拒絕；即使與權勢無關，也要加以拒絕。當滕國國君的弟弟滕更以不平等的姿態請教問題，孟子就不給予答覆，「挾貴而問，挾賢而問，挾長而問，挾有勳勞而問，挾故而問，皆所不答也。滕更有其二焉」（〈盡心上〉）。意思是，依仗自己地位高貴來發問，依仗自己賢能來發問，依仗自己年紀大來發問，依仗自己有功勞來發問，依仗自己有老交情來發問，都屬於我不回答的範圍。滕更佔了其中的兩條。（二）憂民憂道的憂患意識。在孟子看來，大丈夫要有憂患意識，「入則無法家拂士，出則

無敵國外患者，國恆亡。然後知生於憂患而死於安樂也」（〈告子下〉）。憂患是憂民，「今也制民之產，仰不足以事父母，俯不足以畜妻子，樂歲終身苦，凶年不免於死亡。此惟救死而恐不贍，奚暇治禮義哉」（〈梁惠王上〉）。憂患更是憂道，「楊墨之道不息，孔子之道不著，是邪說誣民，充塞仁義也。仁義充塞，則率獸食人，人將相食。吾為此懼，閑先聖之道，距楊墨，放淫辭，邪說者不得作」（〈滕文公下〉）。（三）捨生取義的價值取向。在孟子看來，生命存在的意義在於社會價值，而不在生命本身，面對死亡的生存境遇，大丈夫要將社會價值置於生命本身之上，這就是捨生取義，讓人生煥發出價值光彩，「生，亦我所欲也；義，亦我所欲也。二者不可得兼，舍生而取義者也」（〈告子上〉）。

孟子的大丈夫有着生動的人格實踐。孟子不僅倡導大丈夫精神，而且親自踐行大丈夫精神。由於孟子具有主體的使命意識和以天下為己任的道德自律，就能夠正道直行、正氣浩然，自覺地抵制外界的各種誘惑，不屈服壓力，不迷失方向，不喪失意志。

對於富貴，即使得志也不追求不享受。「堂高數仞，榱題數尺，我得志，弗為也。食前方丈，侍妾數百人，我得志，弗為也。般樂飲酒，驅騁田獵，後車千乘，我得志，弗為也。在彼者，皆我所不為也；在我者，皆古之制也，吾何畏彼哉？」（〈盡心下〉）對於貧賤，要通過正當的途徑加以擺脫，而財富則應取之有道。「一簞食，一豆羹，得之則生，弗得則死，呼爾而與之，行道之人弗受；蹴爾而與之，乞人不屑也。」（〈告子上〉）意思是，一筐飯，一碗湯，得到了就能活下去，得不到就會死，吆喝着給他，連過路的餓人都不願接受；用腳踩後再給人，連乞丐也不屑接受。面對威武，更要保持人格的獨立和平等，不能「枉尺直尋」。陳代希望孟子屈尊去拜見諸侯君王，以便得到重用，實現平生志向。孟子認為枉尺直尋是以利言之，孔子不為，我也不為。「志士不忘在溝壑，

勇士不忘喪其元。孔子奚取焉？取非其招不往也。如不待其招而往，何哉？且夫枉尺而直尋者，以利言也。如以利，則枉尋直尺而利，亦可為與？」更重要的是，枉尺直尋，是不可能得到他人尊重的，也不可能使別人正直。「枉己者，未有能直人者也。」保持獨立平等，不能「脅肩諂笑」。公孫丑問為什麼不去謁見君王，孟子引曾子的話回答：「脅肩諂笑，病於夏畦。」（〈滕文公下〉）朱熹注曰：「皆小人側媚之志也。」（《四書章句集注》）楊伯峻注云：「脅肩即竦體，故意為恭敬之狀；諂笑，強為擁悅之顏。」（《孟子譯注》）保持獨立平等，不能作「鄉愿」。所謂鄉愿，「同乎流俗，合乎污世。居之似忠信，行之似廉潔，眾皆悅之，自以為是，而不可入與堯、舜之道」（〈盡心下〉）。意思是，鄉愿只是同流合污，平時似乎忠誠老實，處事似乎方正廉潔，大家都喜歡，自己也以為做得正確，卻與堯舜之道格格不入。孟子和孔子都認為：「鄉愿，德之賊也。」（《論語·陽貨》）

　　任何民族都有自己的理想人格，中華民族的理想人格是君子。精神分析學把人的精神結構分為意識與無意識兩個部分，認為無意識是人的精神結構中最真實、最本質的東西。榮格把無意識區分為個人無意識與集體無意識兩種情況。在榮格看來：「高出水面的一些小島代表着一些人的個體意識之覺醒部分；由於潮汐運動才露出來的水面下的陸地部分代表個體的個人無意識，所有的島最終以為基地的海牀就是集體無意識。」[1]而集體無意識就是理想人格，是一種代代相傳的無數同類經驗在某一民族全體成員心理上的沉澱物。因此，君子人格是中華民族的集體無意識；君子人格是中華文化結出的最甜美最壯觀的果實。君子人格寄託着我們的人生理想，是我

---

1 〔美〕杜·舒爾茨著，沈德燦等譯：《現代心理學史》，人民教育出版社 1981年版，第 360 頁。

們人生追求的目標，期望在有生之年，尤其是老之將至的時候，自我評價是君子，他人評價也是君子，人生則無憾也。君子人格美好，卻不是天生麗質，也不是自然長成，而是艱苦修身、嚴格自律的結果，「寶劍鋒從磨礪出，梅花香自苦寒來」。君子人格壯麗，卻不可能立竿見影，也不可能一蹴而就，而是堅持不懈、終身修煉的結果。「子曰：『吾十有五而志於學，三十而立，四十而不惑，五十而知天命，六十而耳順，七十而從心所欲，不逾矩。』」（《論語·為政》）君子人格尊貴，卻難以簡單從事，也難以心想事成，而是一步一個腳印的結果。好學是起步，沒有好學，就沒有君子。「君子食無求飽，居無求安，敏於事而慎於言，就有道而正焉，可謂好學也已。」（《論語·學而》）崇仁是核心，「士不可以不弘毅，任重而道遠。仁以為己任，不亦重乎？死而後已，不亦遠乎？」（《論語·泰伯》）力行是關鍵，「好學近乎知，力行近乎仁，知恥近乎勇」（《中庸·第二十章》）。孔子與孟子建構的君子人格，值得每一個中國人用一生去追求和踐行。

浩然之氣

　　浩然之氣是孟子首先提出的重要思想，也是孟子全面論證的人格理念。浩然之氣是人在修養過程中所追求的生命境界，是理想人格應當具備的精神狀態，對於儒家的理想人格作出了重要貢獻。蔡元培認為：「孔子以君子代表實行道德之人格。孟子則又別以大丈夫代表之。其所謂大丈夫者，以浩然之氣為本。」[1] 浩然之氣與大丈

1　蔡元培：《中國倫理學史》，商務印書館 2004 年版，第 43 頁。

夫精神共同構成了孟子的人格理想，創新豐滿了孔子的君子人格。
孔子的君子是剛、毅、木、訥，矜而不爭，約之以禮，「事父母幾
諫，見志不從，又敬不違，勞而不怨」（《論語·里仁》）。而孟子
以浩然之氣為根本塑造的大丈夫則獨立自信，個性張揚，氣度非
凡，傲視天下。「孔子登東山而小魯，登泰山而小天下。故觀於海
者難為水，遊於聖人之門者難為言。」（〈盡心上〉）二程認為：「孟
子有功於聖門，不可勝言。仲尼只說一個『仁』字，孟子開口便說
『仁義』。仲尼只說一個『志』，孟子便說許多『養氣』出來。」（《四
書章句集注》）

　　浩然之氣與夜氣、平旦之氣互相聯繫，共同補充完善了孔子之
志。孔子重視志的概念，將志看成人生的精神支柱：「三軍可奪帥
也，匹夫不可奪志也」（《論語·子罕》）。孔子很少談氣，也沒有
賦予義理內容，而孟子不僅提出了浩然之氣，而且提出了夜氣、平
旦之氣等概念；不僅論證了氣的概念，而且論證了氣與志的關係，
形成了比較完整的氣論思想。

先秦氣論

　　氣是傳統文化的一個重要概念。《說文解字》釋氣為「雲氣也，
象形」。《說文部首訂》進一步解釋：「氣之形與雲同。但析言之，
則山川初出者為氣，升於天者為雲。合觀之則氣乃雲之散蔓，雲乃
氣之濃斂，《說解》故以雲氣釋之。其形疊三為文者，氣之上出，層
累而升，篆因從積畫以象之。」氣的思想源遠流長，先秦以前，約
經歷自然之氣、哲學之氣和道德之氣三個發展階段。

　　自然之氣階段，氣既被看作自然現象，又被用來解釋自然現
象。西周時期已有氣的概念，據《國語·周語上》記載，周幽王二
年，都城鎬京附近發生地震，周太史伯陽父給予解釋：「夫天地之
氣，不失其序。若過其序，民亂之也。陽伏而不能出，陰迫而不能

蒸，於是有地震。」在伯陽父看來，天地之間存在着陰陽之氣，二氣之間有一定的秩序，地震等災異現象是人為破壞和擾亂陰陽秩序的結果。伯陽父的解釋侷限於自然現象，還沒有賦予精神元素。先秦時期，古人對氣有着多種理解，從自然現象而言，把氣理解為雲氣、霧氣、風氣等，認為天有六氣：「六氣曰陰、陽、風、雨、晦、明也，分為四時，序為五節，過則為災」（《左傳‧昭公元年》）。從生理現象而言，把氣理解為血氣、精氣、氣息，「人之生，氣之聚也；聚則為生，散則為死」（《莊子‧知北遊》）。從精神現象而言，把氣理解為勇氣、怒氣、銳氣，「夫戰，勇氣也，一鼓作氣，再而衰，三而竭。彼竭我盈，故克之」（《左傳‧莊公十年》）。

　　古人還運用氣解釋自然界和人類社會的各種現象。在農業領域，人們解釋農耕、農時與陰陽之氣的關係。「自今至於初吉，陽氣俱蒸，土膏其動。弗震弗渝，脈其滿重，穀乃不殖。」（《國語‧周語上》）意思是，從現在到月朔，陽氣全部上升，土地潤澤萌動。若沒有動靜，沒有變化，那就是地脈鬱結錯亂，作物便不能生長。在天文領域，人們用陰陽二氣解釋隕石現象。「十有六年春王正月戊申朔，隕石於宋五。是月，六鷁退飛，過宋都。」意思是，僖公十六年春季，在宋國上空墜落五塊石頭，這是降落的星星。六隻鷁鳥後退着飛，經過宋國國都。為此，宋襄公徵詢周內史叔興的意見，叔興解釋：「是陰陽之事，非吉凶所生也」（《左傳‧僖公十六年》）。在醫學領域，人們用陰陽二氣解釋各種疾病，「陰淫寒疾，陽淫熱疾，風淫末疾，雨淫腹疾，晦淫惑疾，明淫心疾」（《左傳‧昭公元年》）。分析古人對氣的認識和解釋，說明古人已經從自然界和社會現象中感覺到氣的存在，逐步認識氣的運動變化規律，這為思想家的哲學概括提供了基礎。

　　最早對氣進行哲學概括的是儒家經典《周易》和道家思想。哲學之氣源於《周易》，「潛龍勿用，陽氣潛藏」（《易經‧乾卦第

一》）。更重要的是，《周易》將氣提煉為太極的概念，認為太極是
天地萬事萬物的起源，「易有太極，是生兩儀，兩儀生四象，四象
生八卦，是故法象莫大乎天地，變通莫大乎四時」。鄭玄釋太極為
「淳和未分之氣」（《天文七政論》），孔穎達注疏：「太極謂天地未
分之前，元氣混而為一」（《五經正義》）。意思是，原始有太極，
太極就是陰陽未生渾茫廣大之氣，太極變而產生天地，是謂兩儀；
兩儀變而產生金木水火，是謂四象；四象變而產生天地水火風雷山
澤，是謂乾坤坎離巽震艮兌八卦。所以八卦圖像涵蓋宇宙萬象，變
通則產生四時運行。《周易》還把太極變化看成是陰陽互相消長的運
動，「一陰一陽之謂道」（《易傳‧繫辭上》）。從而使陰陽二氣從單
純的自然現象，轉化為與太極相配合的事物運動變化規律，氣也就
有了形而上意義。

　　真正使氣變為哲學範疇的是道家思想。老子是古代自覺探討
本體問題的第一位哲學家，他把道看成是宇宙的本原和天下萬事萬
物的起源，把陰陽二氣看成是萬事萬物組成的要素，是道創生萬物
過程中演變運行的方式，「道生一，一生二，二生三，三生萬物。萬
物負陰而抱陽，沖氣以為和」（《老子‧第四十二章》）。同時，老
子實際上提出道德之氣的思想，他的人生理想是保持嬰兒般的純真
和渾樸，養氣是主要途徑。「載營魄抱一，能無離乎？專氣致柔，
能嬰兒乎？」（《老子‧第十章》）意思是，精神與身體合一，能夠
不分離嗎？結聚精氣而達致柔順，能純真得像嬰兒嗎？王弼注云：
「專，任也；致，極也。言任自然之氣，致至柔之和，能若嬰兒之無
所欲乎？則物全而性得矣」（《道德經注》）。老子關注的是道，無
論哲學之氣還是道德之氣都沒有展開論述。

　　莊子繼承發展了老子的哲學思想，比較全面地論述了哲學之
氣。在莊子看來，氣是充溢於宇宙天地之間的一種普遍存在的物
質，是構成宇宙萬物的基礎和形成宇宙萬物的發端。萬物都是由氣

的運動變化產生的，而氣的運動變化主要表現為陰陽二氣的對立和融合，「陰陽者，氣之大者也」（《莊子·則陽》）。在莊子看來，宇宙原初是一個混沌，唯有氣的存在，氣運行變化而產生萬物，「察其始，而本無生；非徒無生也，而本無形；非徒無形也，而本無氣。雜乎芒芴之間，變而有氣，氣變而有形，形變而有生。今又變而之死。是相與為春秋冬夏四時行也」（《莊子·至樂》）。成玄英疏注「芒芴」為宇宙原始混沌未曾分化狀態，芒芴之氣經過分化，「變成陰陽二氣；二氣凝結，變而有形；形既成就，變而生育」（《南華真經注疏》）。在莊子看來，人的生命本體是氣，氣是構成人生命的物質元素：「生也死之徒，死也生之始。孰知其紀？人之生，氣之聚也。聚則為生，散則為死。若死生為徒，吾又何患？故萬物一也。」（《莊子·知北遊》）莊子還談論了養氣問題：「彼將處乎不淫之度，而藏乎無端之紀，遊乎萬物之所終始。壹其性，養其氣，合其德，以通乎物之所造。夫若是者，其天守全，其神無郤，物奚自入焉！」（《莊子·達生》）大概意思是，他將自然的分寸，藏心於無首無尾的大道中，遨遊在無終無始的萬物裏。專一其本性，保持其元氣，使德性與自然相通。像這樣的人，其自然天性不失，精神凝聚，外物又怎麼能侵害他呢？養氣側重於順應自然來協調人的生存狀態，強調人要恬淡、寂寞、虛無和無為，達到最佳的生存狀態，「故曰：夫恬淡寂寞，虛無無為，此天地之平而道德之質也。故曰：聖人休，休焉則平易矣，平易則恬淡矣。平易恬淡，則憂患不能入，邪氣不能襲，故其德全而神不虧」（《莊子·刻意》）。

　　道德之氣與血氣概念有着一定聯繫。血氣概念首見於《國語》，用來解釋生命體的活動，認為血氣是生命不可缺少的組成部分。對於血氣，大多是負面的看法，認為要調治和控制血氣，如不調治控制，則會影響人的壽命，「若血氣強固，將壽寵得沒，雖壽而沒，不為無殃」（《國語·魯語上》）。如不調治控制，則會與禽獸混一，

「夫戎、狄冒沒輕儳，貪而不讓。其血氣不治，若禽獸焉」（《國語・周語中》）。如不調治控制，則會產生爭心之惡端，「凡有血氣，皆有爭心，故利不可強，思義為愈」（《左傳・昭公十年》）。意思是，血氣為生命具有的自然能量，一任血氣的本能，便會產生爭鬥的心理，因而要思道義，發揮人的道德理性來克制血氣。

孔子接受了血氣的概念，仍然從比較消極的角度看待血氣，認為血氣存在於人的一生之中，不同的年齡階段有着不同的表現形式。一般而言，少年階段的血氣不穩定，壯年階段的血氣過於強盛，老年階段的血氣已經衰弱，不同階段的血氣要求有不同的人生態度，「君子有三戒：少之時，血氣未定，戒之在色；及其壯也，血氣方剛，戒之在鬥；及其老也，血氣既衰，戒之在得」（《論語・季氏》）。孔子只談論血氣的負面狀態，沒有談論正面情況，也可以看出其傾向性。然而，孔子的血氣觀點已經與修身和人的道德品質聯繫在一起，為儒家道德之氣培育了土壤。在《論語》一書中，還有三次談及氣，即氣息、辭氣、風氣，都是一個詞組，主要是表達人體的自然之氣。《論語・泰伯》引用曾子的話，強調以氣養容：「鳥之將死，其鳴也哀；人之將死，其言也善。君子所貴乎道者三：動容貌，斯遠暴慢矣；正顏色，斯近信矣；出辭氣，斯遠鄙倍矣。」劉寶楠注曰：「辭氣者，辭謂言語，氣謂鼻息出入，若聲容靜、氣容肅也。」《論語・鄉黨》二處描述孔子在朝堂的表現，也是以氣養容，一處是「攝齊升堂，鞠躬如也，屏氣似不息者」。劉寶楠注曰：「夫子屏攝其氣，若呼吸俱泯也，蓋氣容宜肅也。」（《論語正義》）另一處是講吃肉不能過多，以免勝過食氣，影響身體健康，「肉雖多，不使勝食氣」。真正將血氣化為道德之氣的是子思，「凡有血氣者，莫不尊親。」（《中庸・第三十一章》）尊親是指在人類社會關係中的情感，意味血氣與人的情感存在着聯繫，血氣是尊親的重要條件，這離道德之氣只有一步之遙了。孟子在繼承孔子、子思血氣

思想的基礎上，邁出了重要一步，賦予氣以強大的道德能量。氣在孟子之後，成為儒家理想人格的重要內容和顯著標誌，這在文天祥的〈正氣歌〉中得到了完美的綜合和展示。

牛山之喻

孟子繼承了血氣與人的情感和精神狀態相聯繫的思想，卻沒有沿用血氣概念，《孟子》一書也沒有使用過血氣一詞。孟子着重從人的精神層面討論了氣的概念，而且集中在〈告子上〉第八章和〈公孫丑上〉第二章。在〈告子上〉第八章中，孟子通過比喻的方式既論證人性本善，又論證外部環境對於發揚光大性善的重要作用。在論證的過程中，孟子提出了「夜氣」和「平旦之氣」的概念。在〈公孫丑上〉第二章中，孟子從「不動心」談起，既討論了心與氣的關係，又討論了志與氣的關係，進而提出了洋溢着德性光輝的「浩然之氣」。朱熹認為孟子兩處論氣，目的都不是為了論氣，而是為了論心和性善，論氣服務服從於論心和性善的需要。他評價〈告子上〉第八章說：「孟子此段首尾，止為良心設耳」，「這一段，其所主卻在心」，「今人只說夜氣，不知道這是因說良心來」；評價〈公孫丑上〉第二章說：「此章孟子之意，不是說氣稟，只因說不動心，滾說到這處」，「只看他一章本意，是說個不動心」。為了證明自己理解的正確，朱熹甚至賭咒發誓：「若與孟子不合者，天厭之！天厭之！」「某解此段，若有一字不是孟子意，天厭之」（《朱子語類》）。這說明研讀孟子氣論，不能就氣論氣，而要聯繫其心性論，才能正確地理解夜氣、平旦之氣和浩然之氣。

先來研讀〈告子上〉第八章的牛山之喻。孟子論證人性本善，有兩種形式，一種是事實論證，另一種是比喻論證。在事實論證方面，孟子舉了兩個例子加以說明，一個是孺子入井，當看到小孩將要掉入井內，任何人都會有善心，而沒有任何功利的考量，「所以

謂人皆有不忍人之心者，今人乍見孺子將入於井，皆有怵惕惻隱之心，非所以內交於孺子之父母也，非所以要譽於鄉黨朋友也，非惡其聲而然也」（〈公孫丑上〉）。另一個是小孩自然而然愛父母，稱之為良知良能，「人之所不學而能者，其良能也；所不慮而知者，其良知也。孩提之童無不知愛其親者，及其長也，無不知敬其兄也。親親，仁也；敬長，義也；無他，達之天下也」（〈盡心上〉）。在比喻論證方面，主要有三個：第一個是水的比喻，以水必然向低處流去，證明人性必然是善。「人性之善也，猶水之就下也。人無有不善，水無有不下。今夫水，搏而躍之，可使過顙；激而行之，可使在山。是豈水之性哉？其勢則然也。人之可使為不善，其性亦猶是也。」第二個是身體的比喻，既然口耳眼睛都有同樣的偏好，那麼心也一定有同樣的義理偏好，以此說明人性本善的普遍性。「故曰，口之於味也，有同耆焉；耳之於聲也，有同聽焉；目之於色也，有同美焉。至於心，獨無所同然乎？心之所同然者何也？謂理也，義也。聖人先得我心之所同然耳。故理義之悅我心，猶芻豢之悅我口。」（〈告子上〉）第三個是牛山的比喻。只有在這個比喻中，孟子把人性善與氣聯繫起來，夜氣與平旦之氣都是人性本善的邏輯延伸。

　　〈告子上〉第八章的牛山之喻分為兩部分，上半部分着重討論山之本性與環境的關係，藉山之性比喻人之性，山有生長草木之性，人具有仁義之善性。牛山之草木的凋零，乃是外部因素作用的結果，並非牛山沒有生長草木的本性；人如果喪失其善良之心，也是由於外部因素的作用，並非人的本性不善。在這一部分中，孟子對牛山草木凋零及其原因分析刻畫得十分細緻逼真。先是敘述人為的破壞。牛山的草木原是繁茂的，由於在城市旁邊，經常被人砍伐而破壞了。「牛山之木嘗美矣，以其郊於大國也，斧斤伐之，可以為美乎？」接着指出動物的破壞。牛山經過雨水的澆灌和露珠的滋

潤，又長出了草木，卻被牛羊吃掉了。「是其日夜之所息，雨露之
所潤，非無萌蘖之生焉，牛羊又從而牧之，是以若彼濯濯也。」朱
熹注曰：「山木雖伐，猶有萌蘖，而牛羊又從而害之，是以至於光潔
而無草木也。」（《四書章句集注》）最後比較牛山與人性的遭遇，強
調本性不能等同於遭遇。「人見其濯濯也，以為未嘗有材焉，此豈山
之性也哉？雖存乎人者，豈無仁義之心哉？其所以放其良心者，亦猶
斧斤之於木也，旦旦而伐之，可以為美乎？」意思是，人們看見那
山光禿禿的，就以為它不曾生長過樹木，這難道是山的本性嗎？在
人的身上，難道沒有仁義之心嗎？之所以有人失掉了他身上的善良
之心，也像斧子對待樹木一樣，天天砍它，怎麼能讓它繁茂呢？

　　下半部分着重討論氣與人性的關係。在上半部分肯定人性善之
後，孟子先是提出「平旦之氣」概念，強調平旦之氣與賢人之
心——也就是仁義之心相近，「其日夜之所息，平旦之氣，其好惡
與人相近也者幾希，則其旦畫之所為，有梏亡之矣」。趙岐注曰：
「其日夜之思欲息長仁義，平旦之志氣，其好惡，凡人皆有與賢人
相近之心。」（《孟子注疏》）接着提出「夜氣」的概念，認為一
個人如果夜氣不存，那就無以區別於禽獸，「梏之反覆，則其夜氣
不足以存。夜氣不足以存，則其違禽獸不遠矣」。所謂平旦之氣，
是指清晨的空氣；夜氣，是指深夜的空氣。孟子偏愛平旦之氣和夜
氣，似乎是因為清晨之氣新鮮、純潔，深夜之氣寧靜、乾淨，都沒
有受到污染。平旦之氣、夜氣都是一種比喻，以自然之氣比附仁義
之心。在孟子看來，夜氣似比平旦之氣重要，夜氣是內容，平旦之
氣是形式。只要夜氣存在，平旦之氣即使消失了，還會重新生長出
來。而且夜氣比平旦之氣難以消失，平旦之氣是生長容易，消失也
容易，夜氣則不容易消失，要反反覆覆地阻止、泯滅，才能消失。
一旦消失，就難以生長。人沒有了夜氣，也就成了禽獸。朱熹解釋
平旦之氣和夜氣：「人之良心雖已放失，然其日夜之間，亦必有所生

長。故平旦未與物接，其氣清明之際，良心猶必有發見者。但其發見至微，而且晝所為之不善，又已隨而梏亡之，如山木既伐，猶有萌櫱，而牛羊又牧之也。晝之所為，既有以害其夜之所息；夜之所息，又不能勝其晝之所為，是以展轉相害。至於夜氣之生，日以浸薄，而不足以存其仁義之良心，則平旦之氣亦不能清，而所好惡遂與人遠矣。」（《四書章句集注》）隨後，孟子指出：「人見其禽獸也，而以為未嘗有才焉者，是豈人之情也哉？」趙岐注曰：「人見惡人禽獸之行，以為未嘗有善才性，此非人之情也。」（《孟子注疏》）這一解釋比較符合孟子一貫的思想，在〈告子上〉另一章中，孟子同樣運用了情與才兩個詞：「乃若其情，則可以為善矣，乃所謂善也。若夫為不善，非才之罪也」。意思是，從人的天賦資質來看，是可以使它善良的，這就是我所說的人性善良。至於有些人做壞事，不是天賦資質的錯誤。最後，孟子強調，人之善性必須保養、維護，才能生長起來，才能擴而充之，否則，就會泯滅人的善性。「故苟得其養，無物不長；苟失其養，無物不消。孔子曰：『操則存，舍則亡；出入無時，莫知其鄉。』惟心之謂與？」

孟子之氣論與心論有着密切關係，心是氣的基礎，氣是心的延展，心論是氣論的理論依據，氣論是為了鞏固拓展心論。要認識孟子之氣，必先瞭解孟子之心。孟子之心既是認知之心，又是道德之心。作為認知之心，孟子認為是人之固有的，乃天之所賦。「耳目之官不思，而蔽於物。物交物，則引之而已矣。心之官則思，思則得之，不思則不得也。此天之所與我者。」孟子進一步認為，心之思是大事，耳目之感官是小事。即使是認知之心，也包含着性善的內容，只要把認知之心用好了，耳目之器官就不能蒙蔽和奪走人心中的善性。「先立乎其大者，則其小者不能奪也。此為大人而已矣。」（〈告子上〉）朱熹注曰：「心則能思，而以思為職。凡事物之來，心得其職，則得其理，而物不能蔽；失其職，則不得其理，而

物來蔽之。此三者，皆天之所以與我者。」（《四書章句集注》）在孟子看來，心的更本質規定是道德之心：「惻隱之心，仁之端也；羞惡之心，義之端也；辭讓之心，禮之端也，是非之心，智之端也。人之有是四端也，猶其有四體也」（〈公孫丑上〉）。孟子認為，人不同於禽獸，在於人有道德之心：「人之所以異於禽獸者幾希，庶民去之，君子存之。舜明於庶物，察於人倫，由仁義行，非行仁義也。」君子不同於常人，也在於君子有道德之心：「君子所以異於人者，以其存心也。君子以仁存心，以禮存心。仁者愛人，有禮者敬人。愛人者，人恆愛之；敬人者，人恆敬之」（〈離婁下〉）。

　　孟子之氣既是自然之氣，又是道德之氣，是道德因素把心與氣緊密聯繫在一起。正是道德因素，趙岐才認為平旦之氣與賢人之心相近；正是道德因素，孟子才會把夜氣與仁義同等對待，作為區別人與禽獸的重要依據。空氣每時每刻都存在，孟子為什麼只提出清晨的空氣和深夜的空氣，因為清晨的空氣與深夜的空氣有一個共同的特點是潔淨。在孟子看來，只有潔淨的空氣，才能與仁義結合起來，具有道德屬性。心與氣的關係是心主宰氣，氣呵護心；平旦之氣、夜氣具有道德屬性，才需要道德之心的主宰，同時又能呵護道德之心，像雨露般地滋潤道德之心。平旦之氣、夜氣對於道德之心的作用，與雨露對於牛山之草木生長過程中所起的作用相似，兩者卻有着本質差別。對於牛山而言，決定牛山本性的是草木，雨露對牛山的本性只能間接地發揮作用，卻不能決定牛山的本性。而平旦之氣、夜氣卻和道德之心一樣，都能決定人的本質，這也是孟子為什麼強調夜氣是區別人與禽獸的道理。

孟子之正氣論

　　儘管平旦之氣、夜氣都是孟子的思想，而孟子之氣的標誌不是平旦之氣，也不是夜氣，卻是浩然之氣，對於後世影響巨大的也

是浩然之氣。浩然之氣是道德之氣，更是英雄之氣，貫長虹、昭日月，千百年來一直在召喚着無數志士仁人為國家為民族、為理想為信念前赴後繼，勇猛精進。今天，浩然之氣仍然激蕩在我們心中，仍然是中華民族巍然屹立於世界民族之林的強大精神支柱。

　　浩然之氣是孟子之氣的專有名詞，具有磅礡的力量、偉岸的人格。《草木子·原道篇》對夜氣與浩然之氣進行了比較，認為「孟子之夜氣之說，是水靜而清時；浩然之氣，是水盛而大時。」[1] 意指夜氣，猶如水平靜、清澈之時；浩然之氣，猶如水波瀾壯闊、橫無際涯之空曠，讓人感到壯觀震撼，油然而生敬意。蘇東坡在〈韓文公廟碑〉中不惜筆墨對浩然之氣加以禮讚：「孟子曰：『我善養吾浩然之氣。』是氣也，寓於尋常之中，而塞乎天地之間。卒然遇之，則王公失其貴，晉、楚失其富，良、平失其智，賁、育失其勇，儀、秦失其辯。是孰使之然哉？其必有不依形而立，不恃力而行，不待生而存，不隨死而亡者矣。故在天為星辰，在地為河嶽，幽則為鬼神，而明則復為人。」

　　孟子論述浩然之氣集中於〈公孫丑上〉第二章，邏輯嚴謹，結構完整，有序幕、有正劇，有過程、有高潮，貫注着孟子物質生命的活力和精神生命的能量，形成了以氣勢和道德情感取勝的風格，澤被唐宋八大家，影響後世散文的發展。

　　全文由公孫丑提問開始：「夫子加齊之卿相，得行道焉，雖由此霸王，不異矣。如此，則動心否乎？」接着孟子重點回答了公孫丑三個問題，論及不動心及其原因，比較孟子與告子不動心的差異，自然而然地推出浩然之氣這一宏大主題。不動心是浩然之氣產生的前提，沒有不動心，就不可能產生浩然之氣。當公孫丑問齊國

1　葉子奇：《草木子》，中華書局 1959 年版，第 26 頁。

給予令人羨慕的卿相之位，是否會動心時，孟子給予了否定回答：
「否！我四十不動心。」這和孔子「四十不惑」有異曲同工之妙。公
孫丑佩服孟子的不動心，認為遠勝於著名的勇士孟賁，「若是，則
夫子過孟賁遠矣」。孟子卻指出，做到不動心容易，告子也能做到
不動心，「是不難，告子先我不動心」。

　　這時，公孫丑提出了第一個重點問題：「不動心有道乎？」孟
子回答不動心有道，在於如何養勇，而養勇有三種方法，一種是：
「北宮黝之養勇也，不膚橈，不目逃，思以一豪挫於人，若撻之於
市朝，不受於褐寬博，亦不受於萬乘之君；視刺萬乘之君，若刺褐
夫，無嚴諸侯，惡聲至，必反之。」意思是，北宮黝培養勇氣的辦
法是，肌膚被刺也不顫動發抖，眼睛被戳也能目不轉睛，他認為受
到一點點侮辱，就像在集市上被鞭打一樣。既不受卑賤者的侮辱，
也不受大國之君的侮辱。在他看來，刺殺大國之君和刺殺卑賤者是
一樣的。他不畏懼諸侯。有人罵他，他一定回擊。另一種是孟施舍
的養勇方法，面對敵人無所畏懼，始終抱着必勝信心。「孟施舍之
所養勇也，曰：『視不勝猶勝也；量敵而後進，慮勝而後會，是畏三
軍者也。舍豈能為必勝哉？能無懼而已矣。』」又一種是曾子的養
勇方法。「昔者曾子謂子襄曰：『子好勇乎？吾嘗聞大勇於夫子矣。
自反而不縮，雖褐寬博，吾不惴焉；自反而縮，雖千萬人，吾往
矣。』」意思是，從前曾子對子襄說，你喜歡勇敢嗎？我曾經從先生
那裏聽過什麼是大勇；自我反省而發現正義不在我，那麼即使卑賤
的人，我也不去恐嚇他；自我反省而認為正義在我，即使面對千軍
萬馬，我也勇往直前。

　　在孟子看來，北宮黝之勇不如孟施舍之勇，孟施舍之勇又不
如曾子之勇。原因在於北宮黝是匹夫之勇，孟施舍是心理之勇，而
曾子是大勇，是精神之勇、道義之勇、理性之勇。不動心之道在於
曾子之勇，只有曾子之勇，才能在權位、名利和物慾面前做到不動

心。而曾子之勇的靈魂是自反而縮，自反而縮是曾子自省論的另一種表述。自省和自反而縮，是不動心的源泉，也是浩然正氣的源泉。

公孫丑提出的第二個重點問題是：「敢問夫子之不動心與告子之不動心，可得聞與？」告子之不動心在於「不得於言，勿求於心；不得於心，勿求於氣」。意思是，假如言語有過失，便不必到內心去尋找原因；心中有所不安，不必求助於意氣。孟子贊同「不得於心，勿求於氣」，朱熹注曰：「不得於心而勿求諸氣者，急於本而緩其末」（《四書章句集注》）。在孟子看來，心是仁義之心，氣乃人體由內而顯於外的精神狀態，仁義之心是本，道德之氣是末；仁義之心是道德之氣的基礎，道德之氣是仁義之心的外顯，所以孟子認可「不得於心，勿求於氣」。至於「不得於言，勿求於心」，孟子則加以批駁，認為言語很重要，如果言語有過失，則必須在內心中反思。

孔子和孟子都強調言語的重要性，在《論語》最後一章，孔子說：「不知命，無以為君子也；不知禮，無以立也；不知言，無以知人也。」孟子則指出：「人之易其言也，無責耳矣。」（〈離婁上〉）意思是，那些把什麼話都輕易說出口的人，已經沒有可取之處，連責備他都沒有什麼必要了。孟子把知言看成是自己的特長，並以此為驕傲：「詖辭知其所蔽，淫辭知其所陷，邪辭知其所離，遁辭知其所窮。生於其心，害於其政；發於其政，害於其事。聖人復起，必從吾言矣。」孟子進而論述了志與氣的關係：「夫志，氣之帥也；氣，體之充也。夫志至焉，氣次焉；故曰：『持其志，無暴其氣。』」朱熹注曰：「志固心之所之，而為氣之將帥；然氣亦人之所以充滿於身，而為志之卒徒者也。故志固為至極，而氣即次之。」（《四書章句集注》）這說明志與氣的關係也是心與氣的關係，志乃是心中產生的意向，可以主宰統御充滿於身體之氣，處於優先地位。志如何統御氣呢？孟子認為，既要「持其志」，從積極方面堅持思想意志

的道德判斷及其實踐性，又要「無暴其氣」，從消極方面去控制感情意氣的濫施濫用。在孟子看來，志與氣不僅是主次關係，而且是互動關係，即志與氣互相影響，互相作用，在強調志的主導作用同時，不能忽視道德之氣的作用，在修身過程中要二者兼顧，不可偏廢，「志壹則動氣，氣壹則動志也，今夫蹶者趨者，是氣也，而反動其心」。

公孫丑提出的第三個重點問題是：「敢問夫子惡乎長？」孟子信心滿滿地回答：「我知言，我善養吾浩然之氣。」至此，孟子大聲喊出了生命的最強音——浩然之氣，響徹中華大地，經久不息，回聲不斷。浩然之氣升華了孔子的血氣觀念，完成了血氣從道德之萌芽生長為參天大樹的歷史進程，建構起具有儒家特色、充滿道德內容的氣論。那麼，什麼是浩然之氣呢？迄今為止，無論學界還是民間，還是只可意會，很難言傳，孟子自己也說「難言也」。分析孟子對浩然之氣的闡述和論證，浩然之氣的最大特徵是至大至剛，至大則無所不在，無所限制；至剛則無所不勝，不可屈撓。「其為氣也，至大至剛，以直養而無害，則塞於天地之間。」浩然之氣的主要內容是義與道：「其為氣也，配義與道；無是，餒矣。是集義所生者，非義襲而取之也。行有不慊於心，則餒矣。」而道就是仁，「仁也者，人也。合而言之，道也」（〈盡心下〉）。這說明浩然之氣是精神之氣，而不是自然之氣，是主觀之氣，而不是客觀之氣。

對於浩然之氣，後人進行了不少注釋，一般認為，浩然之氣既充塞於天地之間，又落實在人體之中。趙岐注曰：浩然之氣在天地之間，「言此至大至剛、正直之氣也。然而貫洞纖微，治於神明，故言之難也。養之以義，不以邪事干害之，則可使滋蔓，塞滿天地之間，佈施德教，無窮極也」。浩然之氣在人體之中，「此氣與道義相配偶俱行。義謂仁義，可以立德之本也。道謂陰陽大道，無形而生有形，舒之彌六合，捲之不盈握，包絡天地，裏授羣生者也。

言能養此道氣而行義理，常以充滿五臟。若其無此，則腹腸飢虛，若人之餒餓也。……此浩然之氣，與義雜生，從內而出。人生受氣所自有者」（《孟子注疏》）。孫奭疏曰：「孟子答公孫丑，以為浩然之大氣，難以言形也，蓋其為氣至大而無所不在，至剛而無所不勝，養之在以直道，不以邪道干害之，則充塞於天地之間，無有窮極也。……為氣也與道義相配偶，常以充滿於人之五臟，若無此氣與道義配偶，則餒矣，若人之飢餓也。能合道義以養其氣，即至大至剛之氣也。蓋裁制度宜之謂義，故義之用則剛；萬物莫不由之謂道，故道之用則大。氣至充塞盈滿乎天地之間，是其剛足以配義，大足以配道矣。此浩然大氣之意也。……孟子又言是氣也，是與義雜生所自有者也，從內而出矣，非義之所密取，而在外入者也。」（《孟子注疏》）朱熹解讀「集義所生者，非義襲而取之也」，認為「此是反覆說，正如所謂『仁義禮智，非由外鑠我也，我固有之也。』是積集眾義所生，非是行一事偶然合義，便可掩襲於外而得之。浩然之氣，我所固有者也」（《朱子語類》）。

　　孟子不僅論述了什麼是浩然之氣，而且指明了怎樣修養浩然之氣，具體是「直養而無害」；「必有事焉而勿正，心勿忘，勿助長也」。「直養而無害」，即以正道修養浩然之氣，而不能用邪道危害浩然之氣。孟子是這樣說的，也是這樣做的。當陳代勸誡孟子為了實現政治抱負，可以枉尺而直尋，委屈去見諸侯。孟子舉了春秋末年善於駕車的王良為例，說明一個駕車人都能堅持直道而行，我怎麼會為了實現政治志向而走歪門邪道。「御者且羞與射者比，比而得禽獸，雖若丘陵，弗為也。如枉道而從彼，何也？且子過矣！枉己者，未有能直人者也。」（〈滕文公下〉）意思是，駕車人尚且羞於跟壞射手合作；與其合作而獵獲禽獸，即使堆積如山，也不幹。假如委屈真理而跟從諸侯，那又算什麼？況且你錯了！自己不正直的，從來沒有能使別人正直的。浩然之氣是一種至大至剛的正直之

氣，更需要以直道來涵養和修煉。馮友蘭指出：「養氣的工夫，要在『勿忘勿助』。」[1]勿忘，就是心裏要記住浩然之氣，行動要堅持不懈地涵養浩然之氣，不斷有所進步，正如朱熹所言：「凡事有義，有不義，便於義行之。今日行一義，明日行一義，積累既久，行之事事合義，然後浩然之氣自然而生。」（《朱子語類》）勿助長，孟子用了宋人揠苗助長的故事，說明涵養浩然之氣是一個自然而然的過程，要循序漸進，不要急功近利。

　　筆下不停地寫着研讀浩然之氣的心得體會，口中卻不斷地吟誦南宋愛國詩人和民族英雄文天祥的〈正氣歌〉。孟子是文天祥的精神導師，文天祥是孟子的隔代知音，孟子指引了文天祥，浩然之氣孕育了文天祥。元人入侵，文天祥起兵抗戰救宋，公元 1278 年兵敗被俘，囚於一間低小、狹窄、幽暗、潮濕的房間，1282 年就義。就義這一年，文天祥寫出了氣貫長虹的〈正氣歌〉，以詩的形式和語言歌頌孟子及其浩然之氣。他在題記中寫道：「予以羸弱俯仰其間，於茲二年矣，幸而無恙，是殆有養致然爾。然亦安知所養何哉！孟子曰：『吾善養吾浩然之氣。』彼氣有七，吾氣有一，以一敵七，吾何患焉！況浩然者，乃天地之正氣也，作〈正氣歌〉一首。」所謂彼氣有七，是指囚室內的水氣、土氣、日氣、火氣、米氣、人氣和穢氣。吟誦〈正氣歌〉，深深感佩於文天祥諸多赤誠感人的詩篇，在元營議和逃脫、渡過長江時，文天祥賦詩〈揚子江〉，最後兩句是「臣心一片磁針石，不指南方不肯休」；在元軍押解進京、途經珠江口時，文天祥寫下了千古名篇〈過零丁洋〉，最後兩句是「人生自古誰無死，留取丹心照汗青」；在臨刑時，文天祥絕筆賦詩，最後兩句是「惟有一腔忠烈氣，碧空常共暮雲愁」。吟誦〈正氣歌〉，深

1　馮友蘭：《中國哲學史》，華東師範大學出版社 2011 年版，第 329 頁。

深感佩於榜樣的力量。〈正氣歌〉列舉了十二個歷史人物，有的是忠於歷史，尊重事實；有的是忠於祖國，為國赴難；有的是臨難不苟，守義不辱；有的是保持節操，忠貞不二；有的是為國以忠，鞠躬盡瘁。他們都是文天祥學習敬仰的榜樣，在文天祥看來，培育浩然之氣，最好是向先賢和忠臣義士學習，「哲人日已遠，典刑在夙昔。風簷展書讀，古道照顏色」。吟誦〈正氣歌〉，深深感佩於中華優秀傳統文化的偉力。優秀傳統文化在塑造完美人格方面具有無可比擬的優勢，在規範人的言行方面能夠產生不可抗拒的影響力。文天祥在〈絕筆自讚〉中說：「孔曰成仁，孟曰取義。惟其義盡，所以仁至。讀聖賢書，所學何事？而今而後，庶幾無愧。」作為中國人，一定要發揚光大優秀傳統文化，一定要培育恢弘浩然正氣。

反求諸己

朱熹認為：「聖人千言萬語，只是教人做人。」（《朱子語類》）如何做人，就是修身要講的道理。修的本意是洗浴，在金文中由人、水、支三部分構成，意為手持木枝用水給人刷洗後背，《說文解字》釋為「飾也」，引申有學習、整治的含義；身為軀幹，引申為自身、親自的含義，也指自我的品德、行為和才能。修身，意指修養身心，努力提高自身的思想道德和知識水平。儒家思想基礎是為人之道，倡導內聖外王，更加重視修身，把修身看成是內聖的根本，又是外王的基礎，「自天子以至於庶人，壹是皆以修身為本。其本亂，而末治者否矣。其所厚者薄，而其所薄者厚，未之有也」（〈大學〉）。意思是，上自一國君王，下至平民百姓，人人都要以修養身心為根本，若這個根本被擾亂了，那麼要治理好家庭、家族、國家和天下是不可能的；如果不分先後、輕重、緩

急，本末倒置，將應該重視的事情忽略了，應該忽略的事情卻重視起來，那想要達到齊家、治國、平天下的目的，這也是從來沒有過的事情。

儒家的修身論，孔子是奠基者。在孔子看來，一個人首先要做好自己，然後才能影響他人和社會。「季康子問政於孔子。孔子對曰：『政者，正也。子帥以正，孰敢不正？』」（《論語‧顏淵》）〈大學〉繼承發展了孔子的思想，系統地闡述了修身的內容和方法，提出了「三綱領」的價值取向和「八條目」的修身方法。孟子進一步強調修身的重要性：「人有恆言，皆曰：『天下國家。』天下之本在國，國之本在家，家之本在身。」（〈離婁上〉）孟子為儒家修身論提供性善的形上依據，從自我反省方面突出了修身的內容和方法，為儒家修身論添了磚加了瓦。

孔子的修身論

修身是孔子理想人格的重要內容。孔子重視修身，原因在於人不僅具有先天因素，而且需要後天努力，後天努力比先天因素更重要，「性相近也，習相遠也」（《論語‧陽貨》）。原因又在於理想人格的培育和塑造，主要依靠修身，而且要堅持一輩子：「吾十有五而志於學，三十而立，四十而不惑，五十而知天命，六十而耳順，七十而從心所欲，不逾矩」（《論語‧為政》）。堅持一輩子修身，是因為君子有三種事情應引以為戒：年少的時候，血氣還不成熟，應在迷戀女色、玩物喪志方面警誡自己；等到壯年的時候，血氣正旺盛，應在爭強好勝、與人爭鬥方面警戒自己；等到老年的時候，應在求名求利、貪得無厭方面警戒自己。原因還在於無論內聖還是外王，修身都是第一位的，是內聖外王的前提和基礎。「子路問君子。子曰：『修己以敬。』曰：『如斯而已乎？』曰：『修己以安人。』曰：『如斯而已乎？』曰：『修己以安百姓。』」（《論語‧憲問》）

　　仁義禮智信是孔子修身的主要內容。「子以四教：文、行、忠、信。」（《論語・述而》）這是孔子教育的內容，也是修身的內容，既要學習文化知識，又要培育道德品質。對於教育，孔子重視知識與道德之間的平衡，而對於修身，則重在培育修養道德品質。而培育修養道德品質，就是要學習實踐仁義禮智信。仁是孔子的最高道德理想，統帥着其他道德品質。仁是愛人，又和禮密切相關。「樊遲問仁。子曰：『愛人』」；「顏淵問仁。子曰：『克己復禮為仁。一日克己復禮，天下歸仁焉。為仁由己，而由人乎哉？』」（《論語・顏淵》）禮是仁的表現形式，仁是禮的實質內容。「人而不仁，如禮何？人而不仁，如樂何？」（《論語・八佾》）任何道德素養與品質都需要禮的規範，沒有禮的規範，優秀的品質也會變成惡劣的行為。「恭而無禮則勞，慎而無禮則葸，勇而無禮則亂，直而無禮則絞。君子篤於親，則民興於仁，故舊不遺，則民不偷。」（《論語・泰伯》）意思是，恭敬而不知禮則會疲勞，謹慎而不知禮則會膽怯，勇敢而不知禮則會闖禍，直率而不知禮則會傷人。在上位的君子對於親族感情篤厚，老百姓就會走向仁德；不遺棄故交舊友，老百姓就不會人情淡薄。義是實現仁的路徑，也是任何優秀的道德品質得以實踐的中介環節，「君子之於天下也，無適也，無莫也，義之與比」；義還是區別君子與小人的重要標準，「君子喻於義，小人喻於利」。智聯繫着仁，促進仁的實踐，「不仁者，不可以久處約，不可以長處樂。仁者安仁，知者利仁」（《論語・里仁》）。信是為人處世和安身立命之本，一個人沒有誠信，就像在車的橫木與轅木之間缺少靈活的接榫一樣，是沒法在社會上做人的。「子曰：『人而無信，不知其可也。大車無輗，小車無軏，其何以行之哉？』」（《論語・為政》）《論語》最後一章指出：「不知命，無以為君子也；不知禮，無以立也；不知言，無以知人也。」（《論語・堯曰》）孔子實際是告誡人們，要加強修身，真誠地實踐仁義禮智

信的道德要求。

　　君子是孔子修身的目標。孔子嚮往聖人，卻認為君子才是現實
生活可能達到的目標：「聖人，吾不得而見之矣。得見君子者，斯可
矣。」在孔子看來，君子是理想人格，也是修身的目的所在，為人
生的自我完善提供價值取向、奮鬥目標和行為規範。君子人格一方
面要有良好的道德品行，另一方面要有真才實學。在道德與學問之
間，孔子更重視道德品質的修身，認為一個人學習文化知識容易，
培育道德品質艱難。「子曰：『文，莫吾猶人也。躬行君子，則吾未
之有得。』」（《論語‧述而》）孔子說，在文獻知識和學習上，我
和別人差不多。但在人生實踐中做一個君子，那我還沒有做到。君
子人格既要有仁的品質，又要有智的品質，還要有勇的品質；一個
人具備了仁、智、勇的品質，就是一個君子，就是一個完滿的人。
「子曰：『君子道者三，我無能焉：仁者不憂，知者不惑，勇者不
懼。』」（《論語‧憲問》）

　　在仁、智、勇之間，孔子最看重仁的品質，認為君子一定要與
仁相伴，不可須臾離開。一旦離開仁，君子也就不成其為君子了。
「富與貴，是人之所欲也；不以其道得之，不處也。貧與賤，是人
之所惡也；不以其道得之，不去也。君子去仁，惡乎成名？君子無
終食之間違仁，造次必於是，顛沛必於是。」（《論語‧里仁》）馮
友蘭認為，孔子「無疑是一位有影響的教師，而且，更重要的是，
他是創立私學的第一人」。[1] 孔子創辦私學，當然是為了傳授文化知
識，孔子不僅把文化知識看成是人應該具備的才能，而且把文化知
識看成是人應該具有的品質。「知者樂水，仁者樂山；知者動，仁
者靜；知者樂，仁者壽。」（《論語‧雍也》）孔子特別看重對於知

1　馮友蘭著：《中國哲學簡史》，新世界出版社 2004 年版，第 35 頁。

識的誠實態度，說過一句應為座右銘的話：「知之為知之，不知為不知，是知也」（《論語·為政》）。勇也是君子的重要品質，卻是仁的內在要求：「仁者必有勇，勇者不必有仁」（《論語·憲問》）。對於君子而言，勇不是一種孤立存在的品質，必須從屬於仁義，否則，勇的品質就可能會發生變異。「子路曰：『君子尚勇乎？』子曰：『君子義以為上，君子有勇而無義為亂，小人有勇而無義為盜。』」（《論語·陽貨》）

　　好學是孔子修身的主要方法。研讀了孔子修身的內容和目標，自然而來的是修身方法問題。徐復觀曾經比較研究方法與工夫的異同，認為於修身而言，最好使用工夫的概念，而不使用方法的概念：「對自身以外的客觀事物的對象，為了達到某種目的而加以處理、操運的，這是一般所說的方法。以自身為對象，尤其是以自身內在的精神為對象，為了達到某種目的，在人性論，則是為了達到潛伏着的生命根源、道德根源的呈現——而加內在的精神以處理、操運的，這才可謂之工夫。人性論的工夫，可以說是人首先對自己生理作用加以批評、澄汰、擺脫，因而向生命的內層迫近，以發現、把握、擴充自己的生命根源、道德根源的，不用手去作的工作。以孔、孟、老、莊為中心的人性論，是經過這一套工夫而建立起來的。」[1]無論方法還是工夫，都是說明修身通過什麼途徑才能達到目的，孔子把好學看成是修身最重要的途徑。孔子很有意思，他不承認自己是聖人或仁者，卻為自己在學習和教育方面取得的成績驕傲：「若聖與仁，則吾豈敢？抑為之不厭，誨人不倦，則可謂云爾已矣」（《論語·述而》）。孔子似乎更重視自己的好學品質：「十室之邑，必有忠信如丘者焉，不如丘之好學也。」（《論語·公冶長》）

1　徐復觀：《中國人性論史》（先秦篇），湖北人民出版社 2002 年版，第 410 頁。

孔子還希望弟子宣傳他的好學品質:「葉公問孔子於子路,子路不對。子曰:『女奚不曰:其為人也,發憤忘食,樂以忘憂,不知老之將至云爾。』」(《論語‧述而》)

　　在孔子看來,好學的榜樣是得意弟子顏回。顏回的好學是不遷怒於別人,不犯同樣的錯誤。「哀公問:『弟子孰為好學?』孔子對曰:『有顏回者好學,不遷怒,不貳過。』」朱熹注曰:「遷,移也。貳,復也。怒於甲者,不移於乙;過於前者,不復於後。顏子克己之功至於如此,可謂真好學矣。」(《四書章句集注》)顏回的好學是安於清貧,把學習當做快樂的事情。「賢哉!回也。一簞食,一瓢飲,在陋巷,人不堪其憂,回也不改其樂。賢哉!回也。」(《論語‧雍也》)顏回的好學是有悟性,能夠融會貫通、舉一反三。「子謂子貢曰:『女與回也孰愈?』對曰:『賜也何敢望回?回也聞一以知十,賜也聞一以知二。』」孔子十分讚賞顏回的好學,甚至認為自己也不如顏回,他對子貢說:「弗如也,吾與女弗如也」(《論語‧公冶長》)。在孔子看來,好學實際是學做人,把人做好也是好學。「賢賢易色,事父母能竭其力,事君能致其身,與朋友交言而有信。雖曰未學,吾必謂之學矣。」意思是,對於妻子,應當重視她的品行,而不過分看重容貌;侍奉雙親,能夠盡心竭力;服侍君王,能夠不惜生命;與朋友交往,言語誠實可信。這樣的人即使沒有學習過,我一定也說他是學習過了。在孔子看來,好學是君子的基本要求,「君子食無求飽,居無求安,敏於事而慎於言,就有道而正焉,可謂好學也已」(《論語‧學而》)。君子的好學要與思考緊密結合起來,才是真正的好學,「學而不思則罔,思而不學則殆」(《論語‧為政》)。

〈大學〉的修身論

　　〈大學〉出自《禮記》,《禮記》亦稱《小戴禮記》,由漢宣帝

時人戴聖根據歷史上遺留下來的一批佚名儒家的著作合編而成。〈大學〉有很多版本，概況起來可分為古本與改本；古本為《禮記》注釋本，改本最為通行的是朱熹的〈大學章句〉。一般認為，〈大學〉思想源於孔子，形成於「曾氏之儒」。朱熹將〈大學〉分為經和傳兩個部分，認為首章「經」是「孔子之言，而曾子述之」，「其傳十章，則曾子之意，而門人記之」。〈大學〉是一部論述儒家修身思想的著作，也是一部討論古代教育理論的著作，其內涵深刻、文辭簡約，條理清晰、理論嚴密。全文不長，系統闡述和論證「大學之道」，即「三綱領」和「八條目」，後人簡稱為「三綱八目」。綱是靈魂，貫穿於修身全過程，目是路徑，指明修身各環節的內容，綱與目的關係是綱舉目張。程頤認為：「〈大學〉，孔氏之遺書，而初學入德之門也。」朱熹則把〈大學〉列為學習儒家經典之首，「於今可見古人為學次第者，獨賴此篇之存，而《論》《孟》次之。學者必由是而學焉，則庶乎其不差矣」（《四書章句集注》）。朱熹還認為，〈大學〉規模宏大，奠定了修身治人的基本格局，「〈大學〉是修身治人的規模。如人起屋相似，須先打個地盤。地盤既成，則可舉而行之矣」（《朱子語類》）。

　　〈大學〉開篇就提出了修身的目標和價值取向：「大學之道，在明明德，在親民，在止於至善。」朱熹認為這是修身的綱領，「言明明德，親民，皆當至於至善之地而不遷，蓋必其有以盡夫天理之極，而無一毫人欲之私也。此三者，〈大學〉之綱領也」（《四書章句集注》）。明德、親民和止善之間是一個互相聯繫的有機整體，宋代以來讀書人多依此為突破口研讀儒家經典，理解儒家精神的真諦亦從此入手，這是學習把握儒家思想精髓的門徑。

　　「明明德」是修身的邏輯起點，意指人們要自覺地彰顯和回歸善良的本性。在「三綱」中，明德的地位最重要，既是個人成長發展的開局，又是政治統治思想的基礎。明德思想在上古社會就已出

現，〈大學〉引用了三個典故加以闡明：「〈康誥〉曰：『克明德。』〈太甲〉曰：『顧諟天之明命。』〈帝典〉曰：『克明峻德。』皆自明也。」三個典故角度不同，都說明先人們如何發揚光大自己的善良德行，感召他人、帶領大家，在天下建立和諧穩定的社會。〈康誥〉是君王的指示，要求臣下明德。〈太甲〉是大臣對君王的勸告和規誡，意指商湯嫡長孫太甲繼位之初表現不佳，伊尹不得已外放太甲，讓其自責悔過，然後還政於太甲。〈帝典〉是君王親身的實踐，涉及堯舜的事跡，「克明峻德，以親九族。九族既睦，平章百姓。百姓昭明，協和萬邦。黎民于變時雍」。意思是，帝堯發揚光大高尚的品德，使家族親密和睦；家族和睦之後，又辦好其他家族的政事；眾族的政事辦好了，又協調好萬邦諸侯。天下百姓於是就變得友好和睦起來。

　　「親民」是修身的重要內容，意指君子在自己明德的基礎上，推己及人，帶動其他人實現明德。親民的含義是雙重的，既是明德的自我深化，又是明德的外向拓展。在自我深化方面，〈大學〉舉了商湯的例子：「湯之〈盤銘〉曰：『苟日新，日日新，又日新。』」銘是刻在浴盤上的箴言；湯為殷商開國君王，是一位很有德行很有作為的帝王，他在自己的浴盤上刻下「新」的箴言以警示自己，不僅要清新身體，而且要清新靈魂。在外向拓展方面，〈大學〉舉了兩個例子給予論證，一個例子是把明德的要求由個人擴大到群體，促進大家弘揚德性。「〈康誥〉曰：『作新民。』」意指周成王要求康叔在他的轄地裏使殷商的遺老遺少們煥發新的面貌，作新式的民眾。另一個例子是周朝取代殷商後的使命，要把明德的要求擴充到整個國家，「《詩》曰：『周雖舊邦，其命惟新。』」馮友蘭將其概括為「舊邦新命」，後來引申發展為「剛健日新」的思想，是激勵中華民族不斷創新和前進的思想源泉。[1]〈大學〉認為，無論是自我深化還是外

1　馮友蘭：《中國哲學史新編》第一冊，人民出版社 1982 年版，第 6 頁。

向拓展都要追求最完善的道德境界，「是故君子無所不用其極」。

「止於至善」是修身的崇高境界，意指無論個人修養還是社會治理，都要達到善的最高水平。「止於至善」，首先要有明確的標準。由於人是社會關係的總和，在社會關係這張大網中，每個人都扮演着不同的角色；在不同的社會關係中，每個人同時扮演着不同角色。〈大學〉認為，不同的角色有不同的至善標準，具體為君王的標準是仁，人臣是敬，兒子是孝，父親是慈，朋友是信。「為人君，止於仁；為人臣，止於敬；為人子，止於孝；為人父，止於慈；與國人交，止於信。」有了至善標準，就要明確至善的範圍，〈大學〉強調，只要有人居住的地方，無論是百姓還是官員，都要明明德和止於至善，「邦畿千里，惟民所止」。意思是，天子的都城方圓千里，都是老百姓居住的地方，都要推行至善的要求。明確了至善的標準和範圍，還要「知止」。這是更高的要求，知道進退、知道利害、知道捨得、知道有所為有所不為，概言之，知道做人做事的底線。〈大學〉強調「知止」，還在於「知止而後有定，定而後能靜，靜而後能安，安而後能慮，慮而後能得。物有本末，事有終始，知所先後，則近道矣」。意思是，知道應達到的境界才能志向堅定，志向堅定才能夠沉靜，沉靜才能夠心神安定，心神安定才能夠思慮周全，思慮周全才能夠有所收穫。每樣東西都有根本有枝節，每件事情都有開始有終結，知道事物本末始終的程序，也就接近了事物發展的規律。

〈大學〉的修身思想是一個嚴密的邏輯體系，「三綱」明確了修身的目標，搭建了儒家「內聖外王」的理論框架。實現修身目標，需要有具體的方法步驟；充實「內聖外王」的理論框架，需要有豐富的內容。〈大學〉為此提出了「八目」的思想，指明了修身的工夫和方法，這就是格物、致知、誠意、正心、修身、齊家、治國、平天下。從目標而言，八目的次序是：「古之欲明明德於天下者，

先治其國；欲治其國者，先齊其家；欲齊其家者，先修其身；欲修其身者，先正其心；欲正其心者，先誠其意；欲誠其意者，先致其知。致知在格物。」就起點來看，八目的順序是：「物格而後知至，知至而後意誠，意誠而後心正，心正而後身修，身修而後家齊，家齊而後國治，國治而後天下平。」修身是八目的關鍵環節，前面承接着格物、致知和誠意、正心，後面聯繫着齊家、治國、平天下。〈大學〉明確修身是為了培養文質彬彬的君子：「瞻彼淇澳，菉竹猗猗。有斐君子，如切如磋，如琢如磨。瑟兮僩兮，赫兮喧兮。有斐君子，終不可喧兮！」意思是，看那淇水彎彎的岸邊，嫩綠的竹子郁郁葱葱。有一位文質彬彬的君子，通過如切如磋，如琢如磨，他是那樣嚴謹，胸懷寬廣，是那樣的光明煊赫。這樣一個文質彬彬的君子，真是令人難以忘懷啊！

修身往前追溯是誠意、正心，再往前是格物、致知。〈大學〉古本已沒有格物致知章，朱熹作了補傳，「所謂致知在格物者，言欲致吾之知，在即物而窮其理也」。在朱熹看來，格物、致知是修身的起始階段，「是以〈大學〉始教，必始學者即凡天下之物，莫不因其已知之理而益窮之，以求至乎其極」（《四書章句集注》）。意思是，〈大學〉一開始就教人接觸天下萬事萬物，用自己已有的知識去進一步研究，以徹底認識萬事萬物的道理。格物、致知之後，就是誠意、正心，這是修身的邏輯必然，變知識和道理為自己的思想和人格。誠意屬於意念範疇，基本要求是真實，「所謂誠其意者，毋自欺也。如惡惡臭，如好好色，此之謂自謙」。自謙意指內心感到滿足。〈大學〉指出，誠意是君子必須具備的品質，誠意的人不憂不懼，坦然安寧，「富潤屋，德潤身，心廣體胖。故君子必誠其意」。比較而言，正心更重要，即修身由意念領域深入到心靈境界，須排除各種情緒和愛好的干擾。〈大學〉認為，正心要排除四種情感的干擾，「所謂修身在正其心者，身有所忿懥，則不得其正；有

所恐懼，則不得其正；有所好樂，則不得其正；有所憂患，則不得其正」。正心的標誌是清心寡欲，即「心不在焉，視而不見，聽而不聞，食而不知其味」。心不在焉，現在作為成語似有貶義，在〈大學〉那裏卻是褒義，意指沒有私心，沒有功名利祿之心。

修身往後拓展就是齊家、治國、平天下。齊家意指管理和安排家庭家族，不能把家管好，就不可能治理好國家，「所謂治國必先齊其家者，其家不可教而能教人者，無之」。齊家的內容是：「孝者，所以事君也；弟者，所以事長也；慈者，所以使眾也。」〈大學〉尤其強調君王齊家的重要性，直接關係國家的興衰成敗，「一家仁，一國興仁；一家讓，一國興讓；一人貪戾，一國作亂。其機如此。此謂一言僨事，一人定國」。治國與平天下是緊密相連的，國家治理好了，天下就太平了，「所謂平天下在治其國者」。平天下的標誌是無訟，「子曰：『聽訟，吾猶人也，必也使無訟乎！』」沒有訴訟和官司，既是法治的最高境界，也是天下太平的重要標誌。同時，還要民心畏服，「無情者不得盡其辭。大畏民志，此謂知本」。意思是，聖人使隱晦真實情況的人不敢狡辯，使人心畏服，這就是知道了根本。〈大學〉認為，能否治平天下，關鍵在於統治者能否以身作則，「上老老而民興孝，上長長而民興弟，上恤孤而民不倍」。更重要的是，統治者能否順應民意，得到民心。〈大學〉指出，要像父母一樣得民心，「民之所好好之，民之所惡惡之，此之謂民之父母」。要通過謹慎得民心，「有國者不可以不慎，辟則為天下僇矣」。意思是，擁有國家大權的人不可不謹慎，邪僻失道就會被天下人誅戮。要借鑒殷商得民心，「《詩》云：『殷之未喪師，克配上帝。儀監于殷，峻命不易。』道得眾則得國，失眾則失國」。意思是，《詩經》說，殷商沒有失民心的時候，還是能夠與上帝的要求相符的。請用殷商做個鑒戒吧，守住天命並不是一件容易的事情。這就是得到民心就能得到國家，失去民心就會失去國家。

孟子之修身論

　　孟子之修身與孔子和〈大學〉的基本精神是一致的，他們都認為修身的重點在於道德修養，修身的內容是仁義禮智信，修身的目的是培育和塑造君子人格。孟子的貢獻在於為儒家的修身論提供人性善的理論基礎，為君子人格注入了大丈夫精神和浩然之氣，進一步充實完善了內省修身的方法。

　　孟子言性善，並不認為人生必定向善為善。如果有人不向善為善，那不能歸之為人的本性不善，「若夫為不善，非才之罪也」（〈告子上〉），而是後天環境綜合作用的結果。孟子舉了楚人孩子學齊語的故事，說明環境的重要性，即要學習齊語，最好的辦法不是請齊人來教齊語，而是到齊國街道里巷居住學齊語，「一齊人傅之，眾楚人咻之，雖日撻而求其齊也，不可得矣；引而置之莊岳之間數年，雖日撻而求之其楚，亦不可得矣」。後天環境有好有壞，好的環境有利於人的善性萌芽生長和發揚光大，壞的環境則不利於人的善性發揮。孟子對宋國大臣戴不勝說，如果想要宋國君王學好的話，就要有一個好的環境，否則就難以學好，「子謂薛居州，善士也，使之居於王所。在於王所者，長幼卑尊皆薛居州也，王誰與為不善？在王所者，長幼卑尊皆非薛居州也，王誰與為善？——薛居州獨如宋王何？」（〈滕文公下〉）在孟子看來，壞的環境包括物質條件不能滿足吃飽穿暖，也難以向善為善。在孟子看來，無論好的環境還是壞的環境，都需要人的主觀因素和自身努力，尤其是壞的環境，更需要加強人的主觀努力，才能培育弘揚人的善性，「人見其禽獸也，而以為未嘗有才焉者，是豈人之情也哉？故苟得其養，無物不長；苟失其養，無物不消」（〈告子上〉）。在孟子看來，強調人的主觀努力，就是強調修身。人生來都是性善的，而性善像一顆種子，能否發芽、生長，開花、結果，都需要後天的培育澆灌、除草施肥。對於個體而言，就是要加強修身，經常反求諸己，

把自身固有的善性變成向善為善的生動實踐。

　　孟子之修身起點和歸宿是性善論。在孟子看來，人性善是一個由四心、四端、四德構成的整體系統。四心、四端、四德相互聯繫、相互作用，呈現出從低級向高級發展的狀態。四心是人性善的情緒體驗和心理情感，屬於初級層次，「惻隱之心，人皆有之；羞惡之心，人皆有之；恭敬之心，人皆有之；是非之心，人皆有之」（〈告子上〉）。四端是人性善的萌芽和端緒，作為中介和橋樑連接着四心與四德，「惻隱之心，仁之端也；羞惡之心，義之端也；辭讓之心，禮之端也；是非之心，智之端也。人之有是四端也，猶其有四體也」。對於修身而言，四端具有重要意義。沒有四端，就談不上修身，四端是修身的前提，修身是四端的培育和發展，「有是四端而自謂不能者，自賊者也；謂其君不能者，賊其君者也。凡有四端於我者，知皆擴而充之矣，若火之始然，泉之始達」（〈公孫丑上〉）。四德則是人性善呈現於人際關係的規範和準則，屬於高級層次，展示了個體高度自覺的主體精神，按照仁義禮智要求立身處世，協調處理人自身以及人與人、人與社會、人與自然的關係，「壯者以暇日修其孝弟忠信，入以事其父兄，出以事其長上」（〈梁惠王上〉）。

　　人性為善或為惡，是個永遠也無法統一認識的問題，而人性善則比人性惡具有正面作用和積極意義，這就像人們愛表揚而不愛批評一樣，人性善是對人的表揚，人性惡卻是批評人，表揚人總比批評人好。況且，人生如果感到是善的力量而不是惡的力量在推動着自己，是善的目標而不是惡的目標在召喚着自己，那麼，心情就會充滿陽光，行為更會向善為善。任何一門學問都需要有自己的邏輯預設，即如德國學者布斯曼所言，是「關於表達或話語的含義的一種不言自明的設定」[1]。孟子之性善與其說是對人的本質規定，倒不

---

1 〔德〕布斯曼著：《語言與語言學詞典》，外語教學與研究出版社 2000 年版，第 379 頁。

如說是理論的邏輯預設，為其全部思想提供了一個推理前提，進而構築思想大廈，以解釋人生和社會政治領域紛繁複雜的各種現象。孟子之所以強調修身，是因為只有通過修身才能將人性之善顯現出來發揚光大，否則就會扼殺和湮沒性善。「仁義禮智，非由外鑠我也，我固有之也，弗思耳矣。故曰：『求則得之，舍則失之。』」人之善惡差別也在於修身的差別，「或相倍蓰而無算者，不能盡其才者也」（〈告子上〉）。只有通過修身才能成為聖賢，「曹交問曰：『人皆可以為堯舜，有諸？』孟子曰：『然。』」（〈告子下〉）孟子與孔子不同，孔子把聖人看得高不可攀，而孟子認為聖人與我們是同類的。「故凡同類者，舉相似也，何獨至於人而疑之？聖人與我同類者。」（〈告子上〉）只要向聖人學習，加強修身，我們也可以成為聖人。「堯舜之道，孝弟而已矣。子服堯之服，誦堯之言，行堯之行，是堯而已矣。」（〈告子下〉）孟子之修身的起點是要發揚光大人性之善，而其歸宿則是修成善果，成為君子和聖賢。

　　孟子之修身內容是培養大丈夫精神。孟子的理想人格仍然是君子，君子人格是各種特質的統一體，就精神特質而言，是陽剛激越與溫文爾雅的有機統一。孔子論述君子人格時，側重於君子的溫文爾雅，孔子一生都在踐行溫文爾雅的品性。「子禽問於子貢曰：『夫子至於是邦也，必聞其政。求之與？抑與之與？』子貢曰：『夫子溫良恭儉讓以得之。夫子之求之也，其諸異乎人之求之與？』」（《論語・學而》）孟子則發展了君子陽剛激越的精神特質，為君子人格充實了大丈夫精神和浩然之氣，這是孟子對儒家理想人格作出的重要貢獻。孟子一生都是在踐行陽剛激越的品性，尤其表現在與楊朱、墨家思想的辯論。「聖王不作，諸侯放恣，處士橫議，楊朱、墨翟之言盈天下。天下之言不歸楊，則歸墨。楊氏為我，是無君也；墨氏兼愛，是無父也。無父無君，是禽獸也。」（〈滕文公下〉）孟子視修身為大丈夫精神的養成之道，培養大丈夫精神必須從修身

做起。「事，孰為大？事親為大。守，孰為大？守身為大。不失其身而能事其親者，吾聞之矣，失其身而能事其親者，吾未之聞也。孰不為事？事親，事之本也。孰不為守？守身，守之本也。」（〈離婁上〉）趙岐注釋守身即為修身，守身為本也就是修身為本（《孟子注疏》）。

　　對於大丈夫精神而言，修身要培育卓然獨立的人格。孟子認為，要藐視權威和大人，保持人格的獨立和平等，不要懼怕那些居廟堂之上的大人，不要被他們身後的權勢和富貴所誘惑。「說大人，則藐之，勿視其巍巍然。」（〈盡心下〉）即使對待君王，也要保持人格的獨立。君臣關係在位勢上不可能完全平等，卻不是一種無條件的人身依附關係。修身要培育捨生取義的價值。孟子認為，義是大丈夫的精神支撐和行事準則，「大人者，言不必信，行不必果，惟義所在」（〈離婁下〉）。大丈夫要用義來衡量利益和物慾。當道義與生命不能相兼時，大丈夫應當追求比生命更有價值的東西，這就是捨生取義。修身要培育崇高遠大的志向。孟子認為，大丈夫要樹立和堅守仁義的遠大志向，志向樹立後，無論順境還是逆境，都要堅守志向，與仁義不離不棄，「尊德樂義，則可以囂囂矣。故士窮不失義，達不離道。窮不失義，故士得已焉；達不離道，故民不失望焉」（〈盡心上〉）。

　　孟子之修身方法是反求諸己。修身方法既有外部因素，也有個體自身因素，孟子不否認外部因素，卻更重視自身因素。在自身因素方面，既有個體向外學習的修身，又有個體內省的修身。孟子不否認向外學習，卻要重視自我反省，「萬物皆備於我矣。反身而誠，樂莫大焉。強恕而行，求仁莫近焉」（〈盡心上〉）。從修身方法而言，外部因素的影響是重要的，尤其是艱苦環境的磨煉，孟子說過一句名言，至今仍在激勵着人們在艱苦環境中奮力前行：「天將降大任於是人也，必先苦其心志，勞其筋骨，餓其體膚，空乏其

身，行拂亂其所為，所以動心忍性，曾益其所不能」（〈告子下〉）。
向外學習也是修身的必要途徑，尤其是向聖賢學習，「聖人，百世
之師也，伯夷，柳下惠是也。故聞伯夷之風者，頑夫廉，懦夫有立
志；聞柳下惠之風者，薄夫敦，鄙夫寬。奮乎百世之上，百世之
下，聞者莫不興起也」（〈盡心下〉）。

　　當然，孟子更重視從內省的角度修身，更強調修身的主體性
和內心的自覺性。內省首先是存心養性。在孟子看來，人之所以區
別於禽獸，在於人有仁義和良知良能。存心養性是要保存住良知良
能，保養好良知良能，「君子所以異於人者，以其存心也。君子以
仁存心，以禮存心」（〈離婁下〉）。存心養性還要找回良知良能。
良知良能是潛在的人性，受到主客觀因素的影響，特別是外部功名
利祿的誘惑，有時不僅不會顯現出來，還會丟失。一旦丟失，就要
馬上找回來。「學問之道無他，求其放心而已矣。」（〈告子上〉）存
心養性的目的是要知天、事天，知天是認識和把握人固有的善性，
事天是順應天道，修養身心以安身立命。同時，內省要節慾寡慾。
在孟子看來，減少慾望是修身最好的辦法，只要寡慾，就能存心養
性，保住人的良知良能。尤其在得志的時候，更要堅持節慾寡慾，
不要被慾望所迷惑和控制，「堂高數仞，榱題數尺，我得志，弗為
也。食前方丈，侍妾數百人，我得志，弗為也。般樂飲酒，驅騁田
獵，後車千乘，我得志，弗為也」（〈盡心下〉）。內省更要反求諸
己。內省與自省、反求諸己，實際是一個意思，都要重視內心的修
身。在孟子看來，如果自己的行為不被他人理解，甚至誤解，就要
先從自身找原因，而不是責怪別人。知恥是反求諸己的必然要求，
反求諸己之後，如果發現自己有錯，則要敢於承認錯誤，真正感到
可恥。孟子認為：「人不可以無恥，無恥之恥，無恥矣。」（〈盡心
上〉）改過是反求諸己的重要環節。一定意義上說，反求諸己就是
為了改正錯誤。一個人犯了錯誤，會被別人討厭，而改正了錯誤，

就會受到人們尊重。即伸昰惡人，只要改惡從善、棄舊圖新，上帝也會既往不咎。「西子蒙不潔，則人皆掩鼻而過之。雖有惡人，齋戒沐浴，則可以祀上帝。」（〈離婁下〉）從善是反求諸己的組成部分，也是性善論的全部目的。孟子主張要學習子路的聞過則喜、大禹的聞善而拜和舜的與人為善。「子路，人告之以有過，則喜。禹聞善言，則拜。大舜有大焉，善與人同，會己從人，樂取於人以為善。自耕稼、陶、漁以至為帝，無非取於人者。取諸人以為善，是與人為善者也。故君子莫大乎與人為善。」（〈公孫丑上〉）

　　研讀孟子之修身，經常想到的是晚清名臣曾國藩。曾國藩是傳統文化孕育的楷模，也是儒家修身的典範。曾國藩在其日記中說自己「願終身私淑孟子，歲造次顛沛，皆有孟夫子在前，須臾不離」。後人評價曾國藩：「立德立功立言三不朽，為師為將為相一完人。」究其原因，修身是最重要的成功要素，為曾國藩做人做事奠定了堅實基礎。曾國藩一生都重視修身，從沒有放棄內省和自責，努力追求個人道德的完善和圓滿。曾國藩修身的目標定得很高，這就是「不為聖賢，即為禽獸」。為了做聖賢，曾國藩制定了嚴格的「修身十二款」，其中第一款是「主敬：整齊嚴肅，無時不懼。無事時心在腔子裏，應事時專一不雜。清明在躬，如日之升。」第三款是「早起：黎明即起，醒後勿沾戀。」第四款是「讀書不二：一書未完，不看他書。東翻西閱，徒徇外為人。」第六款是「謹言：刻刻留心，第一工夫。」第十二款是「夜不出門：曠功疲神，切戒切戒。」更重要的是，曾國藩是這樣說的，也是這樣做的。每日自省時，只要有一絲一毫的言行不符合規範，他就會在當天的日記裏痛加自責，甚至不惜咒罵自己：「昨夜夢人得利，甚覺豔羨，醒後痛自懲責，謂好利之心至形諸夢寐，何以卑鄙若此！」正是源於艱苦的修身，使得曾國藩達到了至善的境界，被公認為 19 世紀中國最受人敬仰、最偉大的學者型官員。想到曾國藩，不能不對孔孟的修身論肅然起

敬，這是多麼偉大的精神力量，這是何等深遠的靈魂呼喚。孔子與孟子塑造的君子人格，光照千秋；孔子與孟子錘煉的修身方法，澤被華夏。

育天下英才

孟子不僅是偉大的思想家，而且是偉大的教育家，形成了完整系統的教育思想。

更可貴的是，孟子把教育視為人生的快樂之一，「得天下英才而教育之，三樂也」（〈盡心上〉）。孟子的教育思想源自於孔子。孔子是「中國創立私學的第一人」；孔子的教育實踐及其思想是中國教育的源頭，自詡為孔子傳人的孟子自然是第一潭清泉，擴大充盈了孔子的教育源泉。孟子的教育思想源自於親身實踐，孟子與孔子一樣開壇設教，即使在遊說君王過程中，也不忘廣招弟子，課徒授學，順便到各諸侯國吃吃喝喝，以致弟子都感到不好意思。「後車數十乘，從者數百人，以傳食於諸侯，不以泰乎？」意思是，跟隨其後的車有幾十輛，跟從其後的人有幾百人，在諸侯之間轉來轉去找飯吃，這不是太過分了嗎？孟子則不以為然，理直氣壯地說：「非其道，則一簞食不可受於人；如其道，則舜受堯之天下，不以為泰」（〈滕文公下〉）。孟子的教育實踐比孔子豐富。孔子的教育實踐規範於師生之間，教育對象主要是學生，而孟子的教育對象拓展到了君王，在《孟子》一書中，大量的記載是孟子對君王的教育。在學生那裏，無論孔子還是孟子，教與學、師與生都是統一融洽，可以互相交流的；在君王那裏，教與學、師與生則產生了裂痕，儘管教者以「王者師」的面目出現，而受教者卻可以有聽與不聽的選擇。事實上，魯穆公、齊宣王、梁惠王、滕文公對於孟子的教誨都是言

者諄諄，聽者藐藐。毫無疑問，孟子教育君王的實踐不能算是成功的，卻豐富了教學經驗和體會。

孟子的教育思想還源自於孟母之教。孟母是一位偉大的母親，她對孟子的教育和關愛充分展示了母愛的真正內容。孟母的教育保證了孟子的健康成長，也對孟子教育思想產生了重要而深刻的影響。或許可以說，孟子樂於教育的實踐及其思想正是對母愛的深情回報。

孔子的教育思想

作為中國教育第一人，孔子的篳路藍縷之功，後人難以望其項背，無人能與其並肩而立。遠古時期，由於生產力水平低下，不可能有更多的剩餘產品來支持教育文化科技事業。教育為貴族所壟斷和霸佔，具體表現在圖書典籍藏於宮廷之中，平民沒有條件閱讀；學校設在宮廷和官府，平民子弟不可能進入學習；以吏為師、學宦不分，為貴族子弟專享教育權利提供了制度保證。到了春秋戰國時期，禮崩樂壞，以致「天子失官、學在四夷」，典籍擴散、文化下移，私人辦學有了生長發展的空間和可能。孔子順應歷史潮流，響亮地提出了「有教無類」的口號，即不分貧賤富貴、不分南北東西、不分年齡大小，都有進入學校讀書的權利，這就從思想觀念上打破了學在官府的樊籬，為平民子弟爭取了受教育的權利，成為中華文明發展史上劃時代的創舉。

孔子一生都很謙遜，不承認自己是聖人或仁者，也感到自己沒有達到君子的標準。然而，孔子對於好學和誨人卻信心滿滿，多次自我讚賞：「默而識之，學而不厭，誨人不倦，何有於我哉？」這從一個側面說明孔子對教育事業的喜愛和崇敬。孔子還親身參與和踐行教育，「自行束脩以上，吾未嘗無誨焉」（《論語‧述而》）。對於束脩，後來有兩種解釋，一為十條乾肉；二為十五歲以上的孩童。

無論哪一種解釋，都表明孔子願意當他們的老師，對他們進行教誨。孔子創辦了當時規模最大、成效最顯著的私學，「弟子三千，賢人七十二」，培養了顏回、曾參、子思等碩學名儒，形成了豐富的教育思想。

孔子強調教育的社會功能。孔子不是單純地就教育論教育，而是從社會政治經濟的視野中看待教育。「子適衞，冉有僕。子曰：『庶矣哉！』冉有曰：『既庶矣，又何加焉？』曰：『富之。』曰：『既富矣，又何加焉？』曰：『教之。』」（《論語‧子路》）孔子與冉有的對話，一方面展示了孔子的治國理想，人口眾多、生活富裕、發展教育，是治理國家的主要內容，也是國家富強的必備條件。另一方面正確指明了教育的地位，教育是治理國家的重要組成部分。而且，庶、富、教是依次遞進的關係，先富後教說清楚了教育與經濟的關係。教育為立國之本，經費為教育命脈，教育受到經濟制約，只有發展好經濟，才能開展好教育。在孔子看來，治理國家不能只靠行政手段和嚴刑峻法，而要強化道德教育和禮治天下，使人民有羞恥感，心悅誠服，「道之以政，齊之以刑，民免而無恥；道之以德，齊之以禮，有恥且格」。意思是，用政紀來教導民眾，用刑罰來規範民眾，民眾往往會為了僥倖得到逃脫而不顧忌恥辱；用道德來教化民眾，用禮義來規範民眾，民眾就會有是非之心而真心地歸服。在孔子看來，從事教育，向民眾灌輸孝道思想，講授道德準則，普及行為規範，也會對社會政治產生積極作用，這實際上是在參與治理國家。「或謂孔子曰：『子奚不為政？』子曰：『《書》云：孝乎惟孝，友于兄弟，施于有政。』是亦為政，奚其為為政。」（《論語‧為政》）

孔子追求培育君子的目的。君子是孔子的理想人格，內聖外王、修齊治平是君子的全部內容。「子路問君子。子曰：『修己以敬。』曰：『如斯而已乎？』曰：『修己以安人。』曰：『如斯而已乎？』

曰：『修己以安百姓。』」（《論語・憲問》）教育的目的就是把讀書人培養成為君子。

孔子強調讀書人要有遠大志向，忠誠於大道，「士志於道，而恥惡衣惡食者，未足與議也」。孔子自己一生都在追求大道，「朝聞道，夕死可矣」（《論語・里仁》）。子夏說：「百工居肆以成其事，君子學以致其道。」（《論語・子張》）意思是，各種工匠在自己的領域辛苦勞動以完成任務，君子要專心致志地學習以達到大道。在儒家看來，仁義是大道的主體，是做人做事的最高境界，值得讀書人為之奮鬥終身。「士不可以不弘毅，任重而道遠。仁以為己任，不亦重乎？死而後已，不亦遠乎？」（《論語・泰伯》）讀書人不僅要學習知識，更要學習做人：「子以四教：文、行、忠、信」（《論語・述而》）。四教全面反映了孔子的教育內容，其中文是指知識、學問以及文章的文采、字句和條理，行、忠、信則是對學生道德品質的培育。四教中德行教育佔了很大比例，說明孔子的教育是培養品行重於傳授知識，「弟子入則孝，出則悌，謹而信，泛愛眾，而親仁。行有餘力，則以學文」（《論語・學而》）。邢昺認為此章是論述品德與學習的關係，「明人以德為本，學為末」（《論語注疏》）。讀書人要修德講學，見善則遷，有過則改。孔子始終以一種憂患的心情看待教育尤其是道德教育，惟恐道德教育不能落到實處，以妨礙君子的培養。「德之不修，學之不講，聞義不能徙，不善不能改，是吾憂也。」（《論語・述而》）意思是，不修道德，不講學問，知道應該做的卻不能遷而從之，不好的毛病卻不能改掉，這是我的憂慮啊。

孔子重視因材施教的方法。因材施教是朱熹總結孔子教學實踐概括提出的教學方法，「孔子教人，各因其材」（《四書章句集注》）。孔子沒有明確提出因材施教的理念和原則，卻在教育實踐中予以全面貫徹，首先是多方面地觀察學生，深入瞭解學生的擅

長，「德行：顏淵、閔子騫、冉伯牛、仲弓。言語：宰我、子貢。政事：冉有、季路。文學：子游、子夏。」這是孔子對弟子的評價，品德行為最好的學生有顏淵、閔子騫、冉伯牛、仲弓；長於辭令的學生有宰我、子貢；擅長辦理政務的學生有冉有、季路；熟悉瞭解古代文獻的學生有子游、子夏。孔子還從不同個性方面評價學生：「柴也愚，參也魯，師也辟，由也喭。」（《論語‧先進》）意思是，弟子高柴愚直，曾參遲鈍，子張偏激，仲由魯莽。即使對自己熟悉和喜歡的學生顏回，也要反覆地觀察才能真正瞭解，開始以為顏回愚鈍，後來發現顏回並不愚鈍。「吾與回言終日，不違，如愚。退而省其私，亦足以發，回也不愚。」（《論語‧為政》）

孔子仔細觀察學生，不僅是為了瞭解學生，更是為了有針對性地教育學生，取得良好的教育效果。《論語‧先進》有着詳細記載，孔子對子路和冉有採取不同的教育方法。面對同樣的問題，孔子要求子路謹慎地行動，要求冉有大膽地行動。「子路問：『聞斯行諸？』子曰：『有父兄在，如之何其聞斯行之？』冉有問：『聞斯行諸？』子曰：『聞斯行之！』」公西華感到不理解，「由也問聞斯行諸，子曰：『有父兄在』；求也問聞斯行諸，子曰：『聞斯行之』，赤也惑，敢問。」孔子解釋道：「求也退，故進之；由也兼人，故退之。」意思是，冉求平日做事總是退縮，所以給他以鼓勵；子路喜歡冒進，所以要約束他。最可貴的是，孔子對於任何學生都能做到認真教育，不知疲倦：「若聖與仁，則吾豈敢！抑為之不厭，誨人不倦，則可謂云爾已矣」（《論語‧述而》）。正是這種「學而不厭，誨人不倦」的精神，孔子贏得了學生的尊敬和崇拜。「顏淵喟然歎曰：『仰之彌高，鑽之彌堅，瞻之在前，忽焉在後！夫子循循然善誘人，博我以文，約我以禮，欲罷不能。既竭吾才，如有所立卓爾。雖欲從之，末由也已！』」（《論語‧子罕》）

教育的關係

古今中外，教育都不是孤立存在的。在整個社會系統中，教育是一個子系統，既從屬於政治、經濟、文化各個系統，又相對獨立地與政治、經濟、文化系統發生着物質、信息和能量的交換。教育與政治是從屬關係，要服務服從於政治教化的需要；教育與經濟是基礎與上層建築的關係，經濟基礎的變遷，必然引起教育的調整；教育與文化是大系統與小系統的關係，教育屬於文化的一部分，與文化內部的各個系統共同作用，推動着國家文教事業的發展。

在孟子那裏，教育同他的家國構想有着密切關係。「人有恆言，皆曰：『天下國家。』天下之本在國，國之本在家，家之本在身。」孟子之家國構想是「身—家—國—天下」系統，教育與身的聯繫是修身養性，以守護人的孝心，發揚人的善性。「事，孰為大？事親為大。守，孰為大？守身為大。不失其身而能事其親者，吾聞之矣。失其身而能事其親者，吾未之聞也。孰不為事？事親，事之本也。孰不為守？守身，守之本也。」（〈離婁上〉）意思是，侍奉誰最要緊？侍奉雙親最要緊。守護誰最要緊？守護自己最要緊。不遺失自己的節操而能侍奉好雙親的，我聽說過。遺失了自己的節操而能侍奉好雙親的，我沒聽說過。侍奉雙親，是侍奉中的根本。守護自己，是守護中的根本。教育與家的聯繫是家庭教育，重點在明人倫：「父子有親，君臣有義，夫婦有別，長幼有敍，朋友有信」（〈滕文公下〉）。教育與國和天下的聯繫是政治經濟。「王如施仁政於民，省刑罰，薄稅斂，深耕易耨，壯者以暇日修其孝弟忠信，入以事其父兄，出以事其長上。」（〈梁惠王上〉）

教育與身的關係，實際是教育與人性的關係。孟子主張人性本善，性善論是孟子教育思想的理論基礎，教育的本質就是保護、培育、發展、擴充人的善性。孟子的性善論由四心、四端和四德組

成，四心、四端和四德是一個人性善由可能向現實演進的過程。在這個過程中，教育居功至偉。四心是指「惻隱之心」「羞惡之心」「恭敬之心」「是非之心」。在孟子看來，教育要保護好四心，不能讓其丟失；一旦丟失，要盡快找回來，「學問之道無他，求其放心而已矣」（〈告子上〉）。四端是指：「惻隱之心，仁之端也；羞惡之心，義之端也；辭讓之心，禮之端也；是非之心，智之端也。人之有是四端也，猶其有四體也。」（〈公孫丑上〉）在孟子看來，人之善性最初只是一種道德萌芽，僅僅提供了向善為善的可能和傾向。一個人善與不善，並非由道德萌芽決定的，而是由教育培養促成的。捷克教育家夸美紐斯也有類似的說法：「我們已經知道知識、德行與虔誠的種子是天生在我們身上的；但是實際的知識、德行與虔誠都沒有給我們。這是應該從祈禱、從教育、從行動去獲得的。」[1] 孟子以牛山為例加以證明，牛山之草木本來是豐茂美麗的，如果不給予養護，而是任斧子砍伐，牛羊放牧，那草木就不可能生長繁殖，牛山也會變得光禿禿了。人之善性也是如此，「故苟得其養，無物不長；苟失其養，無物不消」。四德是指仁義禮智，「惻隱之心，仁也；羞惡之心，義也；恭敬之心，禮也；是非之心，智也」（〈告子上〉）。在孟子看來，只有通過教育教化，才能使人性之四端升華為四德，人性本善由可能性變為現實性。「謹庠序之教，申之以孝悌之義，頒白者不負戴於道路矣。」（〈梁惠王上〉）教育與家庭的關係。孟子重視家庭教育，孟子本人是良好家庭教育結出的碩果。

　　在孟子看來，家庭教育是人生幼年階段最重要的教育。人的一生包括幼年、成年和老年三個階段，幼年期又有赤子、孩提之童和幼學之區分。赤子，意指嬰兒，孔穎達疏云：「子生赤色，故言赤

1　〔捷克〕夸美紐斯著，傅任敢譯：《大教學論》，人民出版社 1958 年版，第 35–36 頁。

子」（《五經正義》）。孟子鍾情於赤子，認為赤子是人生最美好的階段，即使成年之後，也不要忘了赤子之心，「大人者，不失其赤子之心者也」（〈離婁下〉）。孩提之童，趙岐注釋：「孩提，二三歲之間，在繈褓知孩笑，可提抱者也」（《孟子注疏》）。孟子認為：「孩提之童無不知愛其親者。」（〈盡心上〉）幼學為十歲，開始上學，《禮記・曲禮上》說：「人生十年曰幼，學。」孟子在與齊宣王談話時指出：「夫人幼而學之，壯而欲行之。」（〈梁惠王下〉）古時候，一個人從出生到幼學時，都是在家庭度過的，老師自然是父母，「人少，則慕父母」。《說文解字》釋「教」為：「上所施，下所效也。從攴，從孝。」上施下效，意指子順從父和弟順從兄，說明教學本身就有孝的含義。在孟子看來，家庭教育重點在孝悌，「堯舜之道，孝弟而已矣」（〈告子下〉）。舜是孝悌的典範，對父母的感情是好色富貴等人之所欲不能替代的，「人悅之、好色、富貴，無足以解憂者，惟順於父母可以解憂」（〈萬章上〉）。家庭成員的言語行動離不開孝悌觀念的制約，而孝悌觀念的形成離不開家庭的教育。在孟子看來，家庭教育的關鍵是父母，尤其是一家之長要以身作則，「身不行道，不行於妻子；使人不以道，不能行於妻子」（〈盡心下〉）。家庭教育有自己的特點，不能以傷害父子感情來開展教育，孟子甚至提出了易子而教的觀點，「古者易子而教之，父子之間不責善。責善則離，離則不祥莫大焉」（〈離婁上〉）。教育與政治的關係。任何統治者都重視教育，教育與政治有着千絲萬縷的聯繫。

在孟子看來，教育關乎國家興衰存亡，是治理國家最重要的事情，甚至超過經濟和軍事的作用。「故曰：城郭不完，兵甲不多，非國之災也；田野不辟，貨財不聚，非國之害也。上無禮，下無學，賊民興，喪無日矣。」（〈離婁上〉）意思是，所以說，城牆不堅固，兵器甲冑不夠多，不是國家的災難；田野尚未開闢，錢財不夠集中，不是國家的禍害。在上的不講禮儀，在下的沒有教育教化，

刁民紛紛興起，國家的滅亡也就快了。在孟子看來，統治者要想獲得百姓的真誠擁護，良好政治不如良好教育；在贏得人心方面，教育的功能要遠遠大於政治統治和行政手段的作用。「仁言不如仁聲之入人深也，善政不如善教之得民也。善政，民畏之；善教，民愛之。善政得民財，善教得民心。」（〈盡心上〉）良好的教育把倫理道德思想和規範輸入人心，形成醇厚的風俗習慣，才能使民眾心悅誠服，而政治統治和行政手段是以國家強制力作後盾的，是以力服人，而不是以德服人。在孟子看來，統治者要重視教育，國家要舉辦學校。他在幫助滕文公制定國策時，明確提出國家辦學制度和辦學宗旨，辦學制度是設立學校；辦學宗旨是明人倫：「設為庠序學校以教之。庠者，養也；校者，教也；序者，射也。夏曰校，殷曰序，周曰庠；學則三代共之，皆所以明人倫也。人倫明於上，小民親於下。」（〈滕文公下〉）在中國教育史上，如此具體地設計國家教育制度和強調辦學宗旨，孟子要算第一人。

教育與經濟的關係。教育屬於上層建築，離不開經濟的支撐和生產力的發展。孟子能夠提出教育問題，是因為他所處的戰國時期，經濟有了很大發展，能夠提供更多的剩餘產品來發展教育。在孟子看來，經濟與教育、經濟基礎與上層建築、物質生活與精神生活有着密切聯繫。「民非水火不生活，昏暮叩人之門戶求水火，無弗與者，至足矣。聖人治天下，使有菽粟如水火。菽粟如水火，而民焉有不仁者乎？」（〈盡心上〉）意思是，百姓沒有水和火便無法生存，黃昏夜晚敲開別人家的門要水和火，沒有不給的，因為水、火極其充足。聖人治理天下應使糧食如同水、火那樣多。糧食如果像水、火那樣充足，百姓哪裏會不講仁愛呢。在孟子看來，老百姓講究實際利益，沒有解決溫飽之前，是不會考慮教育等精神生活的需要，而且會惹是生非，不利於社會穩定，統治者因此而使用刑罰，治百姓之罪，也是錯誤的。在孟子看來，明智的統治者先要

制民之產，然後要辦好學校，開展教育，強化孝悌之義，「驅而之善，故民之從之也輕」（〈梁惠王上〉）。

孟子之教育思想

在中國教育史上，孟子最早提出了教育概念。僅憑教育概念的提出，孟子對中國教育就有着極大貢獻。孟子之教育既包括學校教育，又包括社會教育。學校教育屬於有目的、有組織以及有內容和方法的自覺活動，對個體而言，是直接完整意義上的教育，也是影響終身的教育。社會教育潛移默化，潤物無聲，對個體的影響和作用，絕對不能低估。無論學校教育，還是社會教育，都有一個教師與學生的關係。孟子約四十歲時在鄒地開設杏壇，聚徒講學，此後終身與教育結緣，其所論教育重點應是學校教育。

孟子周遊列國，以王者師自居，對齊宣王、梁惠王們進行教育，「有王者起，必來取法，是為王者師也」（〈滕文公下〉）。孟子不僅有一般意義的學生，而且有特殊意義的王者學生。對於王者學生，無論教還是學都有着不同的要求，這是孟子異於孔子的地方，也是孟子在提高讀書人地位。孔子教育的主要對象是學生，教與學、師與生互相交流，教學相長，融為一體，老師諄諄教誨，學生虛心接受。作為教師，孟子與學生的關係，同孔子是一樣的；作為王者師，孟子與學生的關係就不一樣了。一方面，孟子必須時刻注意保持自己的獨立和平等地位，一旦感到威脅，馬上就會作出反應。孟子感到齊宣王憑着地位而輕視自己，稱病不相見，所以也稱病不去朝廷。另一方面，王者學生與一般學生不同，可接受孟子的教導，也可不接受孟子的教導。從孟子周遊宋國、滕國、魏國以及兩次遊齊的經歷分析，他的王者學生基本沒有接受他的仁政學說和王道理想。王者學生沒有接受孟子的政治主張，卻豐富了孟子的教育思想。孟子的教育思想系統而完備，既有對教育者的要求，又有

對被教育者的要求，還有共同的要求。

　　共同的要求是存心養性。無論教育者還是被教育者，無論一般學生還是王者學生，都要存心養性，首先把人做好。這是人之為人的本質規定，也是從事任何職業、做好任何工作的前提和條件。教育者存心養性，有利於為人師表；被教育者存心養性，有利於塑造良好人格；王者學生存心養性，有利於施行仁政和王道。仁義是孟子的最高道德原則。「仁，人之安宅也；義，人之正路也。曠安宅而弗居，舍正路而不由，哀哉！」（〈離婁上〉）在孟子看來，存心養性的內容是存仁義之心，養仁義之性。

　　存心養性要清心寡慾。人的慾望越多，仁義之心的存留就越少，存心養性最好的辦法是儘可能減少自己的慾望。「養心莫善於寡欲。其為人也寡欲，雖有不存焉者，寡矣；其為人也多欲，雖有存焉者，寡矣。」（〈盡心下〉）存心養性要自省，自省是儒家重要的修養方法。孟子用反求諸己的觀點表達自省要求，當遭遇挫折時，不要責怪他人，而要反過來從自己身上找到問題的癥結和缺點加以改正；當自己的行為不被他人理解時，不要怨天尤人，而要反躬自問，考察自己的行為是否符合仁義禮智的規範。「愛人不親，反其仁；治人不治，反其智；禮人不答，反其敬。行有不得者皆反求諸己，其身正而天下歸之。」（〈離婁上〉）孟子很看重反求諸己的修養方法：「仁者如射，射者正己而後發；發而不中，不怨勝己者，反求諸己而已矣。」（〈公孫丑上〉）存心養性要知恥改過。人吃五穀雜糧，哪有不得病的？人有七情六慾，哪有不犯錯的？問題不在於犯錯，而在於能否知錯就改。孟子認為不能知錯就改的，就是不知羞恥，一個人如果沒有羞恥之心，那就不可救藥了。對於那些知錯不改的行為，孟子毫不留情地加以批判。當齊國大夫陳賈為討伐燕國的錯誤辯護時，孟子批評說：「古之君子，過則改之；今之君子，過則順之。古之君子，其過也，如日月之食，民皆見之，

及其更也，民皆仰之；今之君子，豈徒順之，又從為之辭」（〈公孫丑下〉）。存心養性要艱難困苦，玉汝於成。孟子重視艱苦環境對修身和存心養性的作用：「人之有德慧術知者，恆存乎疢疾。獨孤臣孽子，其操心也危，其慮患也深，故達。」（〈盡心上〉）意思是，人之所以能夠擁有德行、智慧、技藝、知識，常常是由於災患的緣故。只有那些孤立無援的大臣、地位卑微的庶子，他們操心勞神總是不得安寧，憂慮災患更深，所以通達事理。

對於教師而言，孟子認為，最根本的要求是正己。正己既是教師的行為準則，也是重要的教學方法。教師只有正己，言傳身教，才能正人、教好學生，「有大人者，正己而物正者也」（〈盡心上〉）。正己是按照仁義道德立身處世，「為人臣者懷仁義以事其君，為人子者懷仁義以事其父，為人弟者懷仁義以事其兄」（〈告子下〉）。孟子認為教師要懂得知識和道理。教書育人是教師的基本職能，如果說正己的目的是為了育人，那麼，知識和道理則是為了教書。教師只有懂得知識和道理，才能培育出有知識有智慧的學生，這就要求教師「以其昭昭，使人昭昭」，不能「以其昏昏，使人昭昭」（〈盡心下〉）。從而使學生「博學而詳說之，將以反說約也」（〈離婁下〉），即在廣博學習、詳細解說的基礎上，使學生融會貫通，抓住中心，由博返約。孟子認為，教師要「言近指遠，守約施博」。所謂言近指遠，是指用淺顯的語言闡明意義深遠的道理；守約施博，是指操作方法簡單而效果明顯。

孟子認為，教師要結合學生實際，因材施教。對於有的人不屑於教誨，也是一種教誨，「教亦多術矣，予不屑之教誨也者，是亦教誨之而已矣」（〈告子下〉）。具體而言，孟子提出了五種因材施教的情況和辦法：「君子之所以教者五：有如時雨化之者，有成德者，有達財者，有答問者，有私淑艾者。此五者，君子之所以教也」（〈盡心上〉）。意思是，有的學生修養很好，只要稍加點化即

能通達，猶如及時雨化生萬物一樣；有的學生品德不錯，略加熏陶便能成為有德行的人；有的學生富於才華，善加指導，便能成為通達多能的人；有的學生只有一般水平，只能就他們所提問題進行釋疑解惑；有的學生因受時間空間的限制不能及門受業，可以用間接的方法加以教育。

對於學生而言，孟子認為，最好的途徑是請教名師和大匠。只有名師，才能教育出優秀學生，只有大匠，才能培養出好的徒弟。「孔子登東山而小魯，登泰山而小天下，故觀於海者難為水，遊於聖人之門者難為言。」學生之所以要請教名師和大匠，不僅是因為名師和大匠的格局大、標準高，而且還在於名師和大匠不會降低教育標準：「大匠不為拙工改廢繩墨，羿不為拙射變其彀率。君子引而不發，躍如也，中道而立，能者從之」（〈盡心上〉）。意思是，高明的木匠不會為手藝拙劣的木工改變或廢棄規矩，羿不會為技藝拙劣的射手而改變他拉弓的標準。君子教導別人正如射手拉滿弓，卻不把箭射出去，做出躍躍欲試的樣子。他站在正確的道路上，有才能的人就會追隨他。

孟子認為，學生學習要自求自得。自求是指學習的自覺性和主動性。有個叫曹交的人想住下來跟孟子學習，孟子告訴他，只要你有學習的主動性和自覺性，隨時隨地都可以找到老師請教，「夫道若大路然，豈難知哉？人病不求耳。子歸而求之，有餘師」（〈告子下〉）。自得是指透徹地理解和深刻地把握所學到的知識。孟子很看重自得的知識，只有自得的知識，才能牢固掌握而不動搖，才能左右逢源而取之不盡、用之不竭。「君子深造之以道，欲其自得之也。自得之，則居之安；居之安，則資之深；資之深，則取之左右逢其原，故君子欲其自得之也。」（〈離婁下〉）孟子認為，學生學習要專心致志，不要三心二意。孟子分別舉了兩個例子給予說明，一個是植物生長的例子，即使容易生長的植物，不專心致志培育，

也難以生長成才，「雖有天下易生之物也，一日暴之，十日寒之，未有能生者也。」意思是，天下即使有容易生長的植物，曬它一天後，又凍它十天，沒有能長得了的。另一個是下棋的例子，即使像下棋這樣的小技藝，不專心致志也不能學好，「今夫弈之為數，小數也；不專心致志，則不得也」（〈告子上〉）。孟子認為，學生學習要堅持不懈，不要半途而廢。學習好比流水，只有晝夜不捨地流淌，才能流到大海，「源泉混混，不舍晝夜，盈科而後進，放乎四海」（〈離婁下〉）。這段話還表達了學習要循序漸進的思想，像水那樣，先要把坑坑窪窪都灌滿了，才能繼續前進，否則就不能向前流入大海。學習也像挖井，一定要挖到泉水才停止，「有為者辟若掘井，掘井九軔而不及泉，猶為棄井也」（〈盡心上〉）。意思是，做事情好比挖井，挖得九仞之深還見不到泉水，仍然是一口廢井。

　　對於帝王師與君王學生，孟子有着許多獨到的見解，這是孟子教育思想的重要標誌和寶貴財富，至今仍然有着現實意義。作為帝王師，孟子認為，關鍵是要保持教師的獨立人格和平等地位，甚至認為教師的地位應高於君王學生，「說大人，則藐之，勿視其巍巍然」（〈盡心下〉）。教師可以藐視大人，是因為教師佔據了仁義道德的制高點，而大人們有官位和財富，卻不一定具備仁義道德，孟子引用曾子的觀點進行論證：「曾子曰：『晉楚之富，不可及也。彼以其富，我以吾仁；彼以其爵，我以吾義。吾何慊乎哉？』」孟子還以商湯和齊桓公為例，認為他們儘管是君王，卻願意虛心地向伊尹和管仲請教，然後才成就了王道和霸業。「故湯之於伊尹，學焉而後臣之，故不勞而王；桓公之於管仲，學焉而後臣之，故不勞而霸。」（〈公孫丑下〉）孟子對於那些不謙虛的君王學生，就不予教育和教導。當滕國國君的弟弟滕更依仗地位高貴來向孟子學習，孟子就不予理睬。弟子公都子問其故時，孟子還洋洋灑灑說了一番道理：「挾貴而問，挾賢而問，挾長而問，挾有勳勞而問，挾故而問，

皆所不答也。滕更有二焉」(〈盡心上〉)。對於君王學生,孟子是
居高臨下,要求他們學習仁義之道。當梁惠王問孟子,不遠千里而
來,必有利於我的國家。孟子回答:「王!何必曰利?亦有仁義而已
矣。」(〈梁惠王上〉)要求他們施行仁政,「苟行王政,四海之內皆
舉首而望之,欲以為君」(〈滕文公下〉)。要求他們以德服人,不要
以力服人,「以力假仁者霸,霸必有大國;以德行仁者王,王不待大。
湯以七十里,文王以百里。以力服人者,非心服也,力不贍也;以德
服人者,中心悅而誠服也,如七十子之服孔子也」(〈公孫丑上〉)。

　　管仲曰:「一年之計,莫如樹穀;十年之計,莫如樹木;終身
之計,莫如樹人。一樹一獲者,穀也;一樹十獲者,木也;一樹百
獲者,人也。」(《管子·權修》)百年樹人,道盡了教育的無窮意
義和悠悠情韻。教育不僅關乎過去、現實,更是關乎未來的大事;
不僅關乎個體成長,更是關乎社會進步和國家安寧的大事。任何
時候任何情況下都不能不重視教育,任何時候任何情況下都不能不
關心孩子。現代社會已經基本解決教育問題,這是令人欣喜的巨大
歷史進步。然而,教育仍有隱憂,特別是如何平衡教書與育人的關
係,保持教書與育人之間的必要張力。教書與育人是相伴教育始終
的千古矛盾,教育固然不能忽視教書,傳授知識和學問,卻應更加
重視育人,培育具有人文精神的人才。知識和學問與人文精神原本
不可分割,而是互相聯繫,互相激蕩。知識和學問關注自然界和客
觀對象,是對客觀事物及其規律的認識和反映,也是人文精神的現
實支撐。沒有知識和學問,人文精神就難以發揚光大和熠熠生輝。
人文精神關心的是人,康德認為:「人是生活在目的的王國中。人
是自身目的,不是工具。人是自己立法自己遵守的自由人。人也是
自然的立法者。」[1]人是目的,不是手段;人是社會政治經濟科技文

---

1 〔德〕康德著,韓水法譯:《實踐理性批判》,商務印書館 2003 年版,第 95 頁。

化的終極關懷，不是權宜之計。任何知識和學問的最終目標都是為了維護人的尊嚴，提升人的價值，凸顯人的存在意義。人文精神是知識和學問的靈魂，沒有人文精神，知識和學問就可能走偏方向，不僅不會造福於人類和社會，反而可能會傷害人類和社會。知識和學問是冷冰冰的，人文精神是熱乎乎的。從這個意義上分析，育人重於教書，人文精神高於知識和學問。教育務必把育人放在首要位置，着力培育人文精神，塑造有道德的學生，為社會造就有靈魂的合格人才。

偉大的母愛

孟子能夠成為後世仰慕嚮往的儒家亞聖，孟母的教育功不可沒。劉向讚揚道：「孟子之母，教化列分。處子擇藝，使從大倫。子學不進，斷機示焉，子遂成德，為當世冠。」（《列女傳‧母儀傳》）沒有孟母的教育，就不可能有偉大的孟子。孟子先祖是魯國貴族「三桓」之一的孟孫氏，曾煊赫一時，其子孫則在春秋時期衰落，孔子說：「夫三桓之子孫微矣」（《論語‧季氏》）。到孟子這一代，家境更加貧困。孟子的父親是個懷才不遇的讀書人，在孟子三歲時即已去世，孟子是在母親的撫養教育下長大成人的。孟母仉氏，相傳是一位有見識、會教育的母親，克勤克儉，含辛茹苦，注意從慎始、勵志、敦品、勉學、道義等方面教育孟子。概言之，就是從做人角度教育孟子，數十年如一日。

孟母的教育不僅成就了孟子，而且成就了自己，在歷史上被譽為賢良母親，並位居「賢良三母」之首。黎民百姓傳頌孟母的故事，文人學士為其立傳作讚，社會賢達為其樹碑修祠。更可貴的是，孟母留下了一套完整的教子方案，《列女傳》《韓詩外傳》以故

事形式作了比較詳細的記載（其中可能有虛構成分）。總之，孟母教子是後世教育子女的典範。

育子於胎教

《韓詩外傳》記載，孟母曰：「吾懷妊是子，席不正不坐，割不正不食，胎教之也。」這說明孟母在懷孕的時候就重視胎教，不坐沒有擺正的席子，不吃沒有割正的肉食。

所謂胎教，現代科學有廣義與狹義的解釋，廣義是指孕婦在妊娠期間，除了重視自身的健康和營養外，還要重視周圍環境的影響，努力培養積極的心理狀況和情緒體驗，以便胎兒在胎內環境中受到良好的感應，促使胎兒身心得到健康的生長發育，使他們出生後健康而聰明；狹義是指根據胎兒各感覺器官發育成長的實際情況，有針對性地給予適當的信息刺激，使胎兒建立起條件反射，促進胎兒大腦機能、感覺機能、軀體運動機能以及神經系統機能的成長成熟。現代科學研究表明，胎教對人的智力發展和智商提高，具有積極意義。美國心理學家通過對千餘名兒童進行多年研究，結論是人的智力有 50% 在 4 歲以前獲得；30% 在 4～8 歲之間獲得；20% 在 8 歲之後獲得。4 歲之前包括胎兒期間，胎兒形成的大腦舊皮質，是出生後大腦新皮質的基礎，舊皮質基礎越好，新皮質才能更好地發育，達到較高的智商水平。研究還表明，胎兒不僅具有視覺、聽覺、活動和記憶能力，而且能夠感受到外部環境的影響和母親情緒的變化。胎教是一個科學的概念，有着堅實的生理和心理基礎。

人們一般認為，胎教是現代社會的產物。實際上，胎教在中國古代社會早已有之，有的學者甚至認為胎教思想起源於中國。據史料記載，周朝就有了胎教。在《史記》中被司馬遷尊為「賢婦人」的太任，是周文王的母親，也是胎教的先驅。「太任者，文王

之母，摯任氏中女也。王季娶為妃。太任之性，端一誠莊，惟德之行。及其有娠，目不視惡色，耳不聽淫聲，口不出敖言，能以胎教。溲於豕牢，而生文王。文王生而明聖，太任教之，以一而識百。君子謂太任為能胎教。」（《列女傳‧母儀傳》）意思是，太任是周文王的母親，貴族摯任氏的二女兒。王季娶為妻。太任的性格，正直真誠端莊，行為都符合道德準則。當她懷有文王時，眼睛不看不好的顏色，耳朵不聽不好的聲音，嘴裏不說不好的言語，很擅長於胎教。太任在上廁所時生下了文王。文王出生後就很聰明，具有特殊的才能和智商，太任親自進行教育，最後他成為周朝的奠基者和創始人。人們都認為太任是胎教專家。周朝似乎自始自終都重視胎教，賈誼在《新書‧胎教》中說：「周妃後妊成王於身，立而不跛，坐而不差，笑而不喧，獨處不倨，雖怒不罵，胎教之謂也。」由此可知，孟母重視並實踐胎教，是可能的，也是自然的，不會是穿鑿附會之說。

在中國古代，胎教做法有着深刻的思想淵源，這就是陰陽學說中的「萬物負陰而抱陽，沖氣以為和」（《老子‧第四十二章》）。古人把陰陽看成是萬事萬物的本源及其形成的原因，人也不例外，即如《周易》所言：「天地絪縕，萬物化醇；男女構精，萬物化生」（《列女傳‧母儀傳》）。總結了古代胎教的做法，就是要求孕婦自身要言行端正，所視、所聽、所言、所感都必須是善良和美好的事物，以便進行胎兒教育，「古者婦人妊子，寢不側，坐不邊，立不蹕，不食邪味，割不正不食，席不正不坐，目不視於邪色，耳不聽於淫聲。夜則令瞽誦詩，道正事。如此，則生子形容端正，才德必過人矣。故妊子之時，必慎所感。感於善則善，感於惡則惡。」古代胎教與現代胎教的原理非常相近，就是要通過母親良好的言行以及和諧的環境，對腹中的胎兒實施良性刺激，經過神經系統傳遞到大腦，促進大腦皮質良好發育，進而開發潛在的能力，培育聰明、

漂亮、活潑的寶寶。

三遷護子

《列女傳・母儀傳》記載：「鄒孟軻之母也，號孟母，其舍近墓。孟子之少也，嬉遊為墓間之事，踴躍築埋。孟母曰：『此非吾所以居處子。』乃去，舍市傍。其嬉戲為賈人炫賣之事。孟母又曰：『此非吾所以居處子也。』復徙舍學宮之傍。其嬉遊乃設俎豆，揖讓進退。孟母曰：『真可以居吾子矣！』遂居。及孟子長，學六藝，卒成大儒之名。君子謂孟母善以漸化。」

這是孟母最為人知的故事，強調環境對孩童教育的重要性。故事的大意是，孟子幼年家居墳墓附近，常模仿成人做喪祭的遊戲，孟母擔心這種環境對孟子產生不利的影響，便將家遷往集市附近。後來，孟子耳濡目染，又模仿商人叫賣，孟母擔心這種環境不利於孟子學習進步，又將家遷往學宮附近，從此便定居下來。學宮中聚集很多懂禮儀、有學問的讀書人，孟子在良好環境的熏陶下，注意學習禮儀，最終學成六藝，成為大儒。有意思的是，《史記》說「孔子為兒嬉戲，常陳俎豆，設禮容」。看來，亞聖從小就開始向聖人學習了。

所謂環境，是指個體生活於其中，能夠影響人的發展的一切外部條件。對於孩童教育而言，環境具有多重性，要而言之，包括家庭環境、學校環境和社會環境。家庭是孩童受教育最初的環境，父母是孩童第一任教育者，要求父母以身作則，家庭和睦。學校是孩童受教育的主要場所，教師是孩童最信賴的教育者，要求教師做到學為人師，行為世範。社會則隨時隨地都在影響着孩童教育。孟母三遷的故事，就是講社會環境對孩童教育的影響。社會環境既有自然因素又有人文因素，春華秋實、夏雨冬雪，四季美景能夠陶冶孩童的情操；寧靜、清幽的環境有利於孩童遠離噪聲，發展較高的智

力和優秀的智商。

孟母三遷的故事，主要是講社會環境中人文因素對孩童教育的影響，一方面表現在對孩子職業取向的引導。孟子家居集市附近時，就容易學習商人的言行，可能影響孟子今後職業的選擇，中國歷史上或許會多了一個淹沒於茫茫人海之中的商人，卻少了一位儒家代表人物。另一方面表現為對孩童健康人格的塑造。如果孩童在一個溫暖、開放和寬鬆的環境中長大，性格就會開朗而坦蕩；如果在一個壓抑和封閉的環境長大，性格就容易偏執乃至扭曲。孟母三遷的故事，着力在講社會環境對孩童人格的影響。社會環境有好有壞，而好與壞總是交織在一起的，這也是人性複雜的原因之一。古今中外無數事實證明，好的社會環境，可以幫助孩童養成善良而健全的人格，指引孩童正確的人生方向，否則，就不利於孩童良好人格的形成，甚至會毀了孩童及其一生。

近朱者赤，近墨者黑。現代心理學研究認為，孩童心理的發展，既不是單純的內部成熟，也不是環境和教育的直接產物，而是孩童與環境交互作用的結果。孩童具有內在的學習驅動力，以及對於周圍環境強烈的學習與吸引能力，導致孩童對新鮮事物的感受比成人更為好奇，從出生起便開始對環境保持着不斷的模仿和探索。在探索過程中所獲取的經驗，將會被吸收組成為日後進行更高智能學習活動的基礎。而在探索中獲得喜悅和成就感，則會幫助孩童形成自信、積極、獨立、主動的性格特質，正向循環地支持孩童及其長大成人後的探索。因而在孩童階段，環境對一個人的成長發展比任何階段都更大，年紀越小，受環境的影響就越深刻。環境是孩童活動不可分割的一部分，它在孩童的生活和教育中起着重要影響；環境是實際的、立體化的指導教材，它潛移默化對孩童發揮着銘刻在心、終身難忘的作用。意大利教育學家蒙台梭利認為：「教育的基本任務是讓孩子在適宜的環境中得到自然的發展。教師的職責在於

為孩子提供適宜的環境。」[1] 為孩子提供適宜的環境，不僅是教師的職責，也是家長的職責。早在二千多年前，孟母就意識到環境對子女教育尤其是人格教育的意義，並主動承擔起相應的責任，我們不能不感佩孟母的愛心和遠見卓識。

買肉啖子

《韓詩外傳》記載：「東家殺豚，孟子問其母曰：『東家殺豚何以為？』母曰：『欲啖汝。』其母自悔言曰：『吾懷妊是子，席不正不坐，割不正不食，胎教之也。今適有知而欺之，是教之不信也。』乃買東家豚肉以食之，明不欺也。」

這一記載實際講了兩個故事，一個為胎教的故事，前文已述，在此不贅；另一個為誠信不欺的故事，大意是，孟子年少時，有一次東邊的鄰居殺豬，孟子問母親說：鄰居為什麼殺豬？孟母回答：要給你吃肉。說後孟母就後悔了：我懷這個孩子時，席子擺得不正我不坐，肉割得不正我不吃，這都是在對孟子進行胎教。現在他剛剛懂事，我卻欺騙他，這是在教他不誠信啊。於是買了鄰居的豬肉給孟子，以表明沒有欺騙孟子。讀着這則故事，可以清晰地感受到孟母心路的歷程，先是不加思索的隨口而出——「啖汝」；繼之是深刻的反省，想到了懷孕時候的一舉一動；後是言行一致，兌現承諾。這則故事的關鍵詞是信。

信是儒家思想的重要範疇，孔子首先倡導：「子以四教：文、行、忠、信」（《論語·述而》）。孟子則把信看作是天道和為人之道，「誠者，天之道也。思誠者，人之道也」（〈離婁上〉）。北宋程頤認為信與誠相通，含義相同，「誠則信也，信則誠也」（《二程遺書》）。儒家着重從做人的角度闡述了誠信的品格，誠信是立身

---

1 轉引自公海英：〈淺談如何創設適合孩子的環境〉，《教育藝術》2017 年 9 月。

處世之本。孔子認為一個人沒有誠信，就沒法在這個世界上生存。「人而無信，不知其可也。大車無輗，小車無軏，其何以行之哉？」（《論語‧為政》）同時，誠信是朋友之間交往的準則。當弟子問孔子的志向，孔子回答：「老者安之，朋友信之，少者懷之」（《論語‧學而》）。儒家倡導人倫，要求正確處理父子、君臣、夫婦、長幼和朋友關係，「父子有親，君臣有義，夫婦有別，長幼有敘，朋友有信」（〈滕文公下〉）。這些人倫關係是有差別的，最大的差別不在於不同的倫理規範，而在於雙方平等與不平等的關係。在傳統社會，父子、君臣、夫婦、長幼雙方是不平等的，唯有朋友雙方是平等的主體。誠信是平等主體之間處理相互關係的道德原則，這是與現代社會最相契合的倫理道德理念。買肉啖子的故事從做人的角度具體詮釋了誠信的重要性。

　　作為一個倫理道德範疇，誠信既指為人真誠，尊重事實，又指言出必行，信守承諾。從做人的角度，買肉啖子的故事有着多重啟示。一是戒欺，即「明不欺也」，不自欺也不欺人。所謂不自欺就是內誠於己，說老實話，辦老實事，做老實人。〈大學〉指出：「所謂誠其意者，毋自欺也。如惡惡臭，如好好色，此之謂自謙。故君子必慎其獨也。」意思是，誠意就是不要自己欺騙自己。要像厭惡腐臭的氣味一樣，要像喜歡美色一樣，一切都發自內心。所以，品德高尚的人即使在一個人獨處的時候，也一定會謹慎。不欺人就是外信於人，無論從事什麼職業，在任何時候任何情況下都要做到誠實無欺，不撒謊、不作偽、不造假、不告密，進而對人以誠信，人不欺我；對事以誠信，事無不成。二是知錯就改。人總會犯錯誤的，即使聖人也難以避免。犯錯沒關係，重要的是知錯能改，這不僅需要理性，更需要勇氣。孟母做出了榜樣，當她意識到有欺騙孟子嫌疑的時候，就感到後悔，「今適有知而欺之，是教之不信也」，並以行動糾正過錯。三是言行一致。孟母既然答覆鄰居殺豬

是為了讓孟子有肉吃，就「買東家豚肉以食之」，踐行誠信不欺的做人要求，這對年幼的孟子無疑有着深遠的影響。誠信雖然不是天平，卻可以讓人或輕於鴻毛，或重於泰山；不是金銀，卻可以讓人或低賤卑微，或高貴無價；不是協議，卻可以讓人或不屑一顧，或赴湯蹈火。

斷杼教子

《列女傳·母儀傳》記載：「孟子之少也，既學而歸，孟母方績，問曰：『學所至矣？』孟子曰：『自若也。』孟母以刀斷其織。孟子懼而問其故。孟母曰：『子之廢學，若吾斷斯織也。夫君子學以立名，問以廣知，是以居則安寧，動則遠害。今而廢之，是不免於廝役，而無以離於禍患也。何以異於織績而食，中道廢而不為，寧能衣其夫子，而長不乏糧食哉！女則廢其所食，男則墜於修德，不為竊盜，則為虜役矣。』孟子懼，旦夕勤學不息，師事子思，遂成天下之名儒。君子謂孟母知為人母之道矣。」

這是斷杼教子的故事，也是勸人向學的故事。孟子幼年讀書時，貪玩而不用功，更不用心。孟母為了教育孟子，將織布機上的布從中剪斷，以布斷無法接續為例進行教育。在孟母看來，學習就像織布一樣，布被剪斷了，就再也接不起來，補不上去；荒廢了學業，就永遠學不到真本領。在孟母看來，有德行就是要好好學習，通過學習修身養性，通過學習獲得知識道理。一個人既有德性又有知識，日常生活中就能平安無事，幹起事業來就能遠離禍害。在孟母看來，荒廢學業，不好好讀書，將來就只能幹些沒有出息的勤雜苦活，甚至會像女人失去生活技能、男人沒有道德修養那樣，不是去偷竊做盜賊，就是被俘虜做奴隸。斷杼教子的故事最後告訴人們，孟母教子很成功，孟子受到很大觸動，牢牢記住母親的教誨，起早貪黑，刻苦學習，用功讀書，成為天下有名的大儒。斷杼教子

的故事捆到孟子「師事子思」，可能有誤。子思姓孔名伋，是孔子的嫡孫，孔子思想傳人之一，約生活在公元前 483～402 年，而孟子約生活在公元前 372～289 年，不可能受教於子思，司馬遷認為：孟子是「受業子思之門人」（《史記·孟子荀卿列傳》），孟子自己也說：「予未得為孔子徒也，予私淑諸人也」（〈離婁下〉）。

　　儒家十分重視學習，《論語》開篇第一句話就是：「學而時習之，不亦說乎？」孔子認為，學習是人最重要的品質。孔子沒有承認自己是君子、聖人和仁者，卻承認自己好學。孔子認為，學習是人的各種優秀品德的基礎，人的各種優秀品德只有通過好學才能充分展示出來。「子曰：『由也，女聞六言六蔽矣乎？』對曰：『未也。』『居！吾語女。好仁不好學，其蔽也愚；好知不好學，其蔽也蕩；好信不好學，其蔽也賊；好直不好學，其蔽也絞；好勇不好學，其蔽也亂；好剛不好學，其蔽也狂。』」（《論語·陽貨》）意思是，孔子對子路說：仲由啊，你聽說過六種品德可能帶來的六種流弊嗎？子路回答：沒有。孔子說：坐下，我來告訴你。喜歡仁德而不喜歡學習，它的流弊是受人愚弄；喜歡智慧而不喜歡學習，它的流弊是浮蕩無根；喜歡誠信而不喜歡學習，它的流弊是自我傷害；喜歡正直而不喜歡學習，它的流弊是刻薄而不近情理；喜歡勇敢而不喜歡學習，它的流弊是犯上作亂；喜歡剛強而不喜歡學習，它的流弊是狂妄自大。孔子認為，學習是相伴終身的事業，只有學習，人生才能不斷進步，過好不同的年齡階段，獲得相應的知識和智慧，「子曰：『吾十有五而志於學，三十而立，四十而不惑，五十而知天命，六十而耳順，七十而從心所欲，不逾矩。』」（《論語·為政》）孟母是否讀過孔子的書籍，已不得而知，然而，孟母認識到學習對於人生的重要意義，卻是和孔子的思想相通的。

　　現代教育理論一般認為，學習是指通過閱讀、聽講、思考、研究、實踐等途徑，獲得知識或技能的過程；也是一種使個體可以

在知識與技能、方法與過程、情感與價值等方面得到改善升華和持續變化的行為方式。斷杼教子的故事，強調的是學校教育和書本學習，這對學齡階段的孟子而言，是完全正確的。對於人生而言，學習有着更廣泛而豐富的內容。從學習對象分析，人生要向書本學習，還要向實踐學習，向他人學習。向書本主要是學習知識，向實踐和他人主要是學習經驗。而且，書本的知識只有在向實踐和他人學習過程中才能得到驗證和落實。從學習範圍分析，人生不僅要在學校裏學習，而且要在社會中學習。在學校，主要是向老師和書本學習，老師是傳道授業解惑，學生是閱讀書籍，接受知識；在社會，不僅要學知識，而且要學經驗和技能。社會是個大課堂，魚龍混雜，正面與負面的東西並存，學習就有個選擇問題，要區分負面的東西，學習正面的東西。從學習的內容分析，既要學知識，更要學品行，兩者必須均衡，不可偏廢。從學習過程分析，學習不能偏限於學齡階段，不能偏限於學校學習，而是要終身學習，持之以恆，堅持不懈。無論你是否意識到，也無論你是否在讀書學習，實際上，每個人每天都在學習，終身都在學習，學習未知和新鮮的東西，那麼，人生就要以主動的精神、自覺的態度去進行學習，以求事半功倍的效果。

依禮戒子

《韓詩外傳》記載：「孟子妻獨居，踞。孟子入戶視之，白其母曰：『婦無禮，請去之。』母曰：『何也？』曰：『踞。』其母曰：『何知之？』孟子曰：『我親見之。』母曰：『乃汝無禮也，非婦無禮。《禮》不云乎：將入門，問孰存；將上堂，聲必揚；將入戶，視必下。不掩人不備也。今汝往燕私之處，入戶不有聲，令人踞而視之，是汝之無禮也，非婦無禮也。』於是孟子自責，不敢去婦。」

這是一則有關知禮守禮的故事，孟母以此教育孟子「萬事禮

為先」的做人道理。故事的大意是，孟子的妻子獨自居住，箕踞而坐，不拘禮節，正巧被孟子撞見。孟子很生氣並告知孟母，認為妻子傲慢不敬，要求休妻。孟母知道詳情後，認為是孟子無禮，而不是兒媳無禮。按照當時禮儀規定，進門之前應先敲門，問屋裏是否有人；進入廳堂前，要高聲詢問；進入房間時，眼睛要向下看，以便屋裏的人有所準備。孟子沒有遵守這些禮儀規定，孟母就批評孟子先失禮，指出不是妻子的過錯。聽了母親的話，孟子很慚愧，感到自己做了錯事，放棄了休妻的念頭，與妻子和好如初。從這則故事可知，孟母教育的方法是講道理、有根據，這個道理和根據就是禮。

禮是儒家思想的重要範疇。孔子在回答魯哀公問禮時指出：「非禮，無以節事天地之神也；非禮，無以辨君臣上下長幼之位也；非禮，無以別男女父子兄弟之親、昏姻疏數之交也。」（《禮記·哀公問》）禮的主要精神是別異，即區分人在社會關係中不同的角色、身份和地位。在傳統社會中，尊卑貴賤長幼親疏是最重要、最廣泛的社會關係，禮就是分別確認和維護這些社會關係。「禮者，貴賤有等，長幼有差，貧富輕重皆有稱者也。」（《荀子·富國》）別異不僅要區分社會角色的差別，而且要規範不同社會角色的禮儀、禮容和禮節，形成和諧的人倫秩序。周朝的禮儀規定可謂詳盡備至，「禮儀三百，威儀三千」。按孔穎達注疏，禮儀三百是指《周禮》，威儀三千是指《儀禮》（《五經正義》）。《周禮》《儀禮》均屬儒家典籍，《周禮》將官職分為六類，即天官、地官、春官、夏官、秋官、冬官，是一部通過官制來表達治國方案的著作，內容極為豐富，涉及社會生活的各個方面；《儀禮》以記載士大夫的禮儀為主，包括冠、婚、喪、祭、鄉、射、朝、聘等各種禮儀。孟母所言的禮，應屬《儀禮》的範圍。禮的社會功能是和諧，「禮之用，和為貴。先王之道，斯為美，小大由之。有所不行，知和而和，不以禮

節之，亦不可行也」（《論語・學而》）。意思是，禮的作用，以和諧為目的。先王的治國之道，就是和諧，無論大事小事，都以和諧為原則。假如有行不通的地方，只是片面地追求調和，而不以禮去節制，那也是行不通的。禮的重要保障是實踐。在儒家看來，和諧的關鍵是人人都要學習禮儀，遵守禮制，踐行禮節。只有大家各安其位、各守其禮，整個社會才能和諧穩定。孔子反覆強調學禮、知禮、守禮的重要性，《論語》最後一章還說：「不知命，無以為君子也；不知禮，無以立也；不知言，無以知人也」。

依禮戒子的故事當然是表達儒家之禮的思想，也是儒家之禮的具體實踐。除此之外，我們感知了孟母合情合理的教育方法，一方面表現在反覆詢問孟子見妻子的場景，以便瞭解真實的情況，進行有針對性的教育；另一方面表現在批評孟子有根有據，既具體指出孟子行為的錯誤之處，又明白告知批評的依據來自禮儀規範，最後得出正確結論：「是汝之無禮也，非婦無禮也」。同時，看到了鮮活的孟子知錯就改的形象。當孟母批評時，孟子沒有辯解，更沒有反駁，而是深感自己過於魯莽，也慚愧於自己沒有把所學的禮儀規定自覺地運用於日常生活之中，造成了誤解和錯誤決定，於是「不敢去婦」。

教育者與被教育者總是一對矛盾關係，教育者要有平等意識，以互相尊重為前提；被教育者要謙虛謹慎，尊重教育者，這樣才能形成良性互動關係。尤其是批評缺點錯誤時，被教育者會本能地有抵觸情緒，矛盾的對立性就會凸顯出來。這時教育者不僅批評內容要正確，而且方法也要適宜，才能讓被教育者容易接受批評，改正錯誤。依禮戒子的故事，讓我們體會到了孟母與孟子、教育者與被教育者的良性互動關係，這是意外的收穫，很值得回味。

勸子之遠行

《列女傳・母儀傳》記載：「孟子處齊，而有憂色。孟母見之曰：

『子若有憂色，何也？』孟子曰：『不敏。』異日閒居，擁楹而歎。孟母見之曰：『鄉見子有憂色，曰不敏也；今擁楹而歎，何也？』孟子對曰：『軻聞之：君子稱身而就位，不為苟得而受賞，不貪榮祿。諸侯不聽，則不達其上。聽而不用，則不踐其朝。今道不用於齊，願行而母老，是以憂也。』孟母曰：『夫婦人之禮，精五飯，冪酒漿，養舅姑，縫衣裳而已矣。故有閫內之修，而無境外之志。《易》曰：「在中饋，無攸遂。」《詩》曰：「無非無儀，惟酒食是議。」以言婦人無擅制之義，而有三從之道也。故年少則從乎父母，出嫁則從乎夫，夫死則從乎子，禮也。今子成人也，而我老矣。子行乎子義，吾行乎吾禮。』君子謂孟母知婦道。」

這則故事說明孟母深明大義，顧全大局，不因自己年老而羈絆孟子建功立業的志向。故事的大意是，孟子在齊國，多次向齊宣王推介其政治主張，齊宣王很客氣地接待，卻不採納推行孟子的政治主張，「今道不用於齊」。孟子想離開齊國到宋國去推介其政治主張，又擔憂孟母年事已高無人照料，「願行而母老，是以憂也」。孟子為此很鬱悶，還抱着柱子歎息。孟母知道後，講了一番婦道之禮，強調「今子成人也，子行乎子義，吾行乎吾禮」，從而打消了孟子的顧慮和擔憂，促使孟子周遊列國，遊說於齊、宋、滕、魏、魯等諸侯國，宣傳推介其政治主張。

孟子的遊說被諸侯們認為是「迂遠而闊於事情」，以不被採用而告終，但孟子畢竟周遊了列國，作出了人生努力。從「三立」角度分析，孟子是得大於失，成功多於失敗。在立德方面，通過周遊列國，孟子的道德形象更加偉岸，真正實踐了「富貴不能淫，貧賤不能移，威武不能屈」的大丈夫精神。在立功方面，孟子似乎是失敗了，卻不是一無所獲。在與諸侯們對答和論辯過程中，其政治主張得到了完善充實。對於現實政治即使沒有產生直接作用，也會有間接影響，這就是陷齊宣王「顧左右而言他」的窘境；對梁惠王「率

獸而食人」的批評；看梁襄王「不似人君」的判斷。在立言方面，如果沒有周遊列國，就不可能有《孟子》一書的問世，那將是儒家思想和傳統文化的重大損失。周遊列國使孟子更加深刻地瞭解了社會政治現實，豐富深化了自己的政治思想，為中國乃至人類社會留下了民本、仁政、王道的寶貴精神財富。而促成孟子周遊列國的關鍵是孟母。大哉，孟母！

　　勸子之遠行的故事涉及了婦道的話題。所謂婦道，是指古時婦女必須遵守的規矩，也是傳統社會禮治和道德規範的組成部分。婦道的主要內容是「三從四德」，「三從」是「未嫁從父，既嫁從夫，夫死從子」（《禮記·喪服》），也是孟母提到的婦人之禮。學界認為，三從之從既指跟從，又指從事，不能一概否定，應當否定跟從的意義，保留從事的含義。「四德」出自《周禮·天官》，指「婦德、婦言、婦容、婦功」，婦德指品德，是立身之本；婦言指言語，與人交談能理解別人的意思，知道自己該言不該言的界限；婦容指儀表，出入要端莊穩重持禮；婦功則是治家之道，包括相夫教子、尊老愛幼、勤儉節約以及閨內之修。在孟子看來，婦道的實質是順從，「以順為正者，妾婦之道也」（〈滕文公下〉）。婦道形成於上古社會，有着一定的合理性；在秦漢以後的封建社會，進一步發展為家長制、夫權統治、男尊女卑、從一而終，則成了奴役和壓迫婦女的工具，必然遭到批判和唾棄。現代社會婦女的地位發生了巨大變化，走出家門、人格獨立，經濟自主、男女平等，已是普遍現象。這是對傳統婦道的揚棄，卻不是簡單的否定，而是棄其糟粕，存其精華。傳統的賢妻良母理念，仍然可以成為現代婦女的人格理想；男剛女柔觀點，仍然可以成為現代女性角色定位的重要依據；男主外女主內的論斷，仍然可以成為現代女性家庭分工的一種選擇。

　　勸子之遠行的故事還蘊含着人生的話題。所謂人生，是指一個

人從出生到死亡的過程。世事無常，人生若夢，不可能一帆風順，必將經歷坎坷曲折。人生的坎坷曲折是多維度的，身體的維度是生病體衰，感情的維度是失戀友叛，事業的維度是壯志難酬。在眾多維度中，人們最關注的是事業維度。人只有在事業中，才能實現自我，追求永恆。孟子在齊國的遭遇正是事業維度的坎坷曲折，這是人生最痛苦的坎坷曲折，使得孟子不是「有憂色」，就是「抱楹而歎」。經驗表明，應對人生事業的坎坷曲折，自身的努力當然是主要因素，而他人的幫助也不可或缺，有時甚至成為決定性因素。宋人邵伯溫《聞見前錄》記載：賈黯考中狀元，回鄧州，曾拜見范仲淹請教為官之道。范告知「惟不欺二字可終身行之」，賈黯後來成為敢於直諫的名臣良吏。邵氏歎曰：「嗚呼！得文正公二字者，足以為一代之名臣矣。」

唐人孟郊詩云：「慈母手中線，遊子身上衣。臨行密密縫，意恐遲遲歸。誰言寸草心，報得三春暉。」這是對普天下母親的頌歌，感人肺腑，動人心魄。研讀孟子之母教，不由得想起了母愛。母愛才是母親對子女全部關懷的高度抽象和情感升華，母教只是母愛的有機組成部分。母愛的豐富內涵，不僅有密密縫的身上衣，而且有難以報答的三春暉。孟母對孟子的愛，是從胎教到長大成人，絲毫沒有鬆懈；孟母對孟子的愛，是從生活到學習、從家庭到事業，無微不至，用心良苦；孟母對孟子的愛，是言傳更是身教，春風化雨，潤物無聲；孟母對孟子的愛，重點在人品教育和人格塑造，這是母愛的最高境界。在孟母身上，凝聚着最偉大的母愛和最厚重的母教。我們悟到，母愛母教是潤澤兒女心靈的一眼清泉，伴隨着兒女的一飲一啜，絲絲縷縷，綿延不絕；我們讀到，母愛母教是一首田園詩，幽遠純清，和雅平淡；我們看到，母愛母教是一幅山水畫，洗去鉛華雕飾，留下清新自然；我們聽到，母愛母教是一首深情的歌，婉轉悠揚，淺吟清唱；我們感到，母愛母教是一陣和

熙的風，吹去朔雪紛飛，帶來春光明媚。無怪乎，南懷瑾感慨而言：「可以說，每一個宗教都以『母愛』為人類仁慈博愛的具體表現，非常尊重女性道德典型」[1]；「所以講到中國的教育，齊家之道，母教最重要，有個好的女性很重要。」[2]

1　南懷瑾：《觀音菩薩與觀音法門》，遠方出版社 1998 年版，第 19 頁。
2　南懷瑾：《廿一世紀初的前言後語》，東方出版社 2013 年版，第 51 頁。

主要參考文獻

1　〔漢〕司馬遷撰：《史記》，中華書局 1999 年版。

2　〔魏〕王弼注，樓宇烈校釋：《老子道德經注》，中華書局 2011 年版。

3　〔宋〕朱熹撰：《四書章句集注》，中華書局 2011 年版。

4　〔清〕戴震著：《孟子字義疏證》，中華書局 1982 年版。

5　〔清〕焦循撰，沈文倬點校：《孟子正義》，中華書局 2017 年版。

6　〔清〕王先慎撰：《韓非子集解》，中華書局 2013 年版。

7　陳鼓應注譯：《老子今注今譯》，商務印書館 2003 年版。

8　萬麗華、藍旭譯注：《孟子》，中華書局 2006 年版。

9　楊伯峻譯注：《孟子譯注》，中華書局 2008 年版。

10　楊朝明主編：《論語詮解》，山東友誼出版社 2013 年版。

11　李小龍譯注：《墨子》，中華書局 2016 年版。

12　王國軒譯注：《大學 中庸》，中華書局 2016 年版。

13　靖林著：《〈莊子〉釋義》，新華出版社 2016 年版。

14　任繼愈主編：《中國哲學史》，人民出版社 1979 年版。

15　張岱年著：《中國哲學大綱》，中國社會科學出版社 1982 年版。

16　王興業編：《孟子研究論文集》，山東大學出版社 1984 年版。

17　胡適著：《中國哲學史大綱》，東方出版社 1996 年版。

18　王其俊著：《亞聖智慧》，山東人民出版社 1996 年版。

19　錢穆著：《國學概論》，商務印書館 1997 年版。

20　董洪利著：《孟子研究》，江蘇古籍出版社 1997 年版。

21 《中國轉型期問題的政治學思考——李景鵬文集》，中國法制出版社 2002 年版。

22 袁行霈、嚴文明、張傳璽、樓宇烈主編：《中華文明史》，北京大學出版社 2006 年版。

23 丁一凡編：《權力二十講》，天津人民出版社 2008 年版。

24 劉軍寧編：《民主二十講》，中國青年出版社 2008 年版。

25 徐遠和、李甦平、周貴華、孫晶主編：《東方哲學史（上古卷）》，人民出版社 2010 年版。

26 楊澤波著：《孟子性善論研究》，中國人民大學出版社 2010 年版。

27 馮友蘭著：《中國哲學史》，商務印書館 2011 版年版。

28 王博著：《中國儒學史》（先秦卷），北京大學出版社 2011 年版。

29 何俊著：《南宋儒學建構》，上海人民出版社 2013 年版。

30 周殿富編譯：《曾刻孟子要略譯注》，安徽人民出版社 2013 年版。

31 章太炎講演，曹聚仁整理：《國學概論》，中華書局 2016 年版。

32 馮達文著：《早期中國哲學略論》，巴蜀書社 2016 年版。

33 〔古希臘〕亞里士多德著，吳壽彭譯：《形而上學》，商務印書館 1959 年版。

34 〔德〕黑格爾著，賀麟、王大慶譯：《哲學史講演錄（第一卷）》，商務印書館 1959 年版。

35 〔德〕卡爾·雅斯貝斯著，魏楚雄、俞新天譯：《歷史的起源與目標》，華夏出版社 1989 年版。

36 〔德〕夏瑞春編，陳愛政等譯：《德國思想家論中國》，江蘇人民出版社 1995 年版。

37 〔德〕馬丁·海德格爾著，陳嘉映、王慶節合譯：《存在與時間》，生活·讀書·新知三聯書店 2006 年版。

38 〔德〕卡爾·雅斯貝斯著，李學濤等譯：《大哲學家》，社會科學文獻出版社 2010 年版。

孟子與政治

夏海　著

責任編輯　周文博
裝幀設計　鄭喆儀
排　　版　黎　浪
印　　務　劉漢舉

出版　中華書局（香港）有限公司
　　　香港北角英皇道 499 號北角工業大廈一樓 B
　　　電話：（852）2137 2338　　傳真：（852）2713 8202
　　　電子郵件：info@chunghwabook.com.hk
　　　網址：http://www.chunghwabook.com.hk

發行　香港聯合書刊物流有限公司
　　　香港新界荃灣德士古道 220-248 號
　　　荃灣工業中心 16 樓
　　　電話：（852）2150 2100　　傳真：（852）2407 3062
　　　電子郵件：info@suplogistics.com.hk

版次　2023 年 6 月初版
　　　© 2023 中華書局（香港）有限公司

規格　16 開（230mm×150mm）

ISBN　978-988-8809-06-6

本書中文繁體字版由中華書局（北京）授權出版